les grandes
énigmes
de l'Histoire de France

les grandes énigmes de l'Histoire de France

LAROUSSE

Édition
Nora Schott, Carl Aderhold, Janine Faure,
Laure Petit-Talamon

Iconographie
Nathalie Lasserre

Correction
Service Lecture-correction Larousse

Direction artistique
henri-françois Serres Cousiné

Conception et réalisation graphiques
Bernard Van Geet

Fabrication
Martine Toudert

Ce livre a été conçu à partir d'une sélection de textes d'ouvrages Larousse : « Les grands procès », « Les grandes énigmes de l'humanité », « Mémoire de la France » et de nouveaux textes écrits par Jean Delaite, Jean-Michel Lecat et Renaud Thomazo.

ISBN 978-2-03-584171-1

préface

L'or des Templiers, le masque de fer, la bête du Gévaudan, la mort de Louis XVII, autant d'énigmes qui fascinent des générations de lecteurs, souvent au grand dam des historiens. Ces derniers en effet leur préfèrent d'autres aspects du passé, jugés plus sérieux, plus justes aussi. Pourtant à y regarder d'un peu plus près, ce que l'on appelle « les énigmes » peut se révéler tout aussi porteur de sens que les grandes batailles, les grands faits ou les grandes mutations sociales ou économiques. Le trésor de Montségur ou les cages de fer de Louis XI permettent de se plonger dans l'étude du passé et de découvrir au plus près, ce qui aujourd'hui est défini par le nom de « mentalités ». D'ailleurs, il n'y a qu'à lire les pages que Michelet consacre à la peur de l'an mille ou aux sorcières, pour se rendre compte de tout ce qu'un historien peut tirer de telles histoires, pour une meilleure compréhension de la période, et pourrait-on ajouter de l'âme humaine. Car il existe une autre histoire, longtemps ignorée, voire méprisée, qui raconte non pas la pleine lumière des actions glorieuses ou mémorables, mais la part d'ombre des peurs et des rêves des générations qui nous ont précédés.

Qu'une société ait pu croire à la valeur de l'ordalie, ce jugement de Dieu, où le bon droit se mesurait à sa capacité à supporter l'épreuve de l'eau ou du feu, ou bien encore condamner et brûler des religieux soupçonnés d'avoir conclu un pacte avec le diable, en dit long sur les mentalités de l'époque. En évitant tout jugement anachronique, se plonger dans les mécanismes psychologiques et sociaux, qui ont pu conduire à de tels actes, s'avère une aventure aussi passionnante que fructueuse.

Mais faire le récit de ces énigmes, les passer au crible de nos méthodes modernes, démêler les faits des rumeurs, c'est aussi raconter l'histoire de France d'une autre façon. L'évolution même, à travers le temps, de la nature de ses énigmes, de la superstition aux affaires politiques, témoigne de la lente montée en puissance de l'État royal puis républicain, de la formation progressive d'une structure politique et sociale, d'une transformation des croyances et des attentes.

C'est aussi revenir sur les grands mythes fondateurs de notre imaginaire collectif, les décortiquer et en montrer l'origine bien sûr, mais surtout l'utilisation qui en a été faite par la suite. Le vase de Soissons, les rois fainéants, le droit de cuissage, toutes ces anecdotes historiques que l'on nous a enseignées ont eu et ont encore une raison d'être, une signification. Ils nous racontent comment une société se construit, se perçoit et se cherche des origines qui la justifient. Ainsi la bataille de Valmy, véritable socle patriotique sur lequel s'est construit la France républicaine. Cette victoire magnifique ne serait pas due à l'ardeur citoyenne d'une armée de volontaires sur des troupes de mercenaires au service de la monarchie, mais au jeu complexe des alliances entre les rois, qui aurait incité les Prussiens à se retirer sans combattre. Mal leur en prit : ils ne mesurèrent pas le retentissement symbolique d'une telle défaite...

Enfin dernier point, mais ô combien important, ce livre se veut une invitation à découvrir l'histoire de France comme un roman, palpitant mais vrai, où s'agitent les passions des hommes, les drames et les complots.

Parce que l'Histoire est aussi histoires... ■

sommaire

la préhistoire 8

dans la nuit des premiers âges

l'antiquité 24

des ancêtres mystérieux

le moyen âge Ve-XIIIe siècle 36

dans la pénombre des cathédrales

le moyen âge XIVe-XVe siècle 64

maléfices diaboliques et colère divine

les temps modernes 98

obscurs et cartésiens à la fois

le XIXe siècle 178

le temps de la science et des apparitions

la révolution et l'empire 150

au cœur de la tourmente révolutionnaire

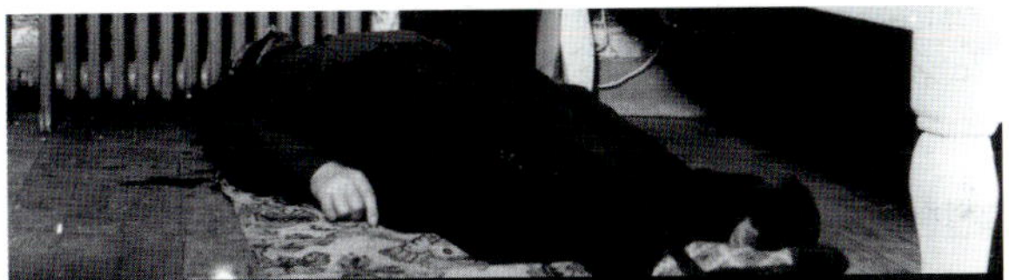

le XXe siècle 196

dans le secret des affaires d'État

la préhistoire

◀ Vue d'une des peintures rupestres représentant des mains. (Grotte sous-marine de Cosquer, cap de Morgiou.)

Malgré de nouveaux sites mis au jour et une compréhension toujours plus grande de ceux qui furent les premiers hommes à vivre en France, la sagacité des chercheurs et les techniques scientifiques les plus pointues ne suffisent pas à percer le profond mystère qui entoure les croyances et les pratiques d'une humanité à l'aube de son histoire. Quel sens exact donner à ces fresques monumentales peintes au plus profond des cavernes ? Les conjectures auxquelles nous en sommes réduits redoublent le sentiment d'étrangeté. Nous n'en saurons peut-être jamais rien parce que ces hommes eux-mêmes s'appliquaient à s'entourer de magie et de secret, s'enfonçant au plus profond de la terre pour rendre plus impénétrables encore des rites obscurs où se célébrait l'ordre d'un monde qui n'est plus le nôtre.

dans la nuit des premiers âges

L'homme de Neandertal a-t-il disparu ?

- 38000 / - 31000

Extinction naturelle pour les uns, pandémie fatale pour les autres ou encore génocide, on ne sait toujours rien du sort des néandertaliens qui se sont peut-être mêlés à Cro-Magnon.

Quand, en 1856, dans le vallon de Neander, à proximité de la ville de Düsseldorf, un ouvrier employé dans une carrière remarque, après avoir fait sauter à la dynamite une petite grotte, les restes d'un squelette, il est loin de se douter que sa découverte va révolutionner la connaissance des origines de l'homme. Neandertal, dont on saura bientôt qu'il a vécu durant le paléolithique moyen (– 150 000 à – 38 000), est distinct de Cro-Magnon : robuste, trapu et de petite taille (1,65m en moyenne pour les hommes), le front un peu fuyant, les arcades sourcilières assez marquées, une face légèrement avancée. Qui était donc cet homme qui a cohabité durant des milliers d'années avec nos ancêtres avant de disparaître totalement ?

◂ Reconstitution d'une famille néandertalienne au Paléolithique moyen (–150 000/–38 000). (Dessin de M. Wilson vers 1950.)

Une extinction millénaire

Diminués par un changement climatique, les néandertaliens auraient vu leur densité s'affaiblir dangereusement en même temps que leur habitat ne se répartissait plus que sur des aires marginales, le plus souvent en altitude. Cet isolement aurait favorisé l'endogamie et, partant, l'affaiblissement du groupe. En outre les conditions de vie plus difficiles auraient contribué à affaiblir les individus et accru la mortalité infantile. Or des études récentes montrent qu'il suffisait que la mortalité infantile de Neandertal ne soit que de 2 % supérieure à celle de Cro-Magnon pour expliquer son extinction en un millénaire. ■

« Une brute épaisse »

Pour les premiers préhistoriens, il ne fait aucun doute que les néandertaliens sont plus proches du singe que de l'homme. Tout le prouve dans leur squelette, et le crâne surtout laisse imaginer un être simiesque et fruste, aux antipodes du civilisé Cro-Magnon dont nous descendons. Si Neandertal a disparu, c'est qu'il ne « faisait pas le poids » et l'intelligence de l'homo-sapiens aurait eu raison d'un rival sans envergure. Ce jugement sans appel aura la vie dure, et il s'en trouvera en 1900 pour trouver de troublantes ressemblances entre le crâne des criminels et celui de Neandertal, qui devait donc être « violent, colère et bataillard ». Pour l'anthropologie naissante, cette manière de considérer l'homme de Neandertal procède sans aucun doute d'une vision « élitiste » qui refuse de voir dans un être si imparfait un possible ancêtre.

Une humanité à part entière

Aujourd'hui, à la faveur des techniques scientifiques d'investigation de plus en plus performantes, la connaissance des néandertaliens s'est considérablement enrichie. Leur population aurait compté 250 000 habitants à son apogée avant de s'éteindre et de faire place à l'homme de Cro-Magnon, au paléolithique supérieur (– 38 000 à – 10 000). On sait surtout que les néandertaliens auraient été les premiers à enterrer leurs morts lors de cérémonies rituelles. Dans les régions calcaires, dans des abris-sous-roche ou des petites grottes, on trouve en France plus de 50 sépultures complètes de néandertaliens. Assez souvent accompagnées d'un mobilier funéraire rudimentaire (os de rennes, dents percées) et marquées par l'utilisation importante de l'ocre rouge, couleur du sang, ces premières sépultures humaines manifestent une attitude nouvelle face à la mort, et suscitent nombre d'interrogations nouvelles.

Une transition remise en cause

La découverte en 1979, à Saint-Césaire en Charente-Maritime, d'un homme de Neandertal vieux de 36 000 ans, entouré d'un outillage (le Châtelperronien) que l'on a d'abord attribué aux hommes de Cro-Magnon a remis en cause les théories admises pour la succession de l'homme de Neandertal, c'est-à-dire pour l'origine de notre espèce. On admettait en effet jusqu'alors que le Châtelperronien résultait d'une acculturation partielle des néandertaliens au contact des hommes de Cro-Magnon. L'hypothèse selon laquelle Neandertal serait le véritable créateur de l'industrie du Châtelperronien, donc d'un outillage plus varié, en particulier des os pour fabriquer des pointes d'armes, est sérieuse ; l'héritage culturel des néandertaliens serait bien plus important qu'on le pensait jusqu'alors. Surtout, ils auraient cohabité durant près de 8 000 ans avec l'homme moderne. Pourquoi alors ont-ils disparu brusquement ?

▲ **Squelette d'une jeune femme de type cromagnoïde dans une sépulture de Saint-Germain-la-Rivière, datant de –12 000 (Gironde).**

Une disparition mystérieuse

Venu du Proche-Orient vers – 38 000, porteur de la première grande culture européenne (l'Aurignacien), Cro-Magnon a-t-il éliminé totalement un rival selon la théorie dite des « Killer africans » ? Sur une si brève période, cela s'apparenterait presque à un génocide dont on n'a retrouvé aucune trace. Des thèses plus raisonnables évoquent un « choc microbien » : Cro-Magnon aurait véhiculé avec lui des virus, peut-être celui de la grippe, contre lesquels Neandertal aurait été incapable de se protéger.

À moins qu'il n'ait pu survivre à changement climatique trop brusque auquel son régime alimentaire n'aurait su s'adapter assez vite. Mais la plus grande interrogation concerne les rapports entretenus entre ces deux humanités primitives. Se sont-elles mélangées ? Auquel cas Neandertal, plutôt que disparaître, aurait été assimilé au groupe dominant. La science pour l'instant n'a pas pu apporter de réponse. ■

Qu'ont voulu nous dire les artistes de Lascaux ?

- 30000 / - 12000

Tout à la fois première expression du génie artistique de l'humanité et manifestation de sa dimension spirituelle, les grottes ornées de la préhistoire n'ont pas livré tous leurs secrets.

En 1879, une petite fille de 5 ans, qui accompagne son père au cours de la visite d'une grotte à Altamira, en Espagne, découvre d'étranges animaux peints : l'art pariétal des chasseurs du paléolithique apparaît pour la première fois. Depuis, d'autres découvertes, dont beaucoup dans le sud de la France, ont suivi. Mais, malgré de nouvelles méthodes d'analyse, plus fines, il a fallu vaincre de nombreux préjugés idéologiques pour tenter de les interpréter.

L'art pariétal est né environ 30 000 ans avant notre ère, mais il ne s'épanouit vraiment qu'entre – 20 000 et – 12 000, à la fin du Paléolithique supérieur. Les premières manifestations picturales, vers – 30 000, furent d'abord des dessins stylisés gravés dans le roc, liés au culte naissant de la déesse-mère, à connotations sexuelles (vulves). De – 24 000 à – 22 000, des gravures et des peintures monochromes apparaissent (mammouths et rhinocéros laineux). Vers – 20 000, pic de la dernière glaciation, on assiste à la prolifération de l'art pariétal et au début des cérémonies rituelles. Les premières peintures rupestres polychromes, comme à Lascaux, apparaissent vers – 18 000, puis, à partir de – 15 000, elles deviennent plus élaborées, connaissant vers –13 000 leur apogée avec des reliefs et des peintures naturalistes, monochromes et polychromes. 12 000 ans avant notre ère enfin, l'art pariétal disparaît à Altamira, ironie de l'histoire, là où tout avait commencé pour nous. En tout, pas moins de 300 grottes paléolithiques, renfermant des peintures et des reliefs pariétaux, se répartissent sur une aire géographique se limitant au sud de la France et au nord de l'Espagne.

Une période propice

L'apparition de cet art correspond à une période de bouleversements climatiques, mais également d'innovations sociales et technologiques sans précédent. La démographie augmente, les échanges entre les populations s'intensifient et concernent des régions de plus en plus lointaines, une nouvelle industrie lithique se développe : outils sur lames, outils en silex à double fonction, burins variés ; de nouvelles armes de chasse sont utilisées : harpons, sagaies, propulseurs. Enfin, les premières sépultures avec dépôts d'armes et de parures témoignent d'une nouvelle approche de la mort.

Cette concentration géographique, démographique, économique et sociale est due à une sédentarisation des nomades – qui avaient déjà développé un art mobilier, plus ancien, qui accompagne souvent l'art rupestre – dans une zone au climat plus tempéré, près des côtes atlantiques où l'on trouve de nombreux poissons et des végétaux comestibles. La diminution de la faune ou sa migration vers des hautes latitudes peuvent également expliquer l'importance nouvelle de la pêche et de l'élevage. Des conditions particulières d'évolution contribuent donc à l'apparition de l'art pariétal en une zone géographique déterminée.

Au vrai chic préhistorique

Reste toutefois à donner un sens à ces fresques artistiques. Une fois passés les premiers moments d'incrédulité, les savants venus admirer ces peintures préhistoriques crient à la forfaiture. Mais après Altamira, les découvertes se multiplient : La Mouthe en 1895, les Combarelles et Font-de-Gaume en 1901, en attendant Lascaux en 1940.

Au début du XXe siècle, il ne fait déjà plus aucun doute que des hommes primitifs ont peint, au fond de cavernes que l'on croit être un habitat, ce bestiaire fantastique. L'époque est alors fortement influencée par la théorie de « l'art pour l'art », qui favorise une analyse purement esthétique : ces représentations ne feraient donc que révéler le désir des chasseurs paléolithiques de s'entourer de beauté dans leur environnement quotidien. On a beau être homme des cavernes, on n'en soigne pas moins son intérieur... Et le fait que la grande majorité des grottes ornées se situent sur – ou sous – le sol français flattera l'orgueil cocardier de certains qui ne manqueront pas de saluer ici la première manifestation du génie artistique de la France qui marquerait l'avènement de l'histoire de l'art ! Mais la science préhistorique se structurant et affinant ses méthodes d'analyse, sous l'impulsion de l'abbé Breuil et surtout d'André Leroi-Gourhan, on propose bientôt des interprétations bien différentes, qui commencent d'éclaircir le mystère, sans jamais totalement le dissiper.

▲ **Main peinte sur une paroi de la grotte Chauvet, découverte en 1994 à Vallon-Pont-d'Arc.**

Des mains énigmatiques

PARMI LES TÉMOIGNAGES LES PLUS ÉMOUVANTS conservés dans les grottes ornées, il y a ces mains peintes aux doigts écartés que l'on peut apercevoir au Pech-Merle, dans la grotte Cosquer ou encore à Gargas qui n'en renferme pas moins de 150. Réalisées en pochoir (l'artiste a soufflé la peinture autour de sa propre main) ou plaquées sur la paroi, rouges ou noires, rehaussées parfois de signes symboliques, sont-elles tout bonnement la signature de l'artiste ? Disposées en séries ou isolées en des lieux difficilement accessibles, elles semblent aussi une marque d'identification de tout un groupe, à moins qu'elles représentent, comme une manière de premier signe scriptural, l'être humain d'ailleurs étrangement absent dans les décors des grottes. Nul n'a pu encore percer le mystère de ces mains, peintes il y 20 000 ans et qui semblent encore nous faire signe. ■

Des grottes qui sont des sanctuaires

Contrairement à l'idée communément admise, les grottes ne constituent pas un habitat. Les hommes du Paléolithique vivaient dans des abris sous roches, et sans doute dans des huttes de branchage, ébauches des premières maisons. Ces grottes où ils ont peint, et dont l'accès n'est jamais décoré, sont d'un accès particulièrement difficile et s'enfoncent profondément sous terre. Ainsi, au Tuc-d'Audoubert, en Ariège, faut-il parcourir plus de 700 mètres d'un chemin périlleux pour découvrir des statuettes de bisons modelées dans l'argile. D'autres grottes ne sont accessibles qu'après avoir franchi de nombreux obstacles naturels. L'impression chaque fois est celle d'une crypte, d'un lieu tenu caché et que l'on ne fréquente qu'occasionnellement. Là se déroulait un culte primitif qui unissait, lors de cérémonies mystérieuses, l'homme et la nature. Pour tenter de comprendre le sens de ces cérémonies, il faudra faire appel aux sciences humaines, et particulièrement à l'ethnologie.

L'esprit du chaman

Pour expliquer le système rituel complexe d'un univers de croyances spécifiques aux hommes de Cro-Magnon, des chercheurs vont utiliser leurs connaissances des cultures traditionnelles, essentiellement africaines, où les phénomènes de totémisme ont été longuement décrits. La grotte ornée du Paléolithique apparaît alors comme un lieu de culte pour une tribu ou un clan rassemblé autour d'un totem représentant un ancêtre. Mais c'est surtout l'étude des aborigè- ▶

▲ *La Frise des Aurochs* **dans la grotte de Lascaux en Dordogne et datant de –15 000 av. J.-C.**

nes d'Australie, dont les peintures rupestres expriment une mythologie complexe mais mieux connue, des Inuits, chasseurs-cueilleurs des régions arctiques et sous-arctiques, ou encore des chasseurs de rennes de l'Asie du Nord-Est qui apporte l'interprétation la mieux admise aujourd'hui : le chamanisme. Le chaman entretient une relation privilégiée avec le surnaturel, la communauté le sollicite pour intervenir auprès des esprits lors de maladies ou de difficultés, comme l'absence de gibier ou un conflit avec une autre tribu. Le célèbre « sorcier » de la grotte des Trois-Frères, en Ariège, tout à la fois cerf, homme et loup, ne serait-il pas l'un de ces chamans vêtus de peaux de bêtes, se livrant à quelque danse rituelle, et symbolisant, selon l'abbé Breuil, « l'Esprit régissant la multiplication du gibier et les expéditions de chasse » ?

L'ordre du monde

André Leroi-Gourhan proposera une autre explication en constatant que les animaux les plus souvent représentés (chevaux et bisons) ne sont pas ceux (rennes et cerfs) qui constituaient l'alimentation principale de ces hommes. De plus, les scènes de chasse où figurent des hommes sont extrêmement rares. Des signes gravés, symbolisant le sexe féminin (triangle fendu) ou masculin (trait vertical) accompagnent souvent les peintures, et pour le préhistorien ces signes de nature sexuelle (vulves et phallus) sont associés à tel ou tel animal selon un ordre rigoureux. On peut d'ailleurs voir au Pech-Merle une suite de cinq gravures où un ruminant se métamorphose en silhouette féminine.

L'emplacement même des différentes représentations animales dans une grotte semble traduire une intention. Ainsi les chevaux, les mammouths ou les bisons sont presque toujours situés sur de grands panneaux au centre de la grotte. En revanche les cerfs sont majoritairement représentés à l'entrée alors que l'ours n'est représenté qu'au plus profond des grottes. À Lascaux, à Niaux, à Cosquer ou dans la grotte Chauvet se lirait donc, en fonction des principes mâle et femelle, l'ordre du monde tel qu'il était perçu par les hommes du Paléolithique.

Rites d'initiation et lutte contre la mort

Réunis dans ces grottes, les chasseurs préhistoriques s'y seraient également livré à des rites d'initiation ou de passage. Cette hypothèse se confirme lorsqu'on se penche sur des traits plus spécifiques à ces rites qui marquent la naissance, la puberté, le mariage et la mort. En effet, les danses qui les accompagnent habituellement ont pour fonction essentielle de révéler les mystères du monde des adultes. Ces rites d'adolescents, qui prennent la forme d'expériences des limites par le biais de pratiques douloureuses (circoncision ou tatouages), ont souvent lieu dans l'isolement et l'obscurité, à l'écart de la communauté. D'autre part, on a retrouvé des flûtes et d'autres instruments de musique ainsi que des traces de pieds d'adolescents qui laissent supposer une chorégraphie (en Ariège, dans la grotte de Niaux, plus de 500 pas d'enfants de treize à quinze ans ; dans celle du Tuc-d'Audoubert, des empreintes de pas de six enfants sur six rangées). Il est certain que le danger, l'émotion constituaient une part importante du rituel.

Ainsi, l'art rupestre paléolithique traduirait la spiritualité des hommes de Cro-Magnon. Sans doute est-il l'expression d'une adaptation aux exigences communautaires d'une vie sociale qui se complexifie, et dont les croyances, les cérémonies et les rites assurent la cohésion sociale, la protection et la transmission de valeurs pour la survie du groupe. ■

▶ **Panneau de peintures rupestres représentant des bisons, dans la grotte de Niaux, en Ariège.**

Des chantiers impressionnants

Pour réaliser les chefs-d'œuvre qui ornent les grottes, les hommes du Paléolithique ont installé au fond de celles-ci de véritables « chantiers » que les techniques modernes d'études et d'observation permettent de reconstituer. L'éclairage tout d'abord, indispensable, était obtenu à l'aide de lampes à huile rudimentaires ou plus élaborées comme celle retrouvée à Lascaux et dont le manche et ornée des mêmes signes que l'on retrouve sur les parois. Pour atteindre les endroits les plus élevés (parfois jusqu'à 7 mètres), il a fallu dresser de solides échafaudages, ce qui implique, pour certaines grottes particulièrement difficiles d'accès, une logistique rigoureuse qui traduit toute l'importance apportée à une telle entreprise. Les couleurs étaient obtenues à l'aide de pigments broyés (oxyde de fer, de manganèse) et mélangés à du feldspath potassique, liées avec des huiles et des graisses animales. Les outils de l'artiste étaient variés : pinceaux, calames de bambou, brosses, tampons végétaux, lissoirs de pierre... Loin d'être un art d'agrément, la décoration des grottes mettaient donc en œuvre un impressionnant savoir faire qui exigeait de la communauté une parfaite organisation et une transmission des savoirs. ■

Des pratiques qui n'ont pas totalement disparu

Si les preuves manquent pour démontrer l'anthropophagie de nos ancêtres, on sait aujourd'hui que des peuplades primitives s'y livreraient toujours. C'est en 1956 qu'un médecin découvre au sein d'une tribu de Nouvelle-Guinée, les Fore, une étrange épidémie affectant 300 à 400 personnes chaque année. Les indigènes parlent du kuru ou « frisson », auquel aucun traitement ne vient à bout. On pense alors à une maladie génétique circonscrite à cette peuplade isolée avant qu'on ne songe à une forme particulière de la maladie de Creutzfeld-Jakob, une encéphalopathie spongiforme. Un vétérinaire, lui, évoque la tremblante du mouton. C'est alors qu'on découvre que les Fore se livrent à des scènes de cannibalisme rituel au cours desquelles le défunt est mangé par ses proches. La consommation des viscères d'un défunt infecté par l'agent pathogène du kuru expliquerait l'épidémie.

L'effroyable festin de nos ancêtres

- 12000 / - 4000

C'est une réalité bien difficile à admettre que celle d'avoir des ancêtres anthropophages, et pourtant… Le doute plane toujours sur certaines pratiques alimentaires des hommes du Paléolithique.

Les hommes du Paléolithique qui ont orné les grottes et réalisé les chefs-d'œuvre de Lascaux, la « chapelle Sixtine de la préhistoire », ont longtemps flatté notre orgueil avant que l'on ne s'avise que nos ancêtres étaient cannibales ! La mise au jour, en plusieurs sites, des restes de ces festins humains a d'abord fait horreur et mis à mal un mythe complaisamment entretenu. Puis la science a tenté d'apporter des réponses à ces pratiques.

Longtemps l'image du « bon sauvage » vivant en harmonie avec une nature prodigue a prévalu dans l'esprit des gens. Comment imaginer que ces 20 000 à 50 000 hommes du Paléolithique hexagonal auraient pu être violents, plus encore « déviants », puisqu'il leur suffisait de cueillir, de pêcher et de chasser en profitant de ressources illimitées que nul ne songeait à leur contester ? Ils avaient même le temps de peindre ou de graver les parois de leurs grottes !

Alors pourquoi donc manger l'autre ? Mythe d'un âge d'or de l'humanité avant que ne survienne le Néolithique à partir du VIIe millénaire avant notre ère, et que l'homme prédateur mais pacifique devienne producteur jalousé, élève ses animaux et cultive ses terres… au risque de susciter la concupiscence, donc la violence, pour défendre ses biens et en acquérir d'autres.

◄ ▲ **Des hommes des cavernes. (Lithographie de W. Kranz, XIXe siècle.). En insert, omoplate d'enfant portant des traces de silex attestant de probables pratiques cannibales. (Grotte des Perrats, Charente.)**

La violence existe depuis toujours…

Peintures et gravures rupestres mettant l'homme en scène sont si rares qu'il a fallu attendre, tout récemment, l'analyse scientifique des sépultures pour nous rendre compte que les animaux n'étaient pas les seules victimes de la « violence » des hommes. Ainsi en témoignent trois fosses découvertes sur le site de Fontbrégoua dans le Var : les restes de quatorze personnes (adultes et enfants) montrent bien que les corps ont été dépecés, décharnés et brisés, et les stries visibles sur les os proviennent de couteaux de silex, en somme d'instruments primitifs de « boucherie ».

Les chasseurs du Paléolithique avaient-ils coutume de casser les os longs (fémurs, humérus) pour en extraire la moelle et la consommer, voire de concasser les petits os en fines esquilles pour engraisser un bouillon chaud ? En tout cas, les auteurs de la fouille penchent vers la thèse d'un « cannibalisme alimentaire ».

D'autres fouilles dans la grotte des Perrats, à Agris, en Charente, confirment cette hypothèse. En effet, l'analyse des restes osseux de cinq adultes et de trois enfants témoigne de fractures délibérées, de signes de décarnisation sur les os, bref d'un véritable travail de boucherie poussé jusqu'au bris des crânes pour en extraire la masse cérébrale. Il reste même des traces de mâchement de certains os qui ne doivent rien à une intervention animale !

Manger son prochain par respect…

L'objectif nutritionnel était-il primordial ? Nombre d'anthropologues en doutent et croient que l'ingestion de sang, de chair ou de moelle relevait plutôt d'un comportement guerrier, d'un acte symbolique pour faire disparaître l'ennemi vaincu, voire s'approprier sa force et son courage en le consommant.

Nous ne savons pas si les « victimes » de Fontbrégoua étaient des ennemis ou appartenaient à la même communauté. Dans la seconde hypothèse, il pourrait s'agir d'un acte sacrificiel pour plaire aux divinités ou aux puissances surnaturelles. L'ingestion devient ainsi non plus un meurtre, mais un sacrifice, symbole d'une purification rédemptrice pour la communauté.

Enfin l'on peut fort bien imaginer, c'est du moins l'hypothèse de certains préhistoriens, que le cannibalisme permettait de se nourrir tout en restant dans le cadre d'un rituel funéraire, les consommateurs survivants intégrant ainsi le corps et l'âme de leurs défunts dans le contexte d'une relation privilégiée entre morts et vivants et il ne s'agissait nullement pour eux d'un acte de barbarie.

Faute de preuves archéologiques irréfutables, il faut se contenter de ses hypothèses pour expliquer le comportement de nos ancêtres, sans pouvoir apporter de réponses certaines à l'une des grandes interrogations de notre préhistoire. ■

À quoi servaient les alignements de Carnac ?

- 4000 / - 2000

Autour du golfe du Morbihan se dressent les plus fantastiques alignements mégalithiques du monde. Pourquoi des hommes, se relayant pendant plusieurs siècles, ont-ils consacré toute leur énergie à édifier un tel ensemble ?

Le petit village de Carnac est un lieu unique au monde. Son nom signifie « le lieu des carn » : *carn* est un mot celtique désignant les amoncellements de pierres (il a donné « cairn » en français et en anglais). À Carnac, on trouve tous les types de construction : des alignements formés de menhirs isolés, mais aussi des *cairns* – que forment les tumulus de pierres plates que constituent les dolmens –, ainsi que des cromlechs – c'est-à-dire des établissements formés d'un cercle de menhirs. C'est au total plus de 3 000 pierres qui se dressent dans un rayon proche. Elles ne sont qu'une petite partie de la construction d'origine, qui comprenait sans doute près de 10 000 menhirs, le temps et les hommes en ayant détruit beaucoup. L'ensemble s'étendait probablement sur huit kilomètres, des alignements de Sainte-Barbe jusqu'à la rivière de Crach : il ne subsiste plus que sur trois kilomètres.

À quoi ressemble aujourd'hui le site de Carnac ?

On distingue trois séries d'alignements. Un cromlech en demi-cercle ouvre celui du Ménec, au nord du village de Carnac. Là, répartis sur 11 rangées, s'élèvent exactement 1 169 menhirs, hauts de 60 centimètres à 4 mètres. L'alignement du Ménec atteint une longueur de 1 170 mètres. Après un court espace vide, 250 mètres plus loin, l'alignement de Kermario, long de 1 120 mètres, se limite à 10 rangées et à 1 029 menhirs, hauts de 50 centimètres à 7 mètres. Troisième étape, l'alignement de Kerlescan, 400 mètres en retrait. Treize files de 880 mètres de long regroupent 594 pierres hautes de 80 centimètres à 4 mètres. Comme l'alignement du Ménec, il est précédé d'un cromlech en demi-cercle.

En dehors des alignements, le site de Carnac comprend le grand tumulus Saint-Michel, long de 120 mètres et haut de 12 mètres, à l'intérieur duquel on trouve plusieurs chambres funéraires. Il semble postérieur aux alignements eux-mêmes, tout comme le tumulus de Kercado, de 30 mètres de diamètre et 3,50 mètres de hauteur.

Enfin, de très nombreux dolmens et menhirs isolés se rencontrent à proximité, disséminés hors de la zone d'alignement.

Des menhirs devenus pierres de construction

Une partie seulement des monuments édifiés pendant le néolithique et au début de l'âge du bronze sont encore intacts. Au cours des siècles, la plupart ont été saccagés, démontés ou tronçonnés. ▶

Les mégalithes

Les plus anciens menhirs connus se dressent dans la péninsule Ibérique et notamment au Portugal. L'art des mégalithes suit ensuite le littoral atlantique. Il pénètre parfois profondément dans les terres. Il trouve en Bretagne une patrie d'élection, conquiert l'Irlande, l'Angleterre. Ainsi, se dresse à Stonehenge, dans le Wiltshire, un des plus beaux monuments mégalithiques d'Europe. Sa signification demeure incertaine mais on l'interprète aujourd'hui le plus souvent comme un sanctuaire du culte solaire.

Enfin cet art des mégalithes atteint le Jutland et la Scandinavie vers 1500 av. J.-C. Il laisse, en outre, dans le golfe du Lion comme en Corse, en Sardaigne et surtout à Malte, d'impressionnants ensembles que l'on date du début du IIe millénaire av. J.-C.

Les préhistoriens estiment à 100 000 le nombre des mégalithes que l'on rencontre hors d'Europe. L'Afrique du Nord, la Palestine en sont riches, comme le Caucase ou la Crimée. La Corée compte plus de 300 dolmens. Ceux de l'Inde peuvent se comparer à ceux d'Europe.

Tous ces mégalithes n'ont pas le même âge. Ils remontent, au Proche-Orient, au IIIe millénaire av. J.-C., mais datent seulement du IIe siècle apr. J.-C. en Inde. On dresse, aujourd'hui encore, des pierres géantes au Tibet. ■

▶ Vue d'ensemble des alignements de Carnac. (Gravure de Félix Thorigny, XIXe siècle.)

▲ **Alignement de Kerlescan à Carnac, qui comprend treize lignes de menhirs.**

Les Romains utilisent les pierres des cairns pour paver les routes. Ils sont les premiers à débiter les menhirs en pierre de taille pour construire de très nombreuses maisons. Par la suite, les chrétiens, soucieux d'éliminer toute trace des anciennes croyances, font abattre les dolmens ou sculpter des croix dans les menhirs.

Au XVIIe siècle, en Loire-Atlantique, un prêtre zélé fait démolir tous les ensembles mégalithiques de sa région pour construire une énorme rocaille avec « les débris d'un culte sanguinaire ». Deux siècles plus tard, les pires ennemis des mégalithes sont les chercheurs de trésors, qui renversent les pierres et défoncent les tertres dans l'espoir de trouver des bijoux.

En 1974, encore, dans une lettre à son préfet, le maire d'une petite commune annonce qu'il a fait raser un dolmen, « obstacle à l'utilisation rationnelle des sols »...

Problèmes de datation

On peut estimer l'âge d'un menhir en datant les petits objets qui ont souvent été disposés au pied de la pierre pour la caler. Il faut alors se méfier des ajouts postérieurs comme des éléments qui ont pu être en place antérieurement : certaines parties des alignements de Carnac recouvrent des tumulus plus anciens. Le problème de datation se pose encore en ce qui concerne les motifs décoratifs gravés sur bien des pierres levées. Victimes de l'érosion, ils sont souvent difficiles à déchiffrer, et il est délicat de déterminer si le même peuple a érigé la

Des menhirs gaulois ?

Il convient de faire un sort à la légende, popularisée par la célèbre bande dessinée *Astérix* de Goscinny et Uderzo : les menhirs ne sont pas l'œuvre des Gaulois ni des Celtes. En effet, si ces derniers, dès leur arrivée, n'hésitent pas à utiliser les dolmens comme lieu de culte, ceux-ci dominent déjà les landes bretonnes depuis plus d'un millénaire. Les civilisations mégalithiques qui les avaient élevés ont disparu, après s'être répandues de l'Espagne jusqu'en Angleterre où, parvenues au sommet de leur art, elles ont bâti le monument de Stonehenge dans la plaine de Salisbury, vers 2800-2000 av. J.-C. ■

Le monde au IVe millénaire

ALORS QUE LES PEUPLES QUI, EN EUROPE DE l'Ouest, élèvent des mégalithes sont encore des chasseurs et rarement des agriculteurs, au Proche-Orient, on cultive le sol depuis trois mille ans et on coule le bronze depuis cinq siècles. Les Mésopotamiens ont inventé la roue et les pictogrammes, les Égyptiens la voile et les hiéroglyphes.

L'Égypte est unifiée par le pharaon Narmer (ou Ménès en grec) qui fonde la première dynastie thinite. Les cités et les temples sumériens s'élèvent et on y découvre l'écriture cunéiforme. L'agriculture se développe en Afrique centrale alors qu'en Chine la mythique dynastie Xia construit sa première cité à Liangchengzhen. Dans les îles Cyclades de la mer Égée se développe la première civilisation grecque. L'Occident est encore dans la préhistoire alors que le Proche-Orient entre dans l'histoire. ■

pierre et l'a gravée, ou si les sculptures sont l'œuvre de leurs successeurs. On estime que les monuments de Carnac ont été élevés par plusieurs générations qui se sont succédé entre les IVe et IIIe millénaires avant notre ère.

Un observatoire du soleil ?

Menhirs et dolmens ont des fonctions très différentes. Le dolmen est une sépulture, alors que le menhir est un édifice commémoratif ou votif, mais ne peut en aucun cas être considéré comme un monument funéraire – si l'on trouve des tombes au pied de certains menhirs, elles sont le plus souvent postérieures à leur érection.

À la fin du XIXe siècle sont remarquées pour la première fois les correspondances entre les structures des ensembles mégalithiques et les positions du soleil à certaines périodes de l'année. Dans chaque alignement, les menhirs sont placés par ordre décroissant et chaque série forme un angle précis avec la précédente : Kerlescan est orienté selon le lever du soleil à l'équinoxe, Kermario selon le lever au solstice d'été, le Ménec selon les levers intermédiaires.

Certains observateurs voient dans cette disposition des dates correspondant aux principales phases du cycle agricole, une activité alors toute nouvelle pour les peuples occidentaux.

Un immense observatoire à ciel ouvert

Depuis, les théories relatives aux utilisations calendaires et astronomiques se succèdent, appuyées par le fait que de nombreux menhirs isolés sont percés d'un trou qui a pu servir comme repère pour la visée. Mais les premiers observateurs ont eu tort de ne songer qu'à un observatoire solaire : certes, les directions des alignements correspondent à la position des levers et des couchers du soleil, mais les autres astres ne sont pas oubliés.

Partant du constat que la plupart des calendriers primitifs sont semi-lunaires, Alexander Thorn, professeur à Oxford, démontre, dans les années 1970, que Carnac est aussi un observatoire lunaire. Il détermine que le grand menhir de Locmariaquer, haut de 23 mètres, est sans doute l'élément central d'un grand dispositif destiné à prédire les éclipses.

Plusieurs autres menhirs isolés, éloignés parfois de 15 kilomètres, comme celui de Quiberon, auraient servi de crans de mire, correspondant à des moments extrêmes de la déclinaison lunaire. L'ensemble du système, champs d'alignements et cromlechs, constituerait ainsi un véritable instrument d'observation et de prévision des éclipses et autres phénomènes astronomiques.

Thorn remarque également l'utilisation d'une unité de longueur mégalithique universelle en Europe occidentale, à laquelle il accorde la valeur précise de 0,8293 mètre. ■

▶ Menhir du Champ-Dolent à Dol-de-Bretagne (9,50 m de haut, l'un des plus élevés de Bretagne).

Le culte mystérieux de la vallée des Merveilles

- 1800 / - 1500

Animaux, armes, figures géométriques et personnages inquiétants ont été gravés par milliers sur les parois d'un sanctuaire naturel qui est loin d'avoir livré tous les secrets du culte qui y était rendu.

C'est en 1650 que l'historien niçois Gioffredo mentionne pour la première fois l'existence d'un ensemble de signes énigmatiques gravés sur des roches dans la vallée des Merveilles. Mais il faut attendre les années 1890 pour qu'une première étude approfondie soit entreprise par le botaniste anglais Clarence Bicknell, qui mettra au jour plus de 11 000 gravures et consacrera le site comme l'un des plus importants jamais découvert. À partir de 1967, et jusqu'en 1998, le préhistorien Henry de Lumley en dirigera l'inventaire systématique, pour parvenir au nombre incroyable de 100 000 gravures et figures, datées de la fin de l'âge de bronze (fin du Néolithique, entre 1800 et 1500 avant J.-C.).

Située à 80 km au nord de Nice dans le parc national du Mercantour, s'étendant sur 30 km² autour du mont Bego et culminant à 2 300 m d'altitude, la vallée des Merveilles a toujours impressionné les populations. En témoigne la toponymie des lieux : le mont Bego (« celui qui domine »), la vallée de la Valmasque (masca signifie « sorcière »), la cime du Diable... De fait, elle constitue un paysage grandiose et parfois inquiétant, fait de blocs erratiques, de moraines, de lacs et de forêts de mélèzes. Deux vallées principales contiennent des gravures rupestres : la vallée des Merveilles et la vallée de Fontalba. Et, même si le travail des historiens a permis de franchir un pas important dans l'interprétation du site, bien des mystères demeurent concernant son origine.

Un inventaire complexe

Réalisées par piquetage sur des parois de schiste, de grès et de granit polies par les glaciers, les gravures apparaissent en gris vert assez clair sur la patine rose de la roche, et se répartissent en quatre ensembles distincts. Les figures cornues, aux dimensions variées, constituent la grande majorité des figures gravées (80 % de l'ensemble). Le taureau ou dieu Bego, symbole de fertilité dans le bassin méditerranéen, maître de l'orage, et le bœuf, parfois attelé et associé aux travaux de la terre, dominent. Des armes (poignards, épées, hallebardes) et des outils (faux, faucilles) se retrouvent également en grand nombre. Les figures anthropomorphiques se divisent en deux groupes : les petits personnages, qui apparaissent soit isolés, soit en attelage, et les grandes figures, plus rares, plus complexes et souvent uniques. Les figures géométriques enfin sont sans doute les plus énigmatiques. Cercles concentriques, points, rectangles... indiquent-elles des champs, des maisons ? S'agit-il d'une tentative d'élaboration d'un cadastre ?

◄ **Peinture rupestre du mont Bego, représentant un araire tiré par deux bœufs.**

La manifestation d'un univers sacré ?

En l'absence d'écriture, les agriculteurs et les chasseurs qui peuplaient la région à l'âge du bronze ont sans doute gravé leurs mythes et leurs croyances à l'aide d'idéogrammes. C'est la première interprétation qui semble s'imposer, le message inscrit dans la pierre serait celui d'un rite initiatique, et désignerait la vallée comme un sanctuaire à ciel ouvert, où des pèlerinages s'accomplissaient pour implorer les deux divinités principales qu'étaient le dieu de l'Orage, le taureau, et la déesse-terre, afin qu'ils viennent féconder les cultures. Le parcours emprunté par les prêtres et les initiés les conduisait vers les plus hauts sommets, réservés aux plus gros rochers et aux plus grandes figures, celles que les historiens ont surnommées « chef de la tribu », « Christ », « sorcier », « danseuses » ; alors que les profanes restaient dans la vallée.

Cependant, une autre interprétation, faisant intervenir les constellations telles qu'elles se présentaient à l'âge du bronze, se fait jour. Les bras en croix du « chef de la tribu » désigneraient l'axe nord-sud. La roche de l'Autel, la roche du Chef de la tribu et la roche de la Rouelle sont disposées selon ce même axe nord-sud. Le Chef de la tribu viserait ainsi le soleil au solstice d'été, à l'équinoxe d'automne et le jour exact entre ces deux dates. D'autre part, des cercles concentriques, situés au-dessus du point correspondant au solstice d'été, pourraient figurer la constellation du Capricorne qui, à l'époque, culminait la nuit dans cette période de l'année. La vallée des Merveilles deviendrait alors un vaste observatoire astrologique naturel.

Les deux interprétations ne sont pas en contradiction. Peut-être en ce lieu emprunt de magie et de mystère des hommes ont-ils donné vie à une cosmogonie complexe où les rites d'adoration des divinités se mêlait à l'observation des astres. ■

▶ **Vue de la vallée de Fontanalba, l'une des deux vallées contenant des gravures rupestres.**

L'eau, un problème millénaire

Nécessité première pour toute activité agricole, l'eau peut être rare dans cette partie des Alpes méridionales. Alors, on l'implore par des rites initiatiques, comme dans toutes les cultures du Bassin méditerranéen à cette époque, notamment en Crète.

Le mont Bego, plus particulièrement, est riche en gravures représentant des figures rectangulaires – des bassins ? – desquelles sortent des lignes ondulantes indiquant des ruisseaux venant irriguer la terre et les champs. On trouve aussi nombre d'images de prêtres portant des hallebardes aux manches disproportionnés, en fait des outils cérémoniels, qu'ils brandissent vers le ciel, ou encore des représentations de sacrifices de taureaux, dieux de la Foudre, représentés un poignard dans la tête, et qui devront amener des pluies en abondance au printemps pour renouveler la végétation. ■

◀ L'assemblée de druides dans la forêt. (Chromolithographie anonyme du XIXe siècle.)

des ancêtres mystérieux

Il y a des temps que l'on croit bien connaître, l'histoire naissante pourtant y tient moins de place que les récits légendaires et la mythologie. Des chroniques anciennes, postérieures aux faits relatés, nous présentent des épisodes fabuleux longtemps tenus pour véridiques. Mais quand la science s'y confronte, pensant tout élucider, elle peine à discerner la part d'imaginaire omniprésente dans ces récits. Reste alors les interrogations sur ce que fut réellement cette Antiquité, longtemps tenue pour une épopée héroïque à l'image de l'Iliade, ou tardivement transformée en un catéchisme infaillible pour les besoins de l'instruction publique républicaine. S'affranchir de ces visions partisanes ne permet toutefois pas encore d'apporter des réponses aux questions que continuent de poser les premiers temps de notre histoire.

Des éléphants dans les Alpes !

218 AV. J.-C.

L'armée d'Hannibal surprend Rome en attaquant par le Nord ; le chef carthaginois a fait franchir les Alpes à ses éléphants ! Un exploit extraordinaire qui a enthousiasmé les historiens, mais qui suscite bien des interrogations.

Quand il accède au pouvoir en 221 av. J.-C., Hannibal, âgé de 27 ans, ne semble animé que du désir de venger son père Hamilcar, défait par Rome à l'issue de la première guerre punique. Rome, éternel rival de Carthage, et qui est en passe d'imposer sa suprématie en Méditerranée, devient l'unique objet du ressentiment d'Hannibal. Consolidant les conquêtes de son père en Espagne, celui-ci s'apprête à engager dans une deuxième guerre punique des troupes aguerries qu'il entend mener jusque sous les murs de Rome.

Brillant stratège et tacticien hors pair, Hannibal dispose d'une troupe d'environ 60 000 mercenaires professionnels recrutés chez les peuples soumis à Carthage. Des Libyens, spécialistes de la javeline, à la résistance légendaire et qui formeront encore les deux tiers de l'infanterie après le passage des Alpes. À leurs côtés, des fantassins ibères et des mercenaires baléares. Cette infanterie légère est épaulée par une cavalerie de Numides armés de quelques javelines et d'un simple poignard, des virtuoses capables de mener deux chevaux à la fois et d'en changer en pleine course pour ménager leurs montures. C'est donc une armée très mobile et aguerrie qu'Hannibal a rassemblée, une armée qui dispose également d'une impressionnante « cavalerie blindée » : les fameux éléphants.

Les « blindés » d'Hannibal

L'efficacité militaire des éléphants, Carthage l'a déjà éprouvée à ses dépends en affrontant les mastodontes de Pyrrhus, roi d'Épire. Avant lui, ce sont les Indiens puis les Perses qui utilisèrent les premiers la force d'impact et d'effroi de cette « cavalerie blindée ». Pour marcher sur Rome, Hannibal rassemble pas moins de 37 éléphants qui dans la bataille ont pour mission d'enfoncer les lignes ennemies en les terrifiant : conduits par un cornac, ils chargent en barrissant, la tête haute entre leurs monstrueuses oreilles déployées, dressant entre leurs terribles défenses la « proboscis », cette trompe que Lucrèce décrit comme « une main en forme de serpent ». Leur odeur parfois suffit à affoler les chevaux de l'adversaire.

Une extraordinaire prouesse logistique

Plus encore que les expéditions d'Alexandre le Grand, la traversée des Alpes par une armée carthaginoise de plusieurs dizaines de milliers d'hommes et d'une lourde intendance, d'une imposante cavalerie et d'une « division blindée » de 37 éléphants représente un exploit sans précédent qui enflammera les esprits d'historiens comme Polybe et Tite-Live.

C'est depuis Carthagène en Espagne qu'Hannibal lance son armée, en mai 218. Elle va traverser l'Èbre puis les Pyrénées par le col du Perthus et s'apprête à franchir le Rhône fin août, probablement au niveau de Villeneuve-lès-Avignon ou de Pont-Saint-Esprit. La surprise est totale pour les Romains ! Quand Cornelius Scipion et ses légions arrivent à Marseille, Hannibal est déjà à mi-chemin de Rome, il est trop tard pour l'intercepter.

Volontairement réduite à 40 000 hommes et guidée par des Gaulois, l'armée s'engage en Maurienne par la vallée de l'Arc et atteint enfin un col au bout de neuf jours, au « coucher des Pléiades », c'est-à-dire la fin octobre, à l'approche de l'hiver. Le col du Petit-Mont-Cenis, celui du Clapier ou plus probablement celui de Savine-Coche à près de 2 500 m d'altitude ? Rien ne permet aujourd'hui de retrouver la route que des éléphants auraient été capables d'emprunter.

▶ **Hannibal franchit les Alpes avec ses éléphants. (Gravure sur bois colorisée de H. Leuteman, 1866.)**

Les Alpes, tombeau des éléphants ?

« Ce sont les remparts de Rome que vous venez d'escalader » s'exclame Hannibal à ses troupes épuisées parvenues au sommet des Alpes. La descente vers la plaine du Pô s'effectue sous la neige et s'avère encore plus périlleuse que l'ascension, empruntant un chemin obstrué d'éboulis. Combien d'éléphants ont-ils réussi à franchir les Alpes ? Ni Tite-Live ni Polybe ne le disent clairement. À en croire les chiffres gravés par ordre d'Hannibal sur la table de bronze du cap Lacinion en Italie du Sud, l'armée carthaginoise parvenue jusque-là est réduite à 20 000 fantassins et 6 000 cavaliers... mais combien d'éléphants ?

On sait seulement qu'Hannibal ne dispose plus que de sept éléphants valides, dont six vont mourir de froid, avant les brillantes victoires de Trasimène puis de Cannes en Apulie. Puis il ne lui en restera plus qu'un, baptisé Syrus, avec lequel il paradera dans les villes conquises. ■

Des animaux disparus

Durant l'été 1959, c'est un étrange équipage que les Savoyards peuvent observer en direction du col du Clapier : conduit sinon « cornaqué » par un Anglais, un jeune éléphant d'Asie du nom de Jumbo tente de franchir les Alpes ! L'aventure se soldera par un échec, et l'animal ne peut rallier l'Italie que par la route nationale du Mont-Cenis. D'autres tentatives auront lieu, qui échoueront également. Comment Hannibal a-t-il alors pu réussir un tel exploit il y a 2000 ans ? La réponse se trouve peut-être chez ces animaux dont on ne sait rien puisqu'il s'agissait d'éléphants de Berbérie, *Loxodonta africana cyclotis*, aujourd'hui totalement disparu. Cousin du puissant éléphant d'Afrique, mais plus petit que l'éléphant d'Asie, réputé intelligent et facile à dresser, cet éléphant présentait-il des facultés particulières qui lui auraient permis de réaliser un exploit dont certains doutent encore ? ■

Les Gaulois pratiquaient-ils des sacrifices humains ?

VIe-Ier SIÈCLE AV. J.-C.

Les Romains, conquérants de la Gaule, se sont attachés à anéantir l'influence des druides. Parti pris politique ou mesure de sauvegarde contre un culte gaulois et des chefs religieux beaucoup moins inoffensifs qu'on ne le dit ?

La société gauloise est dominée par les druides et les guerriers, deux groupes que leur fonction place au centre des pratiques condamnées par les conquérants romains. Mais il serait simpliste de voir dans ces guerriers des hommes semant la mort autour d'eux, alors que les druides ne seraient que des vieillards barbus chargés de couper le gui avec des faucilles d'or.

Une des missions des druides est d'apprendre le meurtre et l'usage de la force aux guerriers. Cet enseignement est fondé sur une initiation à la mort, que l'on doit pouvoir donner sans faillir mais aussi recevoir sans faiblesse. La religion des druides enseigne que chaque homme possède une âme immortelle, qui passe, lors du décès, dans le corps d'un autre homme. Il ne faut donc pas craindre l'étape qui marque la

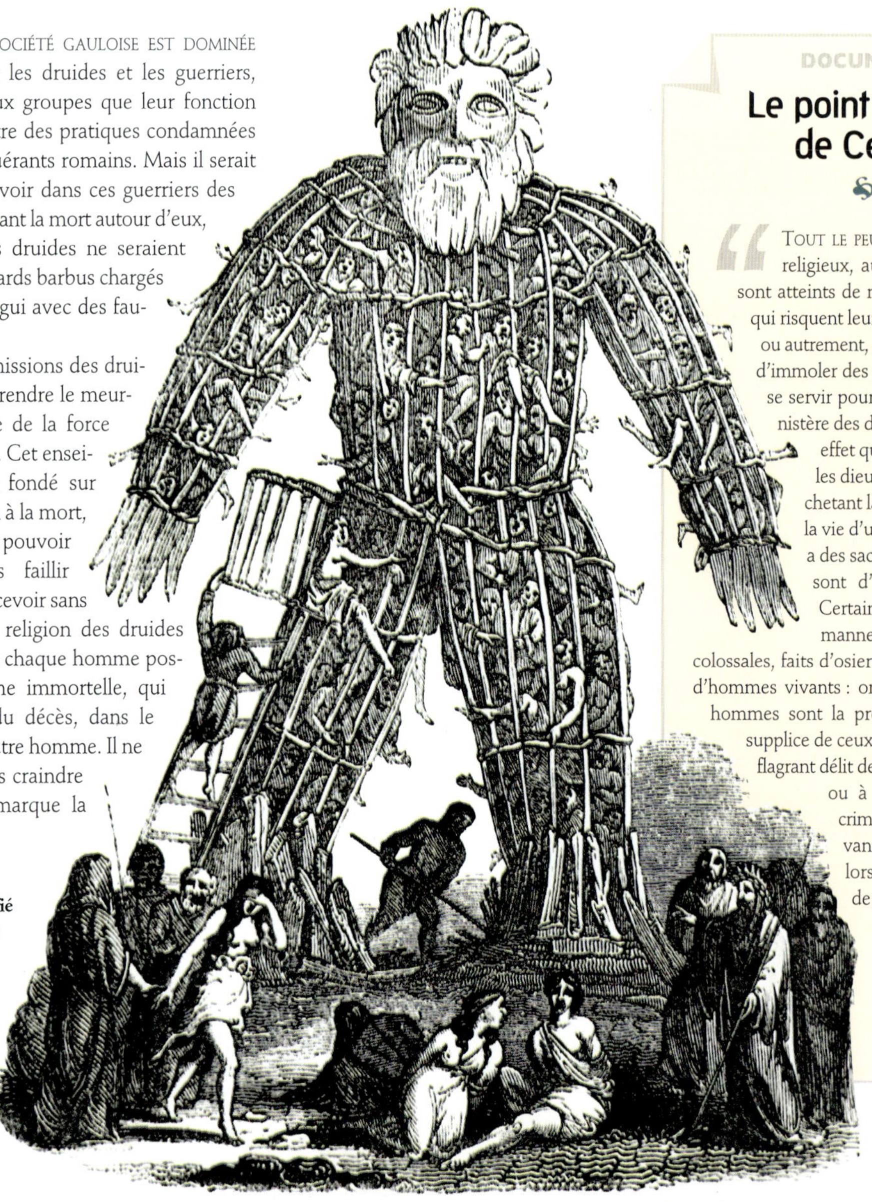

▶ **Colosse édifié par les druides pour exécuter les criminels. (Peinture du XIXe siècle.)**

DOCUMENT

Le point de vue de César

« Tout le peuple gaulois est très religieux, aussi voit-on ceux qui sont atteints de maladies graves, ceux qui risquent leur vie dans les combats ou autrement, immoler ou faire vœu d'immoler des victimes humaines et se servir pour ces sacrifices du ministère des druides ; ils pensent en effet qu'on ne saurait apaiser les dieux immortels qu'en rachetant la vie d'un homme par la vie d'un autre homme et il y a des sacrifices de ce genre qui sont d'institution publique. Certaines peuplades ont des mannequins de proportions colossales, faits d'osier tressé, qu'on remplit d'hommes vivants : on y met le feu et les hommes sont la proie des flammes. Le supplice de ceux qui ont été arrêtés en flagrant délit de vol ou de brigandage ou à la suite de quelque crime passe pour plaire davantage aux dieux. Mais, lorsqu'on n'a pas assez de victimes de ce genre, on ne craint pas de sacrifier les innocents. »

Jules César, *la Guerre des Gaules.*

fin d'une vie, ni hésiter à la devancer lors des combats afin de susciter l'admiration de l'adversaire et de satisfaire les dieux par son propre sacrifice.

Pour arriver à cette perfection dans la culture de la violence, les jeunes guerriers sont regroupés par classe d'âge et coupés du monde des adultes. Ils apprennent les techniques de la chasse (au cerf ou au sanglier), ainsi que du combat à mains nues, et ils se maintiennent par des exercices corporels dans la meilleure forme physique possible.

Des sacrifices aux dieux pour chaque occasion

Peut-être, pourtant, y a-t-il plus. César, dans *la Guerre des Gaules*, souligne la barbarie de la société, et en donne pour exemple l'existence de nombreux sacrifices humains.

Plusieurs événements donnent lieu à ces sacrifices, qui revêtent des formes diverses selon qu'ils sont accomplis en l'honneur de tel ou tel dieu. Les sacrifices destinés à honorer les dieux suivent chacun un rituel spécifique. Ainsi, lorsqu'on immole une victime à Teutatès, le dieu de la Guerre et des Peuples, on la noie dans un tonneau rempli d'eau. Le dieu Esus, autre dieu de la Guerre très sanguinaire, est honoré par des pendaisons. Les victimes que l'on voue à Taranis, dieu du Ciel et du Tonnerre, sont enfermées dans un immense colosse en osier ou en foin qui, placé sur un bûcher, est enflammé par un druide. Sont immolés des volontaires, des criminels ou des prisonniers de guerre, mais aussi parfois, s'il n'y a pas d'autre choix, n'importe qui.

Une divination sanglante

Le départ pour la guerre est une autre occasion de célébrer de tels rites. C'est le moment où intervient un personnage clé de la société gauloise, la devineresse ou prêtresse, chargée de sacrifier une victime (il s'agit d'abord d'un prisonnier) avant le combat afin d'en connaître l'issue. L'officiante fait monter la victime par une échelle au sommet d'un immense chaudron, et la poignarde en faisant jaillir son sang sur les parois. Le sang, en coagulant, laisse, sur les bords du récipient, des marques que la devineresse est chargée d'interpréter. La couleur, la consistance, la direction des traces sanglantes sont autant de signes prophétiques. Lorsque ces signes sont difficiles à lire, la prêtresse renouvelle l'opération avec une autre victime, et elle continue si le besoin s'en fait sentir.

Au fond du chaudron, le sang des différentes victimes reste liquide et s'accumule. Lorsqu'il y en a assez, la femme s'empare d'une louche et asperge la foule des guerriers présents, fanatisés par la cérémonie et prêts à mourir au combat. ■

◂ Sacrifice humain en Gaule. (Imagerie de Pont-à-Mousson, 1890.)

Les confirmations de l'archéologie

Grâce aux découvertes réalisées dans les années 1960 à Gournay-sur-Aronde (Oise), on peut désormais décrire le calendrier de sacrifices dans une peuplade belge, les Bellovaques, chez qui ces manifestations sont liées aux saisons et aux grandes fêtes.

À Saintes, encore en 150 apr. J.-C., un sacrifice est accompli : 17 personnes y trouvent la mort. Parmi elles, il y a trois enfants. Les adultes ont été tués par décapitation.

César n'a donc pas menti. On sacrifie des personnes pour les punir mais également pour satisfaire les exigences du panthéon gaulois auquel il faut prouver sa force et dont on doit exalter le désir homicide. Les empereurs, dès le début de la présence romaine en Gaule, proclament la suppression des druides et interdisent les sacrifices humains. Cependant, cette pratique ne disparaît totalement qu'au IVe siècle. ■

« Alésia ? Connais pas ! »

52 av. J.-C.

« Personne ne sait où se trouve Alésia ! » vocifère Abraracourcix dans le Bouclier arverne. *Et, quelques pages plus loin, les auteurs imputent cette attitude... à un « regrettable chauvinisme ! »*

En fait de chauvinisme, il arrive que les historiens se livrent des querelles de chapelles ou de clochers aussi acharnées que les combats des armées qu'ils étudient. Tel fut le cas dans la violente polémique qui s'éleva en France, au XIXe siècle, pour déterminer le site d'une très célèbre bataille, vieille de presque 2 000 ans.

La bataille d'Alésia est restée dans toutes les mémoires ; objet d'enjeux capitaux, elle oppose, en 52 av. J.-C., deux illustres chefs de guerre : Jules César, le Romain, et Vercingétorix, le Gaulois.

Cette bataille met fin à la dernière révolte de la Gaule contre les Romains. Le chef gaulois, Vercingétorix, est réfugié avec ses troupes sur une position fortifiée de la tribu des Mandubiens, l'*oppidum* d'Alésia, témoin du degré de civilisation atteint par les Celtes de l'intérieur de la Gaule au Ier siècle av. J.-C. Un *oppidum* est un embryon de ville qui remplit essentiellement une fonction défensive. La tribu gauloise doit pouvoir s'y réfugier et s'y protéger d'un ennemi, d'où le choix de positions en hauteur, plus facilement défendables contre l'adversaire.

C'est le cas d'Alésia, du moins tel que l'a décrite César dans *la Guerre des Gaules* : un plateau d'environ 90 hectares, coupé de la plaine par une falaise assez abrupte, où les seuls accès sont barrés d'un mur de pierres sèches bâti autour d'une armature de poutres entrecroisées et de clous, pouvant résister aussi bien au feu qu'au bélier, l'arme redoutable qui sert à enfoncer les murs ou les portes des lieux assiégés. Un endroit imprenable en somme...

Et pourtant, César et ses légionnaires, au prix de travaux gigantesques de fortifications, réaliseront un encerclement méthodique que rien ni personne ne pourra briser. Après l'écrasement par les légions d'une armée de secours autochtone, les assiégés capitulent. La guerre des Gaules est finie. La guerre des archéologues n'a pas encore commencé.

Un débat qui enflamme les savants du second Empire

En Bourgogne, une tradition immémoriale situe Alésia sur un petit relief en bordure du plateau de Langres (Côte-d'Or), le mont Auxois, appartenant à la commune d'Alise-Sainte-Reine. Et nul ne songe à contester cette tradition : le nom même d'Alise ne paraît-il pas directement dérivé d'Alésia ?

▲ Maquette des travaux de César devant Alésia, établie par le général Verchère de Refflye pour Napoléon III.

Tout change en 1855. Le scandale arrive par une société savante, la Société d'émulation du Doubs, qui semble vouloir s'ériger en porte-drapeau des intérêts de la Franche-Comté et de sa primauté historique sur la Bourgogne. À l'instigation d'un architecte de Besançon, un dénommé Delacroix, elle propose de localiser Alésia à Alaise, dans le Doubs, et recueille immédiatement le soutien de plusieurs savants de grand renom. Leurs homologues bourguignons protestent alors vivement en faveur d'Alise.

La querelle devient vite nationale ; mémoires, brochures, voire prises à partie de savants par voie de presse se multiplient. Les institutions culturelles les plus importantes, comme l'Académie des inscriptions et belles-lettres, refusent de jouer un rôle d'arbitre. L'affaire prend une telle importance que l'empereur Napoléon III, auteur d'une *Histoire de Jules César*, s'y intéresse : pour ramener le calme, il crée une Commission de la topographie de la Gaule, chargée de coordonner un programme de fouilles et de dresser une carte exacte du territoire français au début de notre ère.

De fausses découvertes en vraies trouvailles archéologiques

Dès les premiers travaux autour d'Alise en 1860, on exhume des haches et des armes de bronze : les Bourguignons crient aussitôt victoire ! À tort, car, en 52 av. J.-C., il y a déjà plus d'un millénaire que l'âge du bronze est achevé, et la civilisation gauloise est assez avancée pour disposer d'armes en fer...

On trouve également des fossés qui pourraient correspondre aux travaux de fortification de César, qui en donne des mesures précises dans ses *Commentaires* ; on en retire des monnaies romaines facilement datables : toutes sont antérieures à 52.

Est-ce une preuve suffisante ? Les avis sont partagés. On ira même jusqu'à mesurer, dans toutes les directions possibles, la vallée que domine le mont Auxois, pour vérifier si elle s'accorde avec les dimensions estimées par César : 3 000 pas... Mais tout dépend, en fait, dans quel sens on la mesure !

Les fouilleurs du second Empire trouveront encore un charnier avec ossements, carcasses de chevaux et armes au pied de la colline où, suppose-t-on, l'armée de secours s'était brisée sur les défenses romaines...

Quand la vérité scientifique rejoint la tradition locale

En 1906, l'exploration est reprise sur le mont Auxois par les érudits de la Société des sciences historiques de Semur-en-Auxois. Les découvertes sont, cette fois, nombreuses et décisives, au point que les fouilles, aujourd'hui encore, ont été partagées en aires chronologiques. L'Alésia gauloise et son dispositif de défense continuent d'intéresser les chercheurs, mais la ville gallo-romaine et même celle des premiers siècles de notre ère révèlent également de grandes richesses : forum, monuments publics, maisons, premières basiliques chrétiennes, etc.

À l'heure actuelle, même si les voix revendiquant la primauté du site d'Alaise ne se sont jamais tout à fait tues, il ne subsiste pour ainsi dire plus de doute. Les débats d'« érudits » locaux ne dépassent plus les querelles de clochers, et l'archéologie scientifique a fini par prouver qu'Alésia, ainsi que le proclamait la tradition, était bien située sur le mont Auxois. ■

▼ Vercingétorix se rend au camp romain et jette ses armes aux pieds de Jules César. (Tableau de L. Royer, 1899.)

Des dieux d'Orient en Gaule romaine

Ier–IIe SIÈCLE

Comment les Égyptiens et les Gaulois en sont-ils arrivés à adorer les mêmes dieux ? On s'interroge encore sur les chemins empruntés par Isis ou Osiris pour voir leur culte célébré à Arles ou à Lyon.

Une fois la Gaule conquise par les légions romaines, il n'est pas étonnant de voir le vainqueur dresser des temples consacrés à ses dieux, protecteurs de la « ville éternelle » et aussi des nations qu'elle a soumises. Mais les Gallo-romains ont également adoré des divinités venues de beaucoup plus loin.

Les fouilles archéologiques ont révélé le succès des Oushebtis, des statuettes funéraires égyptiennes, ainsi que des Osiris funéraires en bronze, retrouvés en grand nombre dans le lit de la Saône, d'Arles à Lyon, et dans l'arrière-pays ouvert à la circulation par les voies romaines. Puis on relève des fêtes en l'honneur de dieux égyptiens : en mars, à Marseille, Arles et dans les grands ports fluviaux, on célébrait le « Vaisseau d'Isis », fête qui marquait l'ouverture de la navigation. On offrait alors des cruches à l'effigie d'Isis-Cérès et de Sérapis-Hélios. La célébration de l'« Invention d'Osiris », à l'automne, promettait des moissons abondantes. Dans la vallée du Rhône, des médaillons d'applique en terre cuite confirment que les fêtes isiaques y étaient populaires. En Haute-Garonne, une tête en bronze doré de Sérapis-Hélios décorait une villa. À Nîmes, colonie fondée par des hommes venus d'Égypte, comme le rappelaient ses monnaies frappées à l'effigie du crocodile et du palmier, un temple était consacré à Isis.

▲ **Autel taurobolique en l'honneur de Cybèle datant du IIe-IIIe siècle après J.-C.**

Tous les chemins mènent à Rome

À cette époque, le port d'Alexandrie, sur le delta du Nil, est grec. La Grèce décline, Rome domine et la Gaule est romaine.

D'un point de vue géographique, les chemins empruntés par la médiation culturelle et religieuse entre l'Orient et la Gaule semblent évidents : d'abord la voie maritime, puis les grands axes de circulation romains, notamment l'axe Rhin-Rhône. Celui-ci dessert les ports de Marseille et d'Arles, Nîmes, mais aussi Narbonne et Toulouse, puis le nord du bassin rhodanien, avec Lyon. Cet axe bifurque ensuite à l'ouest, vers la Loire et l'Allier, avec les sanctuaires liés à des sources naturelles.

Les nœuds routiers, les bourgs commerçants, les garnisons romaines, où de nombreux soldats avaient servi en Orient, étaient aussi des lieux actifs de propagation. À l'ouest, les navigateurs venus de l'Atlantique ont joué un rôle plus limité. Le bassin de la Garonne, les côtes de l'Atlantique et de la Manche semblent avoir peu subi l'influence orientale.

Isis et Osiris, dieux polyvalents

Isis, déesse égyptienne du Ciel, à la fois sœur et femme d'Osiris, mère d'Horus, est le modèle de l'amour conjugal et du dévouement maternel. Osiris, dieu du Nil, nourrit

La Vierge noire du Puy-en-Velay

Les Vierges noires ont toujours représenté un mystère pour l'iconographie chrétienne. Fréquentes en Provence et en Auvergne, elles semblent ressortir autant au domaine de l'ésotérisme qu'à celui de la religion. La statue qui se trouve actuellement sur le maître-autel de la cathédrale Notre-Dame date du XVIIe siècle. De l'originale, nous ne connaissons que des reproductions. Il s'agit d'une statue en cèdre qui proviendrait d'Égypte et aurait été offerte par saint Louis au retour de la 7e croisade. Elle représenterait une déesse orientale, peut-être Isis, ou une Vierge copte. Elle se tient dans la position des Vierges en majesté romanes. Mais la présence d'une Vierge noire au Puy est attestée dès le Xe siècle et aurait servi de modèle aux premières Vierges auvergnates. Indique-t-elle la survivance d'un culte oriental plus ancien ? ■

la terre, garantit la fécondité et assure la protection des morts. À ce titre, il s'imposa sur tout le territoire gaulois. Isis patronnait aussi bien les marchands, les navigateurs que les soldats et leur encadrement. Sans doute est-ce grâce à la pluralité de leurs pouvoirs que les divinités orientales furent favorablement accueillies en Gaule, comme à Vichy ou Néris-les-Bains, dans l'Allier, où des ex-voto de dieux guérisseurs orientaux étaient associés aux objets autochtones.

Syncrétisme ou nouvelle religion ?

D'une manière générale, les dieux égyptiens ont conquis des populations plus ou moins romanisées, ou bien ils se sont agglomérés aux cultes locaux en les renforçant. Tous les milieux furent touchés mais les lieux de culte furent rares, même si Lyon possédait une chapelle consacrée à Isis. Néanmoins, certains rites liturgiques se sont imposé : une nouvelle manière de prier, une observance du rite et du recueillement, la croyance dans un au-delà après la mort, qui préfigure le thème de la résurrection. Dès lors, ce syncrétisme religieux original, qui a transformé radicalement les mœurs païennes, restera très présent dans Rome et son Empire, même lorsqu'une nouvelle religion, le christianisme, lui aussi venu d'Orient, apparaîtra. À son tour, elle devra s'adapter aux traditions locales comme par exemple l'adoration des divinités féminines. Le culte de Marie fait-il partie de cet héritage ? ■

▶ **La statue de la Vierge noire du Puy-en-Velay (XVIIe siècle).**

Comment un saint décapité marcha en portant sa tête !

IIIe SIÈCLE

Vers 250, les environs de Paris sont le théâtre d'un spectacle peu commun. Un prédicateur chrétien, torturé et décapité par les Romains, revient à la vie et marche en portant lui-même sa tête.

Les premiers textes mentionnant saint Denis datent du VIe siècle. Ils nous apprennent que Denis appartient à une des dernières générations de chrétiens à avoir été clandestins et persécutés, sous l'Empire romain. Il est l'un des sept « évêques » envoyés de Rome vers 250 pour évangéliser la Gaule et y implanter des structures ecclésiastiques.

Denis choisit la région des Parisii, dont la capitale s'appelle alors encore Lutèce, un des lieux où le paganisme est le plus profondément ancré. Il prend la parole devant une assemblée d'habitants d'un faubourg de Lutèce, afin d'essayer d'éclairer leurs âmes. Et il réussit ! À la fin de sa prédication, la foule est à genoux et se montre prête à renier ses croyances païennes.

Mais les administrateurs romains, inquiets de ce succès, le font arrêter. Car l'Empire voit encore dans le christianisme un ferment de révolte contre l'autorité. En refusant de pratiquer les sacrifices dus aux dieux de la cité, les chrétiens se mettent au ban de la communauté civique.

Quelques martyrs célèbres

Plusieurs saints ont eu à subir les pires tourments avant d'aller rejoindre le Dieu qu'ils refusaient de renier.

Parmi les apôtres. Outre le martyre de Pierre, crucifié la tête en bas à sa demande, parce qu'il ne se sent pas digne de mourir comme le Christ, l'exécution de l'évangéliste Marc, à Alexandrie sous Néron, est particulièrement atroce. On lui passe une corde autour du cou, et on le traîne ainsi pendant des heures dans les rues d'Alexandrie, jusqu'à ce que son corps soit déchiré et vidé de son sang.

Sainte Agnès. À la même époque, cette jeune fille veut préserver sa virginité pour le Christ et se refuse aux Romains de haute condition qui demandent sa main. Elle est dépouillée alors de ses vêtements et livrée aux clients d'une maison close. Mais ceux-ci, au moment où ils vont abuser d'elle, sont touchés par la grâce et se mettent à prêcher la foi. Les prêtres des temples païens se déchaînent alors contre la vierge et, comme les anges empêchent de la brûler ou de la lapider, ils la font finalement égorger.

Sainte Christine. Elle connaît une fin moins enviable encore, en 287, sous Dioclétien. Ayant brisé les idoles de son père et refusé de sacrifier aux dieux, elle est condamnée à différents supplices, que l'Esprit Saint fait d'abord échouer. Finalement, son juge lui fait couper les seins et la langue, et, comme elle la ramasse et la lui jette à la figure, il lui perce le cœur de trois flèches. ■

◄ **Sainte Agnès, dans *Missel* et *livre d'Heures* franciscain. (Miniature, 1380.)**

Le martyre de Denis, Rustique et Éleuthère

D'après la légende, en compagnie de deux de ses compagnons, Rustique et Éleuthère, Denis est emprisonné et longuement torturé. Puis les Romains ordonnent aux trois hommes qu'ils sacrifient aux dieux païens dans le temple de Mercure, sous les yeux de la foule qu'ils ont précédemment conquise à la parole de Dieu. Ayant refusé, les trois missionnaires sont condamnés à mort et exécutés. Leurs corps sont volés et ensevelis au pied des murs de Lutèce par des chrétiens.

À partir de là, seuls des écrits bien postérieurs nous donnent des informations : ce sont les *Vies de saint Denis* d'époque carolingienne (IXe siècle). Selon ces textes, Denis, Rustique et Éleuthère ont la tête tranchée à la hache. À l'instant même de la décollation, trois couronnes descendent du ciel et se posent sur la tête des victimes, signe de

▲ **Saint Denis décapité marche en portant sa tête. (Détail d'un vitrail de la cathédrale de Bourges.)**

la reconnaissance divine pour leur sacrifice. Selon d'autres versions, trois colombes apparaissent, symbolisant leur âme emportée par le Saint-Esprit.

Où est parti Denis avec sa tête ?

L'hagiographie carolingienne apporte une grande innovation : le corps décapité de Denis se relève, ramasse sa tête et la porte ; il marche ainsi, guidé et soutenu par des anges, jusqu'à un endroit distant de quelques kilomètres, nommé Catulliacus. C'est là qu'il désire être enterré, et c'est là que s'élèveront plus tard l'abbaye royale et la ville proche de Paris qui porteront son nom : Saint-Denis.

Le lieu du martyre, longtemps identifié à tort à Montmartre, est en fait une colline nommée Montjoie, qui servait de centre cultuel païen depuis des temps immémoriaux. Puis, vers 460, sainte Geneviève construit une basilique à l'endroit présumé de la sépulture de Denis : le site étant créé, le culte des reliques du martyr peut prendre son élan.

Saint Denis récupéré par la royauté

Les Mérovingiens ont d'abord utilisé l'image de Denis comme instrument de propagande, afin de promouvoir la christianisation et d'extirper l'idolâtrie et le druidisme qui imprégnaient encore les campagnes gauloises.

Il ne reste plus ensuite qu'à lier la dévotion à Denis à l'imaginaire politique de la monarchie. Sous le règne de Clotaire II, vers 627, les reliques sont transférées dans une autre chapelle, au nord de Paris, à Catulliacus. Le clergé s'emploie à la faire passer pour une fondation royale, attribuée à Dagobert, le plus prestigieux des rois mérovingiens après Clovis Ier, et tous les rois de France, à partir de Clotaire II, s'y font enterrer.

Ainsi, saint Denis devient l'apôtre protecteur de la Gaule franque et le symbole de son unité, en même temps que Lutèce devenue Paris en devient le centre politique. Carolingiens et Capétiens accentuent cette identification en faisant de Denis le patron de leurs dynasties respectives.

L'épisode de la céphalophorie (le transport de la tête), ajout tardif destiné à justifier le transfert des reliques du tombeau originel à un endroit prétendument voulu et désigné par le saint lui-même, apparaît donc comme une trouvaille ingénieuse, capable par le poids de mystère et de merveilleux qu'elle apporte, de servir au mieux les intérêts politiques de la propagande royale de la dynastie franque.. ■

le moyen âge

Ve-XIIIe siècle

◄ Fratricide royal. (Vitrail provenant de la Sainte-Chapelle à Paris, XIIIe siècle.)

Oscillant entre foi profonde et terreur millénariste, conciliant dans la douleur l'espérance anxieuse du salut et la fatalité de fléaux qui sont l'expression de la colère de Dieu, le Moyen Âge s'offre à nous comme un monde baigné de ferveur religieuse où l'homme ne peut qu'implorer, impuissant, la clémence divine ou la bienveillance de la roue de fortune qui décide de son sort. En ces siècles de superstitions angoissées, l'obscurité silencieuse des cloîtres, les gargouilles grimaçantes et les bûchers expiatoires favorisent l'exaltation de faits extraordinaires et miraculeux. Lorsque la piété se mue en mysticisme et quand le sacré se mêle trop intimement au profane dans un royaume dont le souverain est le représentant de Dieu sur terre, il ne faut pas s'étonner que l'ordre du monde soit régulièrement bouleversé par l'inquiétante manifestation du surnaturel.

dans la pénombre des cathédrales

Le vase de Soissons a-t-il existé ?

486

Comment un vase a-t-il pu entrer dans l'histoire ? La légende du vase de Soissons, que les manuels scolaires de la IIIe République ont tant magnifiée, est édifiante à plus d'un titre.

▲ **Clovis coupant la tête du guerrier qui a cassé le vase de Soissons. (Illustration de G. Gautherot, 1935.)**

L'HISTOIRE SE DÉROULE EN 486 DANS la ville de Soissons. La bataille de Soissons oppose Clovis au chef gallo-romain Syagrius. La décomposition de l'Empire romain d'Occident a fait voler en éclats l'unité romaine en Gaule, et une mosaïque d'États germaniques favorise les vues expansionnistes de leur roi.

Clovis, qui a succédé à Childéric Ier comme roi des Francs en 481, décide d'envahir l'État gallo-romain voisin, le royaume de Syagrius, où l'Église romaine est bien implantée. Clovis et ses troupes emportèrent la victoire et, conformément aux usages du temps, les pillages et les destructions, y compris d'églises, furent systématiques, ainsi que la réduction des hommes valides en esclavage.

Un affront qui appelle vengeance

Selon la coutume franque du partage du butin, un cinquième revient au roi et le reste est partagé entre les soldats par tirage au sort. À Soissons, une altercation eut lieu entre le roi et un de ses soldats, car Clovis avait retiré un vase d'église richement orné qu'il avait promis de restituer à l'évêque de Reims, saint Remi, avec qui il entretenait de bonnes relations diplomatiques. Furieux, un guerrier s'approcha et, de sa hache, brisa le vase en déclarant : « Tu ne recevras que ce que le sort te donnera vraiment. » Clovis dut supporter l'affront, mais, par chance, il récupéra le vase qu'il offrit à l'évêque.

Un an plus tard, passant en revue ses troupes avant de partir en campagne, il reconnaît l'homme, l'accuse de négligence dans sa tenue et le désarme. Lorsque le soldat se baisse pour récupérer ses armes, Clovis lui fracasse la tête d'un violent coup de hache en lui disant : « Ainsi as-tu traité le vase de Soissons. »

Retour aux sources

L'anecdote du vase de Soissons est tirée d'une chronique du haut Moyen Âge mérovingien de Grégoire de Tours (v. 538-v. 594), relative au « baptême de Clovis ». Son *Histoire des Francs*, en 40 volumes, en fait le père de l'histoire de France. Évêque de Tours de 573 à 594, ce grand prélat a eu un rôle politique de premier plan dans les relations de l'Église aux divers États francs qui existent alors sur le territoire de France. C'est un homme engagé qui veut éduquer les princes en utilisant des anecdotes pittoresques édifiantes, à la manière des paraboles évangéliques, et convertir un maximum de barbares païens au christianisme.

La vérité historique

L'authenticité du fait est-elle remise en cause par les historiens ? Aujourd'hui, s'ils soulignent les partis pris de Grégoire de Tours, ils reconnaissent volontiers la réalité de l'événement, mais contestent le fait que le vase ait été brisé et qu'il provienne de Soissons. En effet, dans son testament, saint Remi demande que le vase liturgique qui appartenait à son diocèse, celui de Reims, soit fondu pour en faire « un encensoir et un calice gravé de représentations », ce qui prouve qu'il était en argent et qu'il ne fut que cabossé par le soldat. On peut donc affirmer que personne n'a cassé le vase de Soissons et qu'il ne provient pas de Soissons, mais de Reims. Cependant, derrière cette anecdote se cache un ensemble de vérités qu'il faut rappeler.

Pouvoir royal contre pouvoir ecclésiastique

Le rapport du roi des Francs avec ses guerriers ne correspond pas au rapport féodal qui nous est coutumier. L'anecdote rappelle une particularité de la société franque : le roi n'a tous les pouvoirs, dont celui de vie ou de mort sur ses sujets, qu'en temps de guerre (printemps et été). En temps de paix, il ne dispose d'aucun droit et d'aucune autorité particulière. La première partie de l'épisode se passe en temps de paix (le partage du butin), la seconde en temps de guerre (la vengeance). Cette discontinuité du pouvoir souligne un problème militaire majeur inhérent à la société franque que Clovis va résoudre en... se faisant baptiser. Car, par son baptême, il deviendra un souverain de droit divin, ce qui lui conférera une préséance permanente de nature religieuse sur ses sujets et ses guerriers. Cet appui réciproque d'une Église, qui conservait l'héritage de la légitimité romaine, et d'un pouvoir royal en pleine recomposition créa la première entité politique cohérente et, sur le sol de France, jeta les bases de la royauté française. ■

▲ **Clovis baptisé par saint Remi, évêque de Reims, vers 498. La colombe apporte les saintes huiles. (Miniature extraite des *Grandes Chroniques de France*, XIVe siècle.)**

Église et roi en situation difficile

À LA FIN DU Ve SIÈCLE, LE ROYAUME DE Clovis restait un petit État face à ceux du rois burgonde Gondebaud et du roi ostrogoth Théodoric le Grand, qui venait de prendre possession de l'Italie en provoquant la chute du dernier empereur romain d'Occident, Odoacre. Leur défense de l'arianisme, déviance du christianisme rejetée par les catholiques, mettait en danger l'Église catholique romaine, isolée et sous le contrôle des Ostrogoths, et le clergé catholique romain savait qu'il ne pouvait espérer une quelconque indépendance. Pourtant, cette coopération fragile entre une Église respectée par une partie des notables et approuvée par la population, et un roi qui voulait profiter de son crédit finit par s'imposer face à ses puissants voisins. ■

Les aïeux de Clovis venaient-ils de Troie ?

660

Dans une Chronique de la fin du VIIe siècle, on trouve, pour la première fois, la mention d'une filiation entre les Francs, envahisseurs barbares de la Gaule au Ve siècle, et la cité de Troie évoquée dans l'Iliade, le poème épique d'Homère.

Les auteurs anonymes de la *Chronique* s'inspirent de *l'Énéide* de Virgile, ce récit épique de la fondation de Rome par Énée, qui a pu fuir Troie pendant sa mise à sac par les Grecs. Il semble aussi qu'il développe quelques phrases de saint Jérôme, un des Pères de l'Église, sur un thème légendaire né au Ier siècle apr. J.-C., celui d'une origine commune des Gaulois et des Romains, et qu'il transpose ce mythe sur le peuple franc.

On découvre un personnage nommé Francion, fils de Friga, frère d'Énée, qui, après avoir quitté Troie, fonde un royaume en Germanie entre le Rhin et le Danube. Le peuple issu de sa descendance demeure insoumis aussi bien à l'Empire romain qu'aux autres tribus barbares, jusqu'à son installation finale en Gaule.

Cette première hypothèse se trouve concurrencée vers 727 par une autre apparue dans l'œuvre d'un moine de Neustrie (une des divisions de la Gaule), les *Gesta Regnum Francorum*. La migration est cette fois guidée par Anténor, chef troyen dont le nom est évoqué dans *l'Énéide*. Il trahit le roi Priam, introduit le fameux cheval dans les murs de Troie, puis s'exile et fonde Venise et Padoue. On retrouve Anténor à la tête du royaume – considéré à l'époque comme légendaire – des Sicambres. En 376 apr. J.-C., à la demande de l'empereur Valentinien II, ses descendants livrent bataille aux Alains et obtiennent, en récompense de leur victoire, une exemption de dix ans du tribut dû à l'Empire. Ainsi, le nom du peuple franc ne dériverait pas de Francion, mais signifierait « libre de tribut », car, après la fin des dix ans d'exemption, les Sicambres auraient refusé de reprendre les paiements et quitté leurs terres pour fonder une ville qui deviendrait un jour Paris.

▲ **Père de Clovis, Childéric Ier (v. 436-v. 481) est le fils de Mérovée, le fondateur de la dynastie des Francs Saliens. (Gravure du XIVe siècle.)**

Quand le Moyen Âge réécrit les mythes

À ces deux trames narratives, l'historiographie médiévale tardive apporte corrections et modifications.

Au XIIIe siècle, Francion est notamment adopté par les *Grandes Chroniques de France*. Le personnage devient membre de la famille royale troyenne, fils d'Hector ou bien fils d'un second mariage d'Andromaque. Il offre évidemment un immense avantage : la parenté étymologique de son nom avec celui du pays. Mais il possède aussi le gros inconvénient d'être lié aux Anglais et aux Turcs, dont la généalogie mythique remonte aux cousins germains de Francion, Brutus et Turcus. Or, au Moyen Âge, l'Angleterre n'est pas précisément un pays ami de la France…

Quant à Anténor, il connaît chez d'autres auteurs un grand succès, spécialement aux XIVe et XVe siècles : son authenticité historique est mieux attestée et ses liens avec Venise une source de prestige supplémentaire. Malheureusement, il n'est pas parent du fameux roi Priam et doit sa gloire à une trahison, ce qu'il est difficile d'oublier, même pour un héros fondateur.

De « nos ancêtres les Troyens » à « nos ancêtres les Gaulois »

Dès le XVe siècle, des historiens italiens affichent pourtant un certain scepticisme devant la thèse des origines troyennes des nations. Mais la réalité n'est guère facile à accepter pour des Français : comment admettre que les Francs étaient des Barbares germaniques alors qu'avec les guerres d'Italie se dessine une lutte sans merci entre la France de François Ier et l'Allemagne de Charles Quint ?

Le véritable renouvellement de la tradition n'intervient qu'au XVIe siècle. Il consiste à incorporer les Gaulois au mythe originel et à ancrer la nation française dans une tradition entièrement chrétienne.

En 1513, Jean Lemaire de Belges affirme que l'histoire des Gaulois est primordiale, parce qu'ils constituent le peuplement originel du territoire français depuis les temps bibliques et se rattachent à la race de David : ils ont simplement accueilli une population troyenne exilée, dont l'installation est une péripétie.

Les Francs sont quasiment évacués ; ceux qui les conservent, comme Nicolas Viguier en 1579, reconnaissent leurs origines germaniques. Le vieux mythe troyen connaît cependant une ultime et éphémère fortune au XVIIe siècle, grâce à un grand élan antiallemand de la France de Louis XIV. Enfin, la France de la IIIe République placera ses sources dans une nation gauloise homogène, fonds humain à peine entamé par la conquête romaine et les invasions franques. C'était une manière de repousser aux limites du temps historique l'antagonisme franco-allemand, si vivace à l'époque. ■

La signification politique du mythe

Le mythe a pour fonction évidente d'ancrer l'unité nationale dans les liens du sang. Toutes les provinces françaises, toutes les catégories sociales de la population deviennent ainsi solidaires : issues d'un ancêtre commun, elles se découvrent une parenté. La filiation valorise aussi la grandeur de la France face aux autres royaumes, voire sa supériorité.

L'épopée de Francion et d'Anténor est parallèle à celle d'Énée, donc du peuple romain, dont la destinée glorieuse est de dominer le monde. La « barbarie » des Francs est niée et le peuple français reçoit ses lettres de noblesse : le sang troyen qui coule dans ses veines est plus noble et plus riche en vertus qu'aucun autre. Il le fait entrer dans la légende.

Mais l'utilisation politique du mythe peut être plus ponctuelle. Elle devient antianglaise pendant la guerre de Cent Ans. On fait alors remarquer que, si Brutus le Troyen est bien l'ancêtre des Bretons, ceux-ci ont été chassés de la Grande Île par les envahisseurs saxons et se sont réfugiés en Bretagne française : donc, les Anglais du XIVe siècle ne sont pas une race pure.

Le mythe est encore mis à contribution pour prouver l'indépendance de la France par rapport à la papauté et au Saint Empire, héritiers théoriques de l'Empire romain : à partir de Philippe le Bel (1268-1314), l'épisode des Alains et du tribut est exploité de sorte à prouver que les Francs n'ont jamais été soumis à Rome. Le royaume de France n'a donc pas de raison de faire allégeance à l'une ou l'autre des deux puissances. ■

▼ **Bataille de Tolbiac (à l'ouest de Bonn) remportée en 496 par Clovis sur les Alamans. (Tableau de Ary Scheffer, XIXe siècle.)**

Les rois mérovingiens étaient-ils fainéants ?

751

Le règne des Mérovingiens n'a cessé d'alimenter légendes et idées reçues. Mais l'image de la paresse qui s'est identifiée à celle de la première dynastie franque est-elle fondée dans la réalité ?

La légende des rois fainéants prend naissance dans la période de troubles politiques qui suit la mort du roi Dagobert en 639, et favorise la montée de la famille des Pippinides (les ancêtres de Charlemagne) à partir de la seconde moitié du VIIe siècle. La Gaule est alors divisée en plusieurs territoires (la Neustrie, l'Austrasie, la Burgondie ou Bourgogne, et l'Aquitaine) que se partagent les derniers Mérovingiens.

À chaque succession, la répartition des héritages fonciers provoque guerres civiles et assassinats, et conduit progressivement à l'affaiblissement du pouvoir. Parallèlement à ces désordres se constituent au VIIe siècle des clans nobiliaires régionaux qui soutiennent des personnages appelés les « maires du palais ». Ce sont des fonctionnaires de la cour royale qui ont pour tâche de gérer les domaines du souverain et qui peuvent attribuer des parcelles à des nobles en récompense de services rendus à la couronne. Ils deviennent de plus en plus puissants, jouissent d'une autonomie croissante et, au cours du VIIe siècle, soutenus par la noblesse, ils partent à la conquête du pouvoir royal.

◄ **Clothaire Ier, un des derniers rois francs (v. 497-561).**

Et voilà les rois fainéants !

En Neustrie, le maire du palais, Ébroïn, cherche, en 673, à imposer son autorité en poussant sur le trône un roi ludion, Thierry, troisième fils de Clovis II et de la reine Bathilde. Thierry III est considéré comme le premier roi fainéant. Manipulé par Ébroïn à plusieurs reprises, puis écarté, il accepte docilement de monter sur le trône ou d'en redescendre pour se faire envoyer dans un couvent. Le royaume se subdivise alors en principautés autonomes ou indépendantes, et la famille pippinide finit par prendre le pouvoir dans cette région.

En 687, Pépin le Jeune, dit de Herstal, bat les Neustriens à la bataille de Tertry et devient maire du palais du roi Thierry, désormais son otage : Charles Martel, fils naturel de Pépin, également maître de l'Austrasie et de la Neustrie, poursuit l'œuvre d'unification des Francs qui s'achève sous le règne de son fils, Pépin le Bref, sacré roi en 751, après la destitution de Childéric III, dernier représentant de la dynastie mérovingienne.

Quand la propagande carolingienne s'en mêle

L'intérêt des Carolingiens, successeurs des Pippinides, à élaborer la légende des rois fainéants est ainsi évident : elle légitime, en quelque sorte, leur prise de pouvoir. La plus ancienne version que l'on ait de cette légende est celle d'Eginhard, secrétaire et biographe de Charlemagne. Elle est reprise au Xe siècle, puis au XIIIe siècle, dans les *Chroniques de Saint-Denis*. Dans tous ces textes, les rois mérovingiens sont discrédités et comparés à leur désavantage aux souverains carolingiens. S'ils ne règnent pas, c'est parce qu'ils sont paresseux. Ils sont incapables de se battre, alors que les Carolingiens, tel Roland, le neveu de Charlemagne, sont d'héroïques guerriers. Ils sont avilis, parce qu'ils ont abandonné le mode de vie noble. La meilleure preuve : ils ne se déplacent pas à cheval, mais sont traînés dans des chars à bœufs.

Les Mérovingiens sont également jugés ridicules parce qu'ils portent les cheveux longs, source pour eux de la légitimité royale et de la puissance, alors que les Carolingiens y voient un signe de leur bestialité. On les décrit aussi comme des ivrognes ou, encore, des êtres monstrueux, les comparant à des animaux « avec des poils qui leur poussaient le long de l'échine dorsale comme les porcs »...

La République n'a pas besoin de fainéants !

Cette tradition très tenace est reprise dans la plupart des manuels scolaires d'histoire de la IIIe République. Le manuel le plus couramment utilisé alors, celui d'Ernest Lavisse, insiste sur le fait que, seul, Charles Martel (un Pippinide) peut défendre la Gaule contre les invasions arabes au VIIIe siècle : « À l'époque des rois fainéants, la Gaule est de nouveau envahie. Notre pays va-t-il devenir musulman ? Les rois mérovingiens sont incapables de la défendre... »

Pourtant, le fondateur de la dynastie, Clovis, est toujours magnifié. C'est que cette « histoire officielle » appuie son récit de la constitution de la France sur les actes glorieux de quelques grands héros comme Vercingétorix, Charles Martel, Charlemagne et Roland, Du Guesclin ou Jeanne d'Arc, et peut donc inclure le premier roi de la dynastie mal aimée. Seuls les grands noms sont valorisés et les Mérovingiens, à l'exception du « bon roi Dagobert », parce qu'ils n'ont pas réalisé personnellement un exploit ou une œuvre exceptionnelle, passent aux oubliettes de l'histoire. ■

Fainéants, peut-être, mais violents, sûrement !

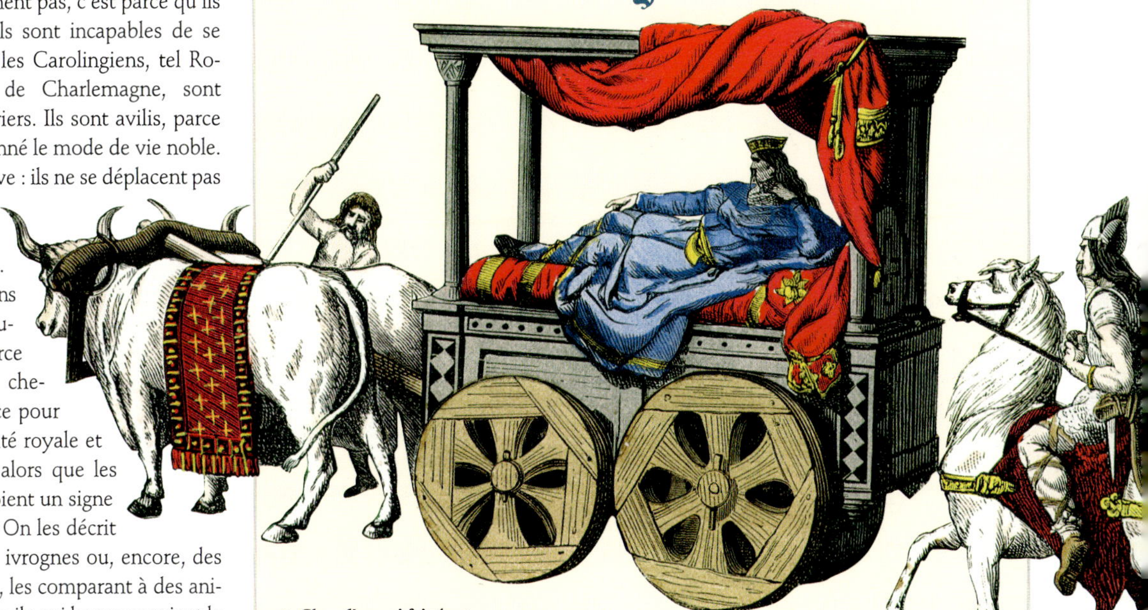

▲ **Char d'un roi fainéant. (Illustration de G. de Genouillac, 1879.)**

En 534, Gontran et Théodebald, deux des enfants de Clodomir – le deuxième fils de Clovis –, sont assassinés par leurs oncles Clotaire Ier et Childebert. Le premier est poignardé par Clotaire, et le second, alors qu'il supplie son oncle de l'épargner, est étranglé. Le troisième des fils, Cloud, ou Clodoald, est sauvé et devient moine dans un couvent.

Saint Léger. En 677, l'évêque d'Autun tombe aux mains de son ennemi le maire du palais de Neustrie, Ébroïn. On lui coupe la langue, on lui taillade la joue et les lèvres, on l'oblige à marcher pieds nus à travers une piscine parsemée de pierres aiguës et, enfin, on lui crève les yeux.

Chilpéric. Le deuxième fils de Clotaire Ier prend pour troisième épouse Frédégonde. Celle-ci fait assassiner deux des trois fils que Chilpéric avait eus de son premier mariage avec Audovère, et également Galswinthe, sa deuxième femme, trouvée étouffée dans son lit. Chilpéric est lui-même tué en 584, soit par Frédégonde, soit par Brunehaut, sa belle-sœur.

Théodebert. Fils de Childebert, mort en 595, il est assassiné ainsi que son fils Mérovée par son frère Thierry, en 612.

Brunehaut. La femme de Sigebert, troisième fils de Clotaire Ier, règne jusqu'en 613, date de son arrestation par les nobles qui veulent se débarrasser d'elle. Elle a alors quatre-vingts ans, mais son grand âge n'empêche pas ses ennemis de lui faire subir des tortures épouvantables. Elle meurt attachée par les cheveux à un cheval lancé au galop. Deux de ses arrière-petits-enfants, Corbon et Sigebert, sont tués en même temps qu'elle. ■

Roland à Roncevaux : fait d'armes légendaire ou triste déroute ?

778

Informé que le gouverneur de Saragosse est prêt à lui livrer sa ville pour échapper à la domination de l'émir de Cordoue, Charlemagne lève son armée pour conquérir la riche province d'Aragon.

▲ **Olifant de Roland provenant de la Chartreuse de Porte (Ain).**

Composée vers 1095-1100, trois siècles après l'événement, la plus belle des chansons de geste françaises nous raconte l'épopée de Roland, neveu de Charlemagne, à la tête de l'arrière-garde de l'armée franque, un 15 août 778 dans le défilé de Roncevaux. Tout avait pourtant si bien commencé. Charlemagne, « l'empereur à la barbe fleurie » fort de ses « deux cents ans » d'expérience nous dit la chanson, lève le ban et l'arrière-ban et l'immense « ost » franc traverse les Pyrénées.

L'accueil de Saragosse est une surprise glaciale. Au lieu de la remise des clés et de la liesse populaire escomptée, deux têtes tranchées descendent le long des puissants remparts : ce sont celles des émissaires qui avaient assuré Charlemagne de la loyauté du gouverneur. La ville est de nouveau fidèle à l'émir de Cordoue. Le roi très chrétien craint un nouveau soulèvement des Saxons et préfère ordonner la retraite plutôt que d'entreprendre un siège hasardeux. Il confie au preux Roland le commandement de son arrière-garde ainsi que la surveillance du butin et du ravitaillement. Les Sarrasins en sont informés par le traître Ganelon, émissaire du roi pour préparer la retraite mais parâtre honni de Roland dont il veut la mort… et le piège se referme à Roncevaux.

Les forces du Bien contre les forces du Mal

Quelques milliers de Francs sont ainsi encerclés par une marée de plusieurs centaines de milliers de sarrasins, aussi félons que païens. Roland n'écoute pas son ami, Olivier le sage, qui lui conseille de sonner du cor pour rappeler aussitôt Charlemagne à la rescousse. Ce serait perdre l'honneur et trahir toute la chrétienté que de craindre combattre les infidèles, même à un contre cent. Roland est sûr de sa vaillance et de sa divine mission. Le pommeau de Durandal, sa redoutable épée, ne contient-il pas de précieuses reliques : une dent de saint Pierre, du sang de saint Basile, un cheveu de saint Denis et une pièce de tissu d'un vêtement de la Vierge Marie ? Parmi 400 autres victimes attribuées à notre seul preux, un seul coup de Durandal asséné au cri de « Montjoie » permet à Roland de découper en deux tronçons un baron sarrasin et son cheval. Blessé à mort, Roland se résigne à souffler dans son olifant à s'en rompre les veines pour que Charlemagne puisse venir le venger. Il ne lui reste plus qu'à frapper la roche de son épée pour qu'elle s'y fiche à jamais, échappant ainsi aux mains de l'ennemi.

De la légende à l'histoire

Revenons donc aux seules sources contemporaines de cet épisode historique qui puissent être dignes de foi, celles des *Annales royales* peut-être remaniées par Eginhard, ami et biographe officiel de l'empereur, à moins qu'il ne s'en soit inspiré pour écrire vers 830 une *Vie de Charlemagne*.

Nulle trace dans les *Annales* du traître Ganelon ni des Sarrasins ni même de Roland ! Loin d'en faire le neveu de Charlemagne, Eginhard ne le mentionne que sous le nom de Hruolandlandus, préfet des Marches de Bretagne. Comme si mieux valait passer sobrement sur un « cruel revers effaçant rapidement dans le cœur du roi la joie des succès qu'il avait obtenus en Espagne », les *Annales* sont bien laconiques et ne retiennent du 15 août 778 qu'une embuscade des Gascons sans en expliquer les raisons. « Les Francs, tout en ayant sur les Gascons la supériorité des armes et du courage, furent défaits à cause du désavantage des lieux et du genre de combat qu'ils furent obligés de soutenir. » L'on ne saurait mieux décrire un traquenard de pillards... mais pourquoi venant des Basques qui avaient laissé Charlemagne tranquillement traverser leur territoire à l'aller ?

Se gardant pudiquement de faire le lien, les *Annales* nous apprennent que Charlemagne vient de raser Pampelune ! En fait, il semble bien que le roi n'ait tiré aucune « joie » de son expédition hasardeuse et inutile en Aragon ! Tout au contraire, il en fut probablement ulcéré et crut bon d'incendier et de piller Pampelune, pourtant réputée chrétienne, sur le chemin du retour. Le guet-apens n'est donc probablement qu'une revanche des Basques, appelés aussi Vascons. ■

La chanson de Roland : littérature et idéologie

CE POÈME ÉPIQUE MARQUE LE VÉRITABLE DÉbut de la littérature française. Conservé par le manuscrit dit d'Oxford (copié vers 1125-1150), la chanson de geste est popularisée par les jongleurs et les trouvères qui psalmodient *la Chanson de Roland* et en font un immense succès populaire au Moyen Âge.

Un affabulateur de génie s'est donc emparé vers 1100 d'une légende, transmise et déformée depuis trois siècles par la tradition orale à partir d'un épisode militaire mineur qui était loin d'être à l'avantage de Charlemagne, pour en faire un texte de pure propagande au moment de la première croisade prêchée par le pape Urbain II.

Le plus étonnant est peut-être que cette mystification légendaire ait largement survécu à la période des croisades pour être enseignée jusqu'à une époque très récente comme un épisode glorieux de notre histoire à des générations d'écoliers. Après la débâcle de 1870, Roland symbolise la France éternelle résistant à l'envahisseur et c'est sous le nom de division Charlemagne que la Légion des volontaires français ira combattre d'autres « infidèles » en 1941 sur le front russe. ■

◀ **Roland à la bataille de Ronceveaux. (Gravure du XIXᵉ siècle.)**

Des extraterrestres au Moyen Âge ?

IXe SIÈCLE

Tout au long du Moyen Âge, des récits évoquent des contacts avec des créatures vivant « entre les anges et les hommes ». L'un des textes les plus célèbres est celui d'Agobard, archevêque de Lyon, dans la première moitié du IXe siècle.

Ce texte, cependant, n'est pas fait pour accréditer de telles histoires. Au contraire, le *Liber contra insulsam vulgi opinionem* (le Livre contre les stupides préjugés du peuple) est destiné à lutter contre ce que l'archevêque estimait être des superstitions. C'est dans la partie intitulée « De la grêle et du tonnerre », qu'Agobard s'insurge contre les histoires de « peuple des airs » qui courent parmi la population de la région et qu'il s'attaque aux idées de ses contemporains concernant le climat.

Des Magonians dans le ciel de Lyon

Des paysans croient alors que des phénomènes naturels, comme l'orage ou la grêle, résultent de l'action de sorciers appelés « tempestaires *(tempestarii)*, qui sont en relation avec des êtres originaires d'un pays mystérieux situé entre terre et ciel et appelé « Magonie ». Ils passeraient avec eux des pactes qui conduiraient les « Magonians », voyageant sur des navires *(naves)* aériens, à déclencher des intempéries désastreuses pour les cultures. Les deux parties se partageraient alors les fruits touchés et les animaux foudroyés ou noyés. Pour se prémunir contre de tels méfaits, les paysans ne connaissent qu'un remède : ils plantent dans les champs de grands mâts chargés de formules magiques. L'empereur Charlemagne interdit, dans ses *Capitulaires*, une pratique si « superstitieuse ». Le texte d'Agobard s'inscrit dans le même combat.

Or, l'archevêque de Lyon a de bonnes raisons de connaître ces croyances : on lui a amené un jour trois hommes et une femme que la foule accusait d'appartenir à la race des voyageurs aériens et qu'elle voulait lyncher. Agobard finit par démontrer aux Lyonnais leur erreur et sauva la vie des prisonniers. Selon une autre version, qui ne résulte pas du témoignage d'Agobard, les quatre « aériens » auraient bel et bien été tués puis jetés dans le Rhône après avoir été attachés à des planches.

Des êtres venus des airs

De même, dans nombre de textes anciens, païens ou chrétiens, apparaissent des êtres qui, quoique supérieurs aux hommes, ne sont pas d'essence divine puisqu'ils sont mortels comme eux. Ils sont dotés d'une grande science et savent se déplacer dans le ciel, d'eux-mêmes ou sur des « vaisseaux ». Dans l'Antiquité, un Plutarque croit à l'existence de tels êtres : pourquoi la nature n'aurait-elle rien prévu pour remplir le vide qui existe entre les mortels et les divins immortels ?

DOCUMENT

Le texte d'Agobard

« Nous avons vu et entendu beaucoup de gens fous et assez insensés pour croire et affirmer qu'il existe une certaine région, qu'ils appellent la Magonie, d'où sortent des vaisseaux qui voguent sur les nuages ; ces vaisseaux (disent-ils) emportent dans cette région les fruits tombés à cause de la grêle et détruits par la tempête, après que le prix du blé et des fruits a été payé aux tempestaires par les navigateurs aériens qui les ont reçus. Nous avons même vu plusieurs de ces fous qui, croyant à la réalité de choses si absurdes, exhibèrent devant la foule quatre personnes enchaînées, trois hommes et une femme, qui, prétendaient-ils, étaient tombées de ces vaisseaux. Après les avoir gardées quelques jours en captivité, ils les avaient amenées devant moi, suivies par la foule, afin qu'elles soient lapidées. Après de longues palabres, la vérité ayant fini par prévaloir, ceux qui les avaient montrées au peuple se retrouvèrent, comme le dit le prophète, dans le même état de confusion qu'un voleur capturé. »

Liber contra insulsam vulgi opinionem, traduction anonyme, Lyon, 1841.

▲ **Apparition de trois hommes dans le ciel, sur les nuages. (Feuille volante originale, 1580.)**

Plus tard, au XVIe siècle, un autre auteur, Montfaucon de Villars, dans ses *Entretiens sur les sciences secrètes*, relate une anecdote qu'il fait remonter aux premiers temps de l'ère carolingienne : les créatures intermédiaires, que lui-même appelle Sylphes, ont décidé un jour de se montrer à visage découvert et sont descendus sur la Terre dans leurs vaisseaux aériens pour prouver qu'ils étaient innocents des crimes qu'on leur attribuait. Expérience inutile, apparemment, puisque des capitulaires de Charlemagne puis de Louis le Pieux fixent que seront imputées des amendes à tout homme ou toute femme disant venir du ciel et qui sera capturé. Pour convaincre les Terriens, et de leur existence et de leurs bonnes intentions, les Sylphes auraient alors enlevé certains d'entre eux et leur auraient montré les beautés de leur pays d'origine. Puis ils les auraient reconduits indemnes sur la Terre.

Mais les voyageurs involontaires auraient été pris à leur tour pour des sorciers ou des créatures diaboliques : arrêtés, torturés, ils auraient finalement été exécutés.

L'épisode de Lyon se situe dans ce contexte. Les êtres aériens, par la suite, semblent faire preuve de plus de prudence. Les observations les concernant se font moins nombreuses, mais elles émanent parfois de personnages de haut rang : ainsi le roi Charles le Chauve raconte avoir un jour été entraîné par une créature d'« une blancheur éclatante » et munie d'« une arme jetant un lueur extraordinaire, comme celle d'une comète » (manuscrit de la Bibliothèque nationale, Paris). Rares sont ceux qui, à l'instar du sceptique Agobard, ne croient simplement pas que de telles créatures puissent exister. Les arguments de l'archevêque de Lyon sont d'ailleurs eux-mêmes bien étonnants pour un esprit moderne : l'impossibilité du phénomène résulte, pour l'auteur chrétien, d'arguments purement métaphysiques – la puissance de tels êtres amoindrirait celle de Dieu.

Des ancres tombées des nues

Plusieurs textes du haut Moyen Âge (un *Speculum regale* – Miroir des rois – contant les exploits des héros légendaires irlandais, le *Konungs Skuggsia* norvégien de 950, l'*Historia brittonum* du Gallois Nennius de 826, ou le *Mirabilia* irlandais) contiennent la relation d'un incident très proche de celui que raconte l'archevêque Agobard.

Un jour de fête, une ancre attachée à un vaisseau des nuées tombe du ciel et se coince en rencontrant un obstacle. Un des êtres aériens descend alors « en nageant » dans les airs et tente en vain de décrocher l'ancre. Il échappe de peu à la population accourue et s'envole vers le vaisseau. La corde est coupée, et celui-ci s'éloigne. Si les versions diffèrent dans les détails secondaires, toutes racontent néanmoins à peu près la même séquence d'événements. Encore au début du XIIIe siècle, l'Anglais Gervaise de Tilbury, dans son *Otia imperiala* (les Divertissements pour l'empereur), signale une apparition similaire, qui se serait produite peu de temps auparavant.

Ces récits apparaîtraient comme d'archaïques légendes si un incident similaire, à quelques détails près, à ceux qui y sont rapportés ne s'était produit à l'époque contemporaine. Le 26 avril 1897, un énigmatique vaisseau aérien apparaît à Merkel, au Texas. Son ancre tombe accidentellement et reste engagée sur le sol ; un « plongeur » descend pour libérer le vaisseau...

L'histoire fait la « une » des journaux du pays. Or, il est bien difficile d'imaginer que des paysans texans aient été influencés par la lecture de Gervaise de Tilbury ou par celle des textes des IXe et Xe siècles... ■

Faut-il avoir peur du grand méchant loup ?

VIIe- XIIe SIÈCLE

Au sein d'un espace naturel mal apprivoisé, les terres sauvages et les bêtes qu'elles abritent inspirent crainte et méfiance aux hommes du Moyen Âge. Plus que tout autre animal, le loup cristallise cette peur venue du fond des âges.

Les relations entre les hommes et les loups sont probablement vieilles de plusieurs milliers d'années. Mais c'est sans doute au début du Moyen Âge, entre le VIIe et le XIIe siècle, que ces relations, en se multipliant, se chargent du poids symbolique le plus considérable. L'hiver, le froid, la neige, la forêt, mais aussi les guerres, la famine et la misère, dans une société qui vit davantage à la campagne qu'à la ville, sont alors associés à la présence des loups, considérée comme un révélateur des difficultés et de la faiblesse passagère des hommes.

À l'époque chrétienne, les forêts sont des lieux en marge de la loi humaine. Impénétrables, obscures, refuge de forces nuisibles, elles représentent une menace constante.

▲ *Le Petit Chaperon rouge.* **(Peinture de Richard Fleury François au XIXe siècle.)**

DOCUMENT

En 846, en Aquitaine...

« Le vent du nord s'abat, terrible, sur les vignes et les moissons, pendant tout l'hiver, jusqu'au début du mois de mai. Des loups attaquent et dévorent des hommes des régions inférieures de la Gaule, mais dans les pays de l'Aquitaine également, rassemblés à la façon d'une armée jusqu'à près de trois cents, ils avancent sur la route en troupe et se portent contre ceux qui veulent courageusement leur résister et s'opposer à eux. »

Saint-Bertin, *Annales*, 1964.

Le mot même de *foresta* désigne, à l'origine, une zone plus ou moins boisée, exclue des usages communs, à la seule disposition du roi ou du prince. Cette « forêt » constitue le plus souvent une réserve de bêtes sauvages destinée à assurer le maintien d'un rituel aristocratique fondamental, la chasse. On y aménage d'ailleurs de véritables parcs à gibier, protégés par des fossés et des enclos. Sangliers, cerfs, daims, renards et lapins en sont les hôtes de choix, tandis que les loups, considérés comme nuisibles, y sont éliminés. Sur le continent, les loups, qui ont quitté leur habitat normal des steppes et des grandes plaines eurasiatiques, trouvent asile dans les forêts, à l'écart des hommes.

Le « tigre de l'Occident »

Au IXe siècle, les hordes de loups sont ainsi en pleine recrudescence. Les dégâts que

Une bête diabolique

Le loup est revêtu d'un caractère démoniaque que renforcent les mythes et les cultes païens.

Le plus célèbre exemple d'intervention miraculeuse reste celui de saint François d'Assise, au début du XIIIe siècle, qui soumet par la croix un loup menaçant la ville italienne de Gubbio et le convainc de laisser les habitants en paix, à la condition que ceux-ci lui procurent une nourriture régulière.

L'intercession des saints. Les rares protecteurs du loup sont les saints personnages du christianisme, seuls capables de transformer le mal en bien, de chasser le démon de l'animal pour en faire l'instrument de Dieu. C'est pourquoi de nombreuses localités se sont-elles mises sous la protection d'un saint réputé en la matière. Ainsi saint Loup, évêque de Bayeux (au Ve siècle) ; saint Nicolas, en Pologne, et saint Georges, en Russie, sont des « bergers de loups » ; l'abbesse de Pavilly, sainte Austreberte (morte en 704), soumet à son pouvoir un loup vert, fêté en l'abbaye normande de Jumièges. ■

ces animaux causent, en attaquant le bétail ou les hommes, obligent le gouvernement central à intervenir. Ainsi Charlemagne édicte-t-il des mesures pour tâcher de lutter contre la prolifération de ces bêtes.

Mais l'organisation de battues systématiques à l'époque de la reproduction ne procure que des résultats insuffisants : en 846, durant un hiver de grand froid, l'arrivée de centaines de loups en Europe occidentale, et particulièrement en Aquitaine, provoque une véritable panique.

Le « tigre de l'Occident », qui n'épargne guère que les parties tout à fait méridionales de l'Europe, alimente ainsi les contes et meuble progressivement les terreurs enfantines.

Progressant par vagues successives depuis l'est, les hordes de loups prennent la succession des hordes de Barbares. Réputés mangeurs d'hommes, et même de cadavres, dont on dit qu'ils les déterrent, les loups s'en prennent en réalité rarement aux humains. Mais, si l'hiver est vraiment froid, si la faim tenaille trop fort les bêtes, alors celles-ci n'hésitent pas à attaquer les isolés, les faibles – qu'il s'agisse du petit bétail ou des vieillards et des enfants.

Les loups ont envahi Paris…

Ainsi, les témoins horrifiés les décrivent avançant en colonnes, même sur les routes construites par les hommes. Alors les habitants, comme ils le feraient devant des envahisseurs humains, n'ont plus d'autre solution que de se terrer chez eux. Mais, dans quelques circonstances extrêmes, les lieux peuplés par les humains ne suffisent même plus à dissuader les loups. En 1438-1439, un des plus terribles hivers que l'Europe ait connu, des groupes de loups entrent jusque dans les cités : c'est le cas à Paris, où ils sèment la terreur et l'effroi. De leur peur de ces bêtes les hommes ont tenté de se défaire en ridiculisant le loup dans la tradition littéraire. Malgré cela, le mythe de la bête anthropophage et démoniaque reste le plus fort : les tueries de la « bête du Gévaudan » n'auront rien à envier aux attaques de loups qui nourrissent l'imaginaire médiéval. ■

▶ ***Scène de sorcellerie dans un paysage désertique.*** **(Peinture de Alphonse de Neuville, XIXe siècle.)**

Les Capétiens, usurpateurs de la couronne de France ?

987

Hugues Capet a fondé une dynastie qui régnera sur la France pendant huit cents ans. Élu roi à la place du successeur légitime du dernier Carolingien, s'est-il emparé de la couronne plus qu'il ne l'a méritée ?

En mai 987, Louis V, alors âgé de 20 ans, meurt au cours d'une partie de chasse. Le jeune roi n'avait pas d'enfant. S'ouvre alors une crise de succession au trône de France. Son oncle Charles de Lorraine est l'héritier légitime de la couronne, mais une assemblée composée de grands du royaume, c'est-à-dire une quinzaine d'évêques, quelques princes territoriaux et autant de comtes, désigne Hugues Capet comme roi de France.

L'élection d'un roi plutôt que la succession héréditaire s'inscrit dans une ancienne coutume franque, mais, simple formalité sous les premiers Carolingiens, elle était très vite devenue un objet d'âpres marchandages entre les grands. Déjà, elle avait porté au pouvoir les ascendants directs d'Hugues Capet, les Robertiens, en lésant les intérêts des légitimistes carolingiens.

À peine élu, et soucieux d'asseoir un pouvoir encore fragile, Hugues Capet s'empresse d'exiger que son fils Robert soit lui aussi sacré roi afin qu'à sa mort, il lui succède. Ce faisant, il enracine la dynastie héréditaire des Capétiens, et après lui il sera acquis qu'il n'y aura d'autre roi légitime sur le trône de France que celui désigné par l'hérédité. Or Hugues Capet non seulement a été élu, mais il l'a été au détriment de Charles de Lorraine, que l'hérédité justement désignait comme successeur de Louis V...

Une querelle d'historiens

Désormais, les historiens du royaume vont devoir s'attacher à justifier l'avènement d'Hugues Capet et, surtout, à éloigner les soupçons d'usurpation. La mort de Louis V sans héritier direct était un argument de poids, avec lui s'éteignaient naturellement les Carolingiens. Quant à Charles de Lorraine, on met en évidence sa trop grande sujétion à l'égard de l'empereur germanique qui lui avait accordé le duché de Basse-Lorraine, avant de le faire purement et simplement disparaître des chroniques.

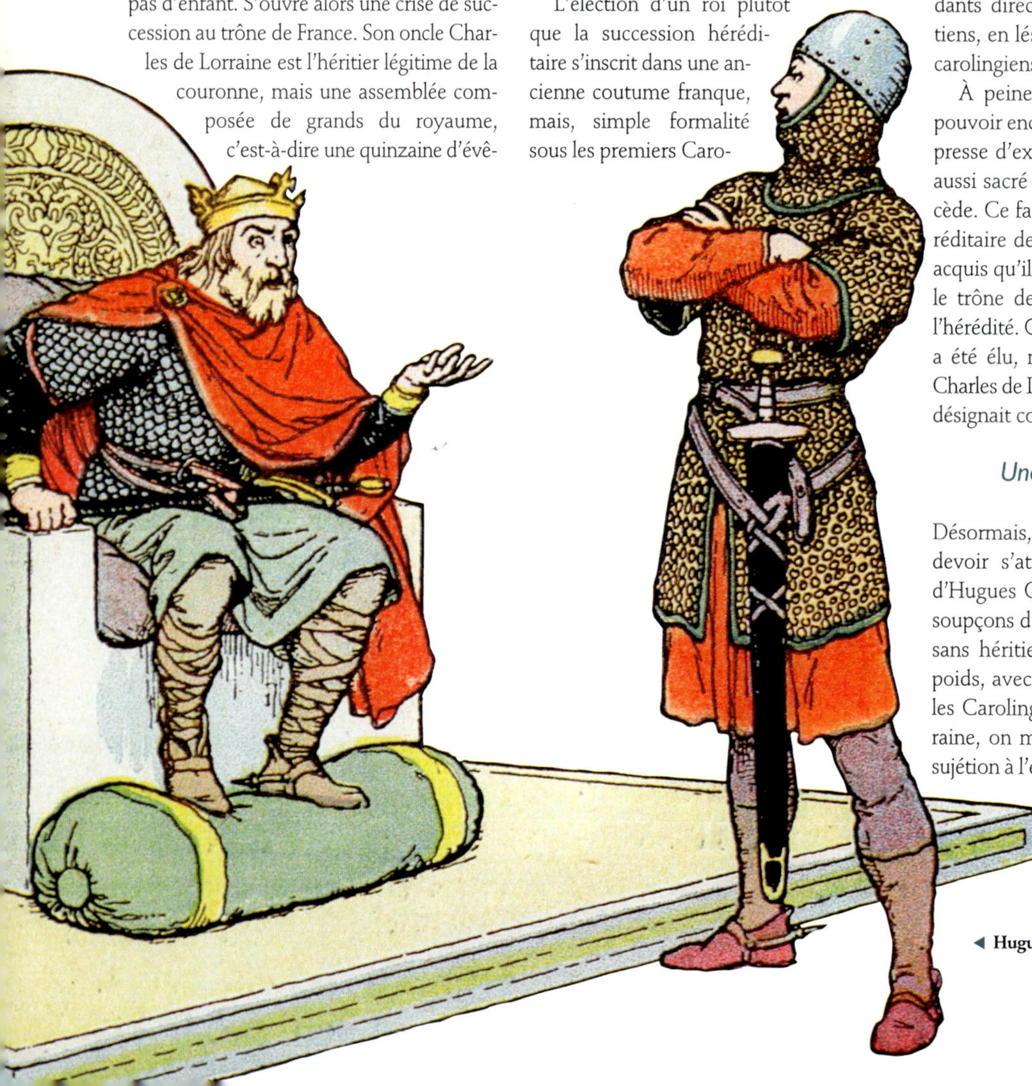

◄ **Hugues Capet. (Lithographie, XXe siècle.)**

Mais bientôt paraît à Sens une *Historia Francorum* qui propose une tout autre version de l'affaire en faisant de Charles de Lorraine le frère, et non plus le neveu, de Louis V. C'est remettre en cause l'accession au trône d'Hugues Capet qui doit forcément sa couronne à quelque intrigue, au détriment de Charles, héritier légitime. L'*Historia Francorum* va faire des émules qui tous présenteront la dynastie capétienne comme assise sur la forfaiture.

Des contre-feux sont vites allumés, on fait écrire d'autres histoires, favorables cette fois aux Capétiens. Une fois encore Charles de Lorraine est passé sous silence, on fait même de Hugues Capet l'époux de la fille du dernier Carolingien. Surtout, les chroniqueurs insistent sur la généalogie de celui qui, par sa mère Hauvide et sa grand-mère Mathilde, descend de Charlemagne. Une généalogie sinueuse certes, mais exacte sur le fond, qui doit suffire à légitimer le sacre de Hugues Capet, descendant naturel, quoique indirect, de Charlemagne. Présentée de la sorte, la dynastie capétienne n'est donc que la suite logique et généalogique de la dynastie carolingienne.

▲ **Hugues Capet se fait remettre les clés de Laon par l'évêque Ascelin. (Enluminure, XVe siècle.)**

L'opportune intervention de Dieu

Le jour du sacre, Hugues Capet, n'avait pas manqué de proclamer qu'il devenait roi « par la faveur divine », et qu'il s'attacherait à conserver aux évêques leur « privilège canonique », ces mêmes évêques qui l'avaient fait roi... Et c'est l'Église justement qui répandit la légende selon laquelle saint Valéry et saint Riquier étaient venus en songe à Hugues Capet quand celui-ci n'était encore que comte de Paris. Les reliques des saints avaient été mises à l'abri des pillages normands, mais une fois le danger écarté les moines du monastère de Saint-Bertin ne voulaient pas les restituer. Hugues promis aux deux saints d'intercéder en leur faveur, ce qu'il fit, et dans un nouveau songe saint Valéry le récompensa en lui accordant, à lui et à ses sept successeurs, de régner sur la France. L'intervention de Dieu ne pouvait pas manquer de couper court aux querelles d'historiens ! Non seulement la dynastie capétienne était bel et bien établie, mais elle l'était de surcroît par la volonté de Dieu.

L'intercession divine sera plus manifeste encore quand le Capétien Louis IX deviendra saint Louis. On oubliera alors les querelles de légitimité et on ne songera plus trop au fondateur de la dynastie, et aux conditions suspectes de son accession au trône. ■

La place d'un tombeau

Lorsque la monarchie fit de la basilique de Saint-Denis le tombeau des rois de France, une réorganisation de la disposition des tombes fut nécessaire pour concilier les Mérovingiens, les Carolingiens et les Capétiens dans une seule lignée. En effet, de 1263 à 1267, Saint Louis avait fait placer au nord les tombeaux des rois capétiens ; au sud, ceux des rois carolingiens ; au centre, ceux de Philippe Auguste, de Louis VIII et le sien. Mais, dès 1306, Philippe le Bel modifia ce plan et déplaça quatre tombes carolingiennes qu'il installa aux côtés des Capétiens, mettant ainsi en valeur d'une part la filiation des Carolingiens et des Capétiens, et, d'autre part, l'unité de la monarchie française. ■

La grande peur de l'an 1000 a-t-elle existé ?

1000

Peu de périodes ont aussi mauvaise réputation que les alentours de l'an 1000. Les historiens romantiques, au XIXe siècle, ont accrédité l'idée d'une période d'anarchie, de disettes, de crédulité et de craintes.

Des rares actes de l'époque, il n'y a rien à attendre. Certains parlent bien du « monde qui approche de sa fin » : lieu commun, usuel depuis le VIe siècle. Restent par ailleurs quelques lettres, quelques chroniques, toutes d'hommes d'Église : par vocation, par formation, ils lisent et interprètent le monde comme un vaste livre, écrit par le Créateur. Comètes, éclipses, « combats d'étoiles », naissance de monstres, disettes et épidémies : tout a un sens.

DOCUMENT

Les terreurs de l'an 1000

En 1833, Michelet organise le mythe avec son habituel talent :

« Cette fin d'un monde si triste était tout ensemble l'espoir et l'effroi du Moyen Âge. Voyez ces vieilles statues dans les cathédrales..., l'air souffrant comme la vie, et laides comme la mort (...). Malheur sur malheur, ruine sur ruine. Il fallait bien qu'il vînt autre chose, et l'on attendait. Le captif attendait dans le noir donjon, dans le sépulcral in pace (cachot) ; le serf attendait sur son sillon, à l'ombre de l'odieuse tour ; le moine attendait, dans les abstinences du cloître... Dans cet effroi général, la plupart ne trouvaient un peu de repos qu'à l'ombre des églises. »

▲ **L'enfer. (Miniature extraite de l'*Apocalypse de Saint-Sever*, 776.)**

Le moine bourguignon Raoul Glaber construit sa *Chronique* (qui va de 900 à 1046) autour des manifestations accompagnant les deux millénaires de 1000 et 1033. L'impiété des hommes du siècle, la rapacité des aristocrates, l'anthropophagie au pire de la famine, autant de crimes qui appellent une punition divine. Que les croyances de Raoul, esprit instable et tourmenté, aient été partagées, n'est pas invraisemblable : on sait qu'à Paris un prédicateur agitait devant son auditoire la menace du millénaire et prédisait l'arrivée de l'Antéchrist pour l'an 1000.

Le dossier, particulièrement mince, ne suffit pas à étayer l'hypothèse d'une psychose collective : guère plus d'angoisse, sans doute, que quelques siècles avant ou après : tout le Moyen Âge, tendu vers le salut, s'est vu au milieu d'un monde vieillissant et décrépit.

Les espoirs de l'an 1000

Plus que d'anarchie, la période est celle d'une recomposition des pouvoirs sur des bases locales : la société sort des schémas antiques et, dans un cadre souvent oppressif, se reconstitue autour de cellules, châtellenies et paroisses. Le temps des grands périls est passé pour l'Occident. La disette peut toujours surgir, mais les famines se font moins fréquentes, les « pestes » moins générales. Sans doute portée par une amélioration climatique, la croissance démographique et agricole est évidente : plus précoce sur les rivages méditerranéens, elle s'amplifie au cours du XIe siècle.

Le bilan global ne peut certes masquer la violence quotidienne, physique et morale. De rares témoignages subsistent de révoltes paysannes durement matées, ainsi en Normandie (996-997), comme de mouvements hérétiques qui concernent des théologiens hantés par les rapports de la foi et de la raison, ou qui impliquent des clercs marginaux et des « illettrés », c'est-à-dire des laïques : ainsi en Champagne, où l'on récrimine contre la dîme, en Flandre et en Milanais. Bien plus que les frayeurs, c'est un puissant mouvement de fond qui porte l'Occident sur les routes à la conquête de la terre. Raoul Glaber lui-même traduit bien l'optimisme de ce monde jeune qui se croit vieux : « La millième année après la Passion du Seigneur, après ces désastreuses famines, la bonté et la miséricorde divines apaisèrent nuées et averses [...] aux alentours de 1033, on se mit sur presque toute la terre, principalement en Italie et dans les Gaules, à reconstruire les basiliques [...], comme si le monde lui-même s'était secoué pour rejeter la vieillesse et avait, un peu partout, endossé un blanc manteau d'églises. » ■

Le millénarisme

C'est un mouvement de contestation de l'ordre, fondé sur l'attente d'un « Messie » envoyé de Dieu, appelé à établir sur terre un règne de mille ans (millenium).

Le problème, pour les chrétiens, est que le Messie est déjà venu et qu'il a refusé d'établir son règne terrestre. L'Église chrétienne ne voit donc dans le millenium que la promesse de son triomphe dans le monde, avant le Jugement dernier. Mais la tradition millénariste s'appuie sur l'Apocalypse de Jean, qui décrit une période de calamités, celle du règne provisoire d'un Antéchrist.

Les mouvements historiques. C'est surtout après le XIe siècle qu'ils prennent forme. Jusqu'au XIIIe siècle, les crises sont provoquées par des illuminés qui se font passer pour le Messie. Chez certains clercs, le millénarisme débouche sur une critique de la hiérarchie ecclésiastique : Joaquim de Flore, qui annonce l'Apocalypse pour 1260, influence une partie du courant franciscain. Le mouvement s'exacerbe à la fin du Moyen Âge et prend un sens anticlérical (taborites de Hongrie), psychologique (flagellants) ou social révolutionnaire (anabaptistes du Münster, 1535).

Une tendance de toutes les religions. Le millénarisme existe dans le judaïsme comme dans le christianisme, en islam comme dans des croyances « primitives », tel le « culte du cargo » en Mélanésie, qui promet l'expulsion des Blancs et l'instauration d'un âge de paix et de prospérité marqué par le retour des ancêtres sur un grand bateau blanc. ■

▲ **Des grenouilles sortent de la bouche de la Bête, du Dragon et du Faux Prophète. (Miniature extraite de l'*Apocalypse de Saint-Sever*, 776.)**

Les rois de France guérissaient-ils les écrouelles ?

1108

La cérémonie du toucher des écrouelles est relatée pour la première fois sous le règne de Louis VI le Gros. Cette pratique, fondée sur l'attribution au roi chrétien d'un pouvoir guérisseur, se perpétua jusqu'au sacre de Charles X.

Parfois appelées aussi « scrofules », les écrouelles désignent dans le langage médiéval une affection connue aujourd'hui sous le nom d'adénite tuberculeuse : il s'agit d'une inflammation des ganglions du cou, qui gonflent et suppurent horriblement ; on l'interprète en général comme le signe extérieur d'une tuberculose génitale.

Cette maladie semblait d'autant plus courante à l'époque que beaucoup d'autres phénomènes lui étaient rattachés. Si elle était contagieuse, elle n'était cependant pas mortelle, le plus grand risque encouru par le malade étant la stérilité.

Un pouvoir conféré au roi par le sacre

Peuple ou élite, nul ne doute en France, au XIIe siècle, que le souverain soit capable de guérir ce mal, au point qu'on l'appelle parfois « mal royal ». Pourtant cette croyance est récente. Elle date d'une initiative royale : la transformation de la cérémonie du sacre, voulue par Louis VI pour renforcer le charisme de la fonction royale. Initiative confirmée sous ses successeurs, jusqu'à la fixation définitive du rituel à l'époque de Charles V le Sage, sacré en 1364.

À partir de 1108, en effet, le préalable à tout couronnement d'un roi de France est l'onction, c'est-à-dire l'imposition sur le corps du souverain d'une huile dont l'origine, d'après la légende, est divine. Appelée aussi le saint chrême, elle provient de la sainte ampoule, apportée par une colombe messagère du Saint-Esprit à l'évêque Remi de Reims, qui l'utilise d'abord pour baptiser Clovis, premier roi des Francs. Venue du ciel, elle donne au souverain, toujours d'après la légende, le caractère religieux qui lui permet, tel le Christ, d'accomplir des miracles.

Ce rite, né en France avec les Carolingiens, confère à la royauté une légitimité divine. Il fait du roi de France un roi-prêtre, gouvernant le peuple de Dieu, protégeant ses églises et, indissolublement, un homme élevé par Dieu au-dessus des autres mortels, doué d'un rayonnement et d'un pouvoir mystérieux, dont celui de guérison.

« Le roi te touche, Dieu te guérit »

Au départ, le cérémonial est simple et sans apparat. Saint Louis touche ainsi des scrofuleux tous les jours, dès qu'ils viennent l'en solliciter, pourvu qu'ils l'attendent à la sortie de la messe. À partir de Louis XI cependant, à la fin du XVe siècle, les malades sont regroupés pour une unique cérémonie hebdomadaire. C'est aussi au XVe siècle qu'on leur impose un bref examen médical préalable, afin d'écarter ceux qui sont atteints d'une autre maladie. Les Capétiens se contentent de toucher de la main les parties malades, et ils exécutent ensuite un signe de croix sur celles-ci, ou encore sur le front

◀ **Henri II guérissant les écrouelles. Ce geste fait partie de la fonction sacrée du roi.**

Un challenge France-Angleterre des guérisons miraculeuses

Dans l'Europe médiévale et moderne, seuls les rois d'Angleterre ont partagé le privilège des rois de France, qui provoquait la jalousie et l'inquiétude des autres dynasties. Ils ont en effet touché les écrouelles de 1276 à 1714. Ce rituel fut en quelque sorte le terrain symbolique de la longue lutte de prestige que se livrèrent les monarchies française et anglaise du Moyen Âge.

Le rituel anglais ressemble au rituel français au XIIIe siècle, puis il devient une véritable liturgie religieuse, beaucoup plus solennelle et somptueuse, où le roi officie à côté de son chapelain. ■

du patient : symboliquement, le contact de la main du roi transmet la force invisible qui l'habite, et la bénédiction du roi-prêtre complète le tout.

À partir du XVIe siècle, le roi accompagne son geste d'une formule stéréotypée, « Le roi te touche, Dieu te guérit. » Les guérisons, lorsqu'il y en a, nous apparaissent évidemment comme naturelles et d'origine psychologique : le miracle se produit parce que les sujets sont persuadés qu'il doit avoir lieu.

Des guérisons orchestrées comme des spectacles

Au XVIIe siècle, le toucher des écrouelles devient un des rituels les plus solennels de la monarchie. Accompli uniquement lors des grandes fêtes chrétiennes (Pâques, Pentecôte et surtout Noël), annoncé par des crieurs et par voie d'affiches, il a lieu le plus souvent dans la Grande Galerie du Louvre. Les malades s'y présentent en foule, et les étrangers y côtoient les Français, au point que la maison de France peut exploiter le miracle royal pour démontrer sa supériorité sur les dynasties européennes rivales.

À la Pentecôte 1715, très peu de temps avant sa mort, Louis XIV touche encore 1 700 scrofuleux, preuve que, quel que soit son état de santé, le roi se doit à celle de ses sujets, et ne saurait se dérober à sa charge.

Un miracle de moins en moins efficace

Pourtant, le rituel du toucher n'en a plus alors pour très longtemps à vivre. Louis XV et Louis XVI voient encore défiler des milliers de malades, mais la croyance au miracle résiste mal aux transformations des mentalités de l'époque prérévolutionnaire. Le rationalisme triomphant des Lumières éloigne les élites de la vision religieuse du monde à laquelle cette tradition appartient. Alors que les classes populaires vénèrent toujours le roi thaumaturge, les esprits éclairés sont incrédules, voire franchement ironiques. Voltaire note ainsi avec insolence que Louis XIV n'a pas été capable de guérir une de ses maîtresses atteinte d'écrouelles, bien qu'il l'ait « très bien touchée » !

Les rois eux-mêmes semblent ne plus croire à leurs pouvoirs. Dès Louis XV, la formule royale est inversée d'une façon lourde de sens : elle devient. « (Que) Dieu te guérisse, (car) le roi te touche ».

Et Charles X, en 1824, se contente de dire aux scrofuleux : « Je vous ai apporté des paroles de consolation. Je souhaite bien vivement que vous guérissiez... » Enfin, des études ultérieures montrèrent que, le plus souvent, lorsqu'il y eut des guérisons, les malades avaient reçu des soins parallèles. Voilà donc des personnes qui, très probablement, furent des miraculées... de la médecine ! ■

▶ La foule des fidèles se presse autour de Saint Louis lavant les pieds des pauvres. (Miniature du XVe siècle.)

De bien étranges principes pour bâtir une cathédrale...

1194

Splendide forêt de colonnes de pierres, éclairée par ses riches vitraux, Notre-Dame de Chartres est un des plus importants sanctuaires de France. Sa construction présente encore bien des aspects mystérieux.

Bien avant l'installation des chrétiens sur le site de Chartres, celui-ci est déjà vénéré par les Gaulois. Le nom même a, semble-t-il, une origine cultuelle puisqu'il pourrait provenir soit de *carns*, selon le nom donné aux autels de pierre utilisés par les druides, soit de *Carnut-Is*, signifiant « lieu sacré des Carnutes », du nom des Gaulois habitant la région lors de la conquête romaine.

Le site est occupé par un temple païen, dans lequel s'ouvre un puits sacré d'environ 33 mètres de profondeur. La légende affirme que c'est dans ce puits, dit « des Saints-Forts », qu'ont été précipités les premiers martyrs chrétiens du lieu. Il se trouve dans la crypte, rebâtie et achevée en décembre 1024 par l'évêque Fulbert, après la destruction de la cathédrale, en 1020, par un premier incendie.

Le feu, encore et encore...

En 1134, un deuxième incendie ravage la cathédrale. Les travaux reprennent. En 1144-1145 est édifié le portail royal. Mais en 1194, une nouvelle fois, le feu détruit tout, sauf la façade et le portail royal, dont les statues constituent un chef-d'œuvre de sculpture ; pourtant, on retrouve, intacte au milieu des décombres, une relique précieuse entre toutes – un fragment de la chemise de la Vierge...

Les travaux reprennent. En moins de 30 ans sous la conduite d'un homme dont on ignore le nom, le gros œuvre est mené à

La magie du vitrail

Les vitraux même de Chartres n'échappent pas totalement au mystère : par quel secret chimique ont été obtenues les admirables couleurs des plus belles verrières ? Et quel est le sens véritable des figures tracées sur elles ?

Les épisodes de l'histoire sainte se prêtent souvent à une double interprétation : littérale pour le peuple, ésotérique pour les initiés. Il en va de même pour les formes en rosaces, simples motifs décoratifs pour certains, représentation cryptée des mouvements de la matière sous l'action du feu élémentaire alchimique pour d'autres.

Enfin, de nombreux thèmes astrologiques sont traités dans tout le décor de la cathédrale : les signes du zodiaque encadrent la grande scène de l'Ascension au tympan de la porte nord, et les personnifications des 7 arts libéraux (les disciplines intellectuelles « nobles » correspondant aux 7 planètes principales distinguées par le Moyen Âge) sont sculptées dans les bordures de la porte sud. Un décor pour le moins étonnant... ■

▼ **Adam et Eve au paradis d'après *la Parabole du Bon Samaritain*, détail d'un des vitraux en ogive de la cathédrale de Chartres.**

▲ **La cathédrale de Notre-Dame de Chartres, vue de la partie nord.**

bien : dès 1220, la nef et le chœur peuvent être utilisés lors des messes. C'est presque un miracle, compte tenu de l'ampleur des travaux et du résultat obtenu.

Quarante ans plus tard, l'édifice, complètement achevé, est dédié à Marie, patronne de Chartres, en présence de Saint Louis.

Par la suite, la crypte devient un lieu de prières à une Vierge noire, nommée Notre-Dame-de-Sous-Terre. Les malades affluent de toute l'Europe dans l'espoir de recouvrer la santé, car on attribue des pouvoirs miraculeux à l'eau du puits. Mais, lors de la Contre-Réforme, les autorités ecclésiastiques décident de faire cesser ces pratiques, qu'elles jugent superstitieuses : le puits est muré en 1654. Il ne sera redécouvert que deux siècles et demi plus tard.

Une orientation tout à fait remarquable

Chartres possède un certain nombre de particularités tout à fait remarquables, à commencer par son orientation, en direction du nord-est – la plupart des églises sont en effet tournées vers l'est, vers la Palestine, berceau du christianisme. Cette anomalie s'explique par la nécessité de prendre appui sur les bases enterrées de l'ancien temple païen. Mais, de la sorte, le bâtiment suivrait des courants telluriques considérés, depuis l'époque gauloise, comme bénéfiques à l'homme et qui épousent les accidents souterrains (nappes phréatiques, failles, etc.).

Un peu partout dans le bâtiment, le visiteur aperçoit des symboles – initiales, poissons ou visages –, gravés au burin dans les pierres, marques émouvantes de maçons anonymes. Curieusement, quelques thèmes chrétiens fondamentaux sont en revanche absents. Nulle part on ne trouve de représentation de la Crucifixion.

Enfin, l'un des éléments les plus énigmatiques de l'église est le « labyrinthe », un dessin incrusté dans le sol de la nef, constitué par 11 anneaux de dalles noires s'enroulant pour former un parcours de plus de 260 mètres de long : le « chemin » conduit jusqu'au cœur du labyrinthe, jadis marqué par une plaque de cuivre gravée du combat mythique de Thésée et du Minotaure…

Un bien étrange motif d'ornement pour une cathédrale ! ■

Pourquoi des enfants sont-ils partis en croisade ?

1212

Aller à Jérusalem pour y libérer le tombeau du Christ, c'est le but insensé poursuivi par des milliers d'enfants partis sur les chemins tragiques d'une croisade que les historiens ont bien de la peine à expliquer.

En juin 1212, un jeune berger prénommé Étienne proclame partout que Jésus lui est apparu et lui a confié une lettre pour le roi de France. Le voilà bientôt en route, accompagné d'autres pâtres du même âge mais aussi des hommes que son charisme attire. Le « saint enfant », comme on le nomme, se rend auprès de Philippe Auguste à la tête d'une grande procession chantant des hymnes et portant des bannières. Mais le roi n'est guère convaincu. Déçue, la foule se disperse ; certains hommes s'enrôlent pour la « croisade des albigeois » qui s'en va lutter contre les cathares dans le sud du royaume.

▼ ***Ils commettent de nombreux vols. Les bourgeois de Bourges les massacrent. Certains seront pendus.*** **(Miniature du XVe siècle.)**

Les saints enfants

Dans la vallée du Rhin, un peu plus tôt au cours du même printemps 1212, ont lieu des événements comparables, mais de plus grande ampleur. Des enfants très jeunes – à partir de 6 ou 7 ans – échappent à la surveillance de leurs parents et, par groupes de quelques dizaines, prennent le chemin de Jérusalem. Le mouvement est parti de Cologne, d'où est originaire le jeune Nicholas, qui a pris la tête du groupe le plus important.

Partis d'Allemagne, n'écoutant ni les conseils de prudence ni les invitations à partir combattre l'hérésie cathare qui est un ennemi moins lointain que les musulmans, ces jeunes gens traversent d'abord l'Alsace puis les Alpes.

DOCUMENT

Les enfants à Marseille

« Cette année [1212] il y eut une expédition assez miraculeuse d'enfants venus de partout [...] Lorsqu'ils furent environ 30 000, ils allèrent à Marseille, voulant traverser la mer pour lutter contre les Sarrasins. Les ribauds et d'autres hommes mauvais qui s'étaient joints à eux souillèrent toute l'armée, de telle sorte que pendant que certains périssaient en mer, et que d'autres étaient vendus, seuls quelques-uns d'une telle multitude rentrèrent chez eux. [...] On dit que ceux qui trahirent ces enfants furent Hugues Ferreus et Guillaume Porcus, marchands de Marseille. Comme ils étaient capitaines de navires, ils étaient censés les transporter gratuitement outre-mer pour la cause de Dieu, comme ils le leur avaient promis. Ils remplirent sept grands navires avec eux ; et après deux jours de voyage [...] une tempête se leva, deux navires furent perdus, et tous les enfants à bord noyés [...] Les traîtres pendant ce temps conduisirent les cinq autres navires à Bougie et Alexandrie, et là vendirent tous ces enfants [...] Dix-huit ans après l'expédition, ajoute mon informateur, Mascemuch d'Alexandrie en possédait toujours sept cents, non plus des enfants mais des hommes faits. »

Chronique d'Albert, moine des Trois-Fontaines.

Une épopée tragique

Des prêtres exaltés les accompagnent sans doute, mais le clergé, dans son ensemble, condamne une entreprise insensée. Seuls quelques laïcs se prennent de sympathie pour un mouvement si spontané et aident les jeunes voyageurs à survivre. Arrivés en août sur les côtes italiennes (ou, pour quelques-uns, à Marseille), rares sont ceux qui peuvent embarquer pour la Terre sainte, et beaucoup d'entre eux seront vendus comme esclaves. Une infime partie seulement des enfants aura encore la force de prendre le chemin du retour. Quant à Nicholas, selon les chroniques il aurait plus tard participé à la Ve croisade, à moins qu'il n'ait trouvé la mort en Italie. Dans l'échec de cette croisade, les contemporains ont vu l'œuvre du démon : si les enfants ont échoué, n'est-ce pas parce que Dieu était hostile à leur projet ? Les historiens du XXe siècle, eux, tentent de trouver des explications à ce phénomène de grande ampleur, qui, sous une forme ou une autre (par exemple avec la croisade dite « des Pastoureaux » en 1251), se répétera aux XIIIe et XIVe siècles.

La force des prédications

Pourquoi, en effet, des enfants et des adolescents se précipitent-ils ainsi sur les routes, à plusieurs reprises, en quête d'un but si lointain ? Il est vrai qu'après la chute de Jérusalem en 1187 devant l'armée de Saladin, les différentes croisades ont échoué, le combat entre la chrétienté et l'islam se déroule désormais non seulement en Terre sainte, mais aussi en Anatolie et en Espagne où, en 1212 justement, les royaumes chrétiens remporteront la victoire décisive de Las Navas de Tolosa. Les prédicateurs ne manquent pas alors pour appeler à la reconquête de la cité de Dieu – Jérusalem, et sans doute la présence des « infidèles » aux portes du royaume a-t-elle exacerbé la ferveur religieuse, même chez les plus jeunes. Mais ce sont les régions du nord-est de la France, des Flandres et de la vallée du Rhin qui ont été les plus touchées, là même où une fermentation sociale se superpose à l'effervescence religieuse : l'économie y est alors en pleine transformation, les villes se développent, la population croît rapidement et avec elle la pauvreté.

L'impact des prédicateurs vantant les richesses de la Terre sainte se trouve alors décuplé chez les plus pauvres. Mais ni le mysticisme ni la nécessité économique ne suffisent à justifier que d'aussi jeunes gens se soient lancés sur les routes de Jérusalem. ■

▼ « La croisade des enfants ». (Gravure extraite de *Allons Enfants de la Patrie* de Jean Richepin, illustré par Job, 1920.)

Y avait-il un trésor à Montségur ?

1244

Hérétiques traqués et massacrés par la Très Sainte Inquisition, les derniers des cathares meurent sur le bûcher, au pied du château de Montségur en emportant, peut-être, le secret de la cache d'un trésor...

C'est en Orient que commence l'histoire des cathares. De Perse, en passant par les Balkans, chemine vers l'Occident une doctrine religieuse selon laquelle le monde matériel est la création du démon. Le catharisme pénètre les milieux des croisés occitans à partir de la deuxième croisade.

Au XIIe siècle, une Église cathare est fondée dans le sud de la France. Ses rites sont administrés par des « prêtres », à la vie d'une rigoureuse austérité. Elle possède ses « évêques », sur le modèle de la hiérarchie catholique : quatre prélats cathares siègent ainsi à Carcassonne, Albi, Toulouse et Agen. De plus, elle entretient des liens avec ses homonymes orientaux ; en 1176, l'évêque hérétique de Constantinople préside à Saint-Félix, en Lauragais, un concile qui édicte une charte cathare. C'est une situation inacceptable pour l'Église romaine : le pape Innocent III, en 1208, proclame la croisade contre l'hérésie et place à sa tête un soldat redoutable, Simon de Montfort. Celui-ci massacre plusieurs milliers de personnes dans l'église de Béziers, en 1209, et conquiert petit à petit tout le Sud-Ouest français, exterminant les hérétiques. La lutte contre les cathares atteint son point culminant après 1233, quand les religieux de l'ordre dominicain se voient confier la direction des tribunaux de l'Inquisition.

Une bien étrange forteresse

Depuis 1213 et la bataille de Muret, les cathares ont perdu toute initiative. Ils vivent sur la défensive, clandestins dans les villes ou réfugiés dans des places fortes de la campagne. Située en plein cœur du sauvage pays de Foix, perchée sur un piton calcaire escarpé, à plus de 1 060 mètres d'altitude, la principale de ces places est la forteresse de Montségur.

▲ Le château de Montségur était un centre spirituel cathare mais aussi une de ses places fortes principales.

Le château a été construit entre 1205 et 1211 à la demande du clergé cathare qui décida d'en faire un centre spirituel et une place forte. Tout y fut conçu pour la défense, mais aussi conformément à un projet symbolique ; un large portail y invitait les âmes à entrer, l'orientation du bâtiment suivait exactement les points cardinaux, et son plan adoptait la forme d'un pentagone, figure revêtue d'une valeur mystique dans la pensée cathare. Les arêtes de la montagne étaient incluses dans le rempart, le sol de la cour n'était pas aplani : partout le rocher était laissé brut peut-être pour respecter un ancien lieu de culte celtique, à en croire certains commentateurs.

Un siège de dix mois

Montségur abrite à partir de 1240 une communauté qui s'élève, un moment, jusqu'à 500 personnes, cathares convaincus protégés par une garnison de chevaliers et de sergents d'armes et encadrés par l'évêque cathare de Toulouse, Bertrand Marti. Tout ce monde vit grâce aux paysans des alentours qui lui procurent subsistance. Pour l'Église catholique et son allié, le roi de France Louis IX – Saint Louis –, l'existence de ce lieu est un insupportable outrage : en mai 1243, une armée de 10 000 hommes, qu'accompagnent des inquisiteurs, vient donc mettre le siège au château. Dix mois durant, les défenseurs – 150 hommes seulement – repoussent tous les assauts. Mais, en mars 1244, l'eau vient à leur manquer. Les assiégeants proposent aux hérétiques la vie sauve pourvu qu'ils abjurent : ils refusent, préférant subir le martyr que de renoncer à leur foi. Le 16 mars 1244, le château ouvre donc ses portes ; une cohorte de 215 personnes descend vers le bas de la montagne, en se tenant par la main et en chantant des hymnes. Une partie de ces convaincus a reçu le *consolamentum* – une sorte d'extrême-onction cathare qui fait d'eux des « parfaits ». Un immense bûcher les attend, tout dressé : ils y montent de leur plein gré, et leurs corps réduits en cendres donnent au lieu son nom sinistre : le *Prat dels Cremats* – le « Champ des Brûlés ».

Un trésor... Mais quel trésor ?

Montségur, toutefois, n'était pas seulement le refuge des hommes. La forteresse a dû constituer également un gigantesque coffre-fort, abri de la fortune que les cathares, mis à l'index depuis des décennies, ne pouvaient investir. Quelque part dans le château devait se trouvait un trésor en numéraire, 100 000 livres, peut-être, en or et en argent, soit une somme considérable.

Ce trésor est-il demeuré sous les ruines de Montségur, aujourd'hui réduit à ses murs extérieurs ? A-t-il été transporté quelque part ? Dans la nuit qui précède la date du 16 mars, deux (ou quatre) parfaits se seraient évadés de la forteresse assiégée en se laissant glisser, à l'aide de cordes, le long des parois vertigineuses. « Ceci fut accompli, afin que l'Église des hérétiques ne perde pas son trésor », dit un témoin déposant devant l'Inquisition. Les évadés auraient traversé les montagnes de Saint-Barthélemy et atteint le Sabarthès, près de Tarascon-sur-Ariège : un réseau de plus de cinquante grottes. On perd ensuite leur trace. Ont-ils déposé leur fardeau dans une de ces cavernes, connues des seuls initiés ? Des générations de chasseurs de trésors ont fouillé en vain Montségur et les alentours, espérant mettre la main sur une considérable fortune.

Pour d'autres passionnés de la légende cathare, le véritable trésor de Montségur n'aurait pas consisté en une fortune matérielle. Un objet plus précieux que tout aurait été caché dans la forteresse : la coupe du sang du Christ, le très précieux Graal. Ce thème ne s'appuie en fait que sur une ressemblance de nom, Montségur rappelant le Monsalvat de la légende du Graal. L'invention, du moins, prouve la force de fascination que conserve aujourd'hui le lieu. ■

Les cathares, vérités et légendes

Les ennemis des cathares accusent ceux-ci de pratiquer des rituels sataniques et de se livrer à l'inceste. En 1180, alors que l'Église mène une première campagne à leur encontre, un libelle dénonce : « Cette hérésie condamne le mariage, pour prêcher que tout usage de la femme est indifférent, et que le frère ne doit pas s'abstenir de la sœur, le fils de la mère, quiconque d'une quelconque. Et comme ils disent que toute chair est l'œuvre du diable, ils enseignent de détruire les rejetons conçus ou juste nés des meurtres de la mère. » Il s'agit de calomnies et de déformations de la pensée cathare.

La vraie doctrine cathare. Le système théologique cathare prône le dualisme : il existe un Dieu du bien et un Dieu du mal. Notre monde, créé par Satan, est issu du mal. Le royaume du Dieu de bonté ne saurait se trouver sur la Terre. Cette reconnaissance de deux Dieux ne signifie pas que les cathares adorent Satan, comme le disent les catholiques, mais au contraire qu'ils le dénoncent, tout en soulignant sa puissance. Les cathares associent l'existence sur Terre à l'œuvre du Malin : c'est Satan qui oblige des anges à s'incarner en hommes pour peupler la Terre. Au terme de plusieurs incarnations et à force de volonté, un homme peut espérer devenir un « parfait ». Son âme échappe alors au diable et rejoint le royaume divin.

Cette croyance en un cycle de réincarnations auquel on échappe finalement apparaît comme un legs évident des grandes traditions religieuses orientales, tels l'hindouisme et le soufisme. ■

▶ **À l'appel du pape Innocent III, Simon de Montfort dirige la croisade contre l'hérésie cathare. (Gravure du XIXe siècle.)**

Le droit de cuissage, un mythe ?

1250

« Roger Adé m'a bien raconté/ Que le vilain a échappé à la honte/ Si un vilain marie sa fille/ En dehors de sa seigneurie/ Le seigneur en a le culage/ Il reçoit quatre sous pour le mariage/… »

Cette chanson satirique du début du XIIIe siècle, d'origine normande, évoque pour la première fois ce qu'on appellera plus tard le « droit de cuissage ».

Le seigneur normand aurait donc eu le droit de coucher avec toute jeune paysanne vivant sur ses terres, le premier soir de ces noces, si elle se mariait avec un homme ne dépendant pas de lui : voilà pourquoi on a appelé cet usage « droit de la première nuit » *(jus primae noctis)*, ou « droit du seigneur ». Ce droit, qui ferait partie de l'ensemble, complexe et multiple, des droits seigneuriaux pendant la période féodale, se serait maintenu tout au long de l'Ancien Régime, jusqu'à la nuit du 4 août 1789, qui vit l'abolition des privilèges.

D'ailleurs, une des dernières traces du droit de cuissage se trouve dans *le Mariage de Figaro*, représenté en 1784, une comédie qui a une grande influence avant la Révolution. Entre le texte normand et la pièce de Beaumarchais, les érudits du XIXe siècle ont repéré une cinquantaine de textes qui témoignent de ce prétendu droit.

▲ **Le droit de cuissage du seigneur. (Illustration de Gustave Doré.)**

Le stratagème de quelques moines

Comment alors interpréter ces documents médiévaux, et notamment la chanson normande ? Notons d'abord que ce texte présente le droit comme un usage ancien, transformé en une simple redevance (« quatre sous ») par la générosité du seigneur. De fait, la grande majorité des documents authentiques qui évoquent le droit de cuissage le renvoient au passé et le présentent comme l'origine d'une taxe en vigueur. Or, à la fin du Moyen Âge, on n'hésite pas à inventer n'importe quoi pour justifier nombre de prélèvements seigneuriaux, dont le motif premier a été oublié. Le droit de cuissage constitue donc probablement un mythe, expliquant l'origine d'une taxe particulière, due au seigeur à l'occasion du mariage. Un autre aspect du texte normand retient l'at-

Du « droit de cuissage » au... harcèlement sexuel

Au XXe siècle comme au Moyen Âge, ceux qui détiennent une parcelle de pouvoir ont tendance à abuser de leur puissance. Ainsi font certains patrons à l'égard de leurs subordonnées : le « harcèlement sexuel » serait-il la forme contemporaine, et plus réelle, du « culage » médiéval ?

Un délit nouveau. Le harcèlement sexuel constitue un délit nouvellement introduit dans le Code pénal français à l'occasion de la refonte adoptée par l'Assemblée nationale le 7 juillet 1992. Il s'agit du « fait de solliciter par ordre, contrainte ou pression, des faveurs de nature sexuelle, commis par tous moyens, par une personne abusant de l'autorité que lui confèrent ses fonctions, à l'occasion, ou dans l'exercice de l'activité professionnelle de la victime ». La loi réprime donc l'utilisation sexuelle d'un pouvoir social.

L'exemple américain. Le terme avait été créé dans le livre de l'avocate féministe Catherine Mc Kinnon, *Sexual Harassement of Working Women (le Harcèlement sexuel des femmes au travail)* en 1979, avant de passer dans la jurisprudence par le biais d'un arrêt de la Cour suprême qui déclare « le harcèlement sexuel d'une employée par son supérieur contraire à la loi fédérale ». ■

tention des historiens contemporains : le poème, signé d'un certain « Estout de Goz », par ailleurs inconnu, se trouve dans un cartulaire, c'est-à-dire un ensemble de documents et de chartres établissant les droits seigneuriaux et les titres de propriété ou de jouissance sur un domaine. Rédigé par les moines de l'abbaye du Mont-Saint-Michel, ce cartulaire concerne les paysans de Verson (aujourd'hui dans le département de l'Eure), et il énumère toutes les charges et les prélèvements que subiraient les vilains s'ils étaient sous la domination d'un seigneur laïque. Or, le document placé immédiatement avant la liasse donne la série, plus courte, des taxes dues aux moines par les pères de ces mêmes vilains.

On pense aujourd'hui que, menacés par la cupidité d'un seigneur voisin qui convoitait leur domaine, les moines ont fait rédiger un cartulaire tendancieux : fort opportunément, leur domination y apparaît plus favorable aux paysans que celle de leur rival. Et, bien sûr, il n'y a pas à craindre que des hommes voués à la chasteté exercent sur les jeunes mariées ce droit scandaleux dont parle la chanson !

▶ ▲ Dans *le Mariage de Figaro*, la notion de droit de cuissage est évoquée pour la dernière fois.

Un enjeu polémique certain

À partir du XVe siècle, c'est dans le milieu des magistrats et des officiers royaux, hostiles au pouvoir des nobles, que l'on trouve les mentions les plus fréquentes du droit de cuissage. Le siècle des Lumières reprend cette accusation, et l'applique désormais à l'Ancien Régime dans son ensemble : vers 1755, Voltaire invente l'expression « droit de cuissage », qui fait fortune. Enfin, au début du second Empire, l'affirmation de l'existence du droit de cuissage se trouve confortée par tout un courant anticlérical et républicain. C'est à cette époque que les historiens s'attachent à recueillir les témoignages concernant le droit de cuissage.

Or, à y bien regarder, la plupart des documents exhumés sont des faux, ou ne mentionnent qu'une innocente taxe sur les mariages contractés hors du domaine seigneurial. En effet, ces unions entraînent une perte pour le seigneur : les enfants du nouveau couple peuvent, selon les règles de l'époque, passer sous une autre dépendance. La taxe qui est perçue à cette occasion n'a donc rien à voir avec le droit de cuissage.

Il reste cependant à interpréter le petit lot de textes authentiques qui mentionnent un droit de cuissage tombé en désuétude, ou même un droit en vigueur, rachetable par un cadeau symbolique (une part du repas de noces, par exemple). Ces documents, très rares, se rapportent à des seigneurs de la fin du Moyen Âge, devenus presque aussi pauvres que leurs vilains, et qui s'efforcent de conserver leur prestige par l'évocation d'un passé barbare et mythique, où leurs aïeux avaient tous les droits. Mais on ne trouve trace de cette affirmation que dans des « aveux », documents privés dépourvus de valeur officielle. ■

le moyen âge

XIVe-XVe siècle

maléfices diaboliques et colère divine

◂ Réunion de sorcières. (Tableau de Frans Francken le Jeune, XVIIe siècle.)

Peste noire, famines, hérésies, guerres meurtrières ou encore folie du roi, les fléaux ne manquent pas pour laisser croire que le temps de l'Apocalypse est peut-être arrivé. Danses macabres, gisants décharnés et processions de flagellants disent toute l'inquiétude d'un Moyen Âge que l'on s'est plu à imaginer sombre, macabre, barbare, pour tout dire « gothique ». Et de fait, le temps des malheurs est plus que d'autres favorable aux faits extraordinaires, à l'occulte. Quand foisonnent sorcières et maléfices diaboliques, les rares lumières capables de dissiper les ténèbres sont celles des bûchers. Il n'est pas étonnant dès lors que l'histoire ait enregistré de ces temps troublés bien des énigmes qui demeurent vivaces parce qu'elles s'enracinent dans l'opacité d'une époque et dans des mentalités qui nous sont en partie étrangères aujourd'hui.

Qu'est devenue la fortune des Templiers ?

1307

Lorsque Philippe IV le Bel prononce sa condamnation, l'ordre des Templiers est plus riche que le royaume lui-même. Le Temple possède d'immenses domaines et des fortunes considérables.

En 1119, à Jérusalem, un chevalier champenois, Hugues de Payns, et quelques autres chevaliers français compagnons de Godefroi de Bouillon fondent l'ordre du Temple. Ils prennent d'abord le nom de Pauvres Chevaliers du Christ, adoptent la règle de saint Augustin et se destinent à la police de la Palestine qui consiste à aider et à protéger les pèlerins se rendant à Jérusalem. Baudouin II, le roi de Jérusalem, les installe dans un palais voisin de l'ancien Temple de Salomon.

En 1129, l'ordre est confirmé et reçoit une règle sévère. Il comporte des chevaliers (nobles), des frères lais, des chapelains et des prêtres. Un grand maître, élu par les chevaliers, exerce l'autorité suprême, mais il doit pour toute décision importante obtenir la majorité des voix du chapitre – le Conseil des grands commandeurs. Dans chaque province, un commandeur régional supervise des baillis qui chacun assurent la direction de plusieurs maisons.

Les chevaliers, avec leur manteau blanc et leur croix vermeille, sont présents dans toutes les grandes batailles contre les infidèles, en Espagne et en Palestine. À la fin du

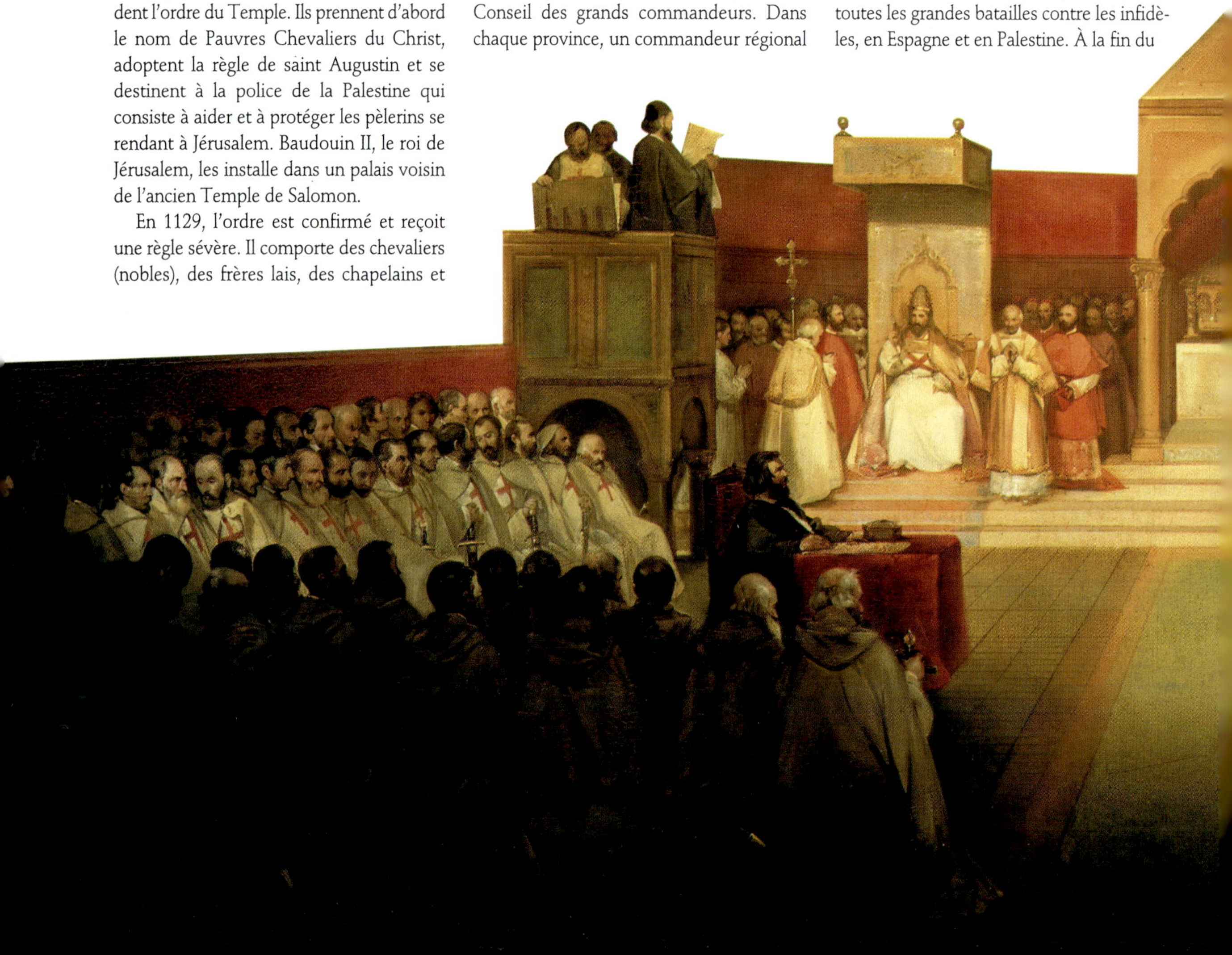

XIIIe siècle, la désagrégation de l'Empire byzantin provoqua l'arrivée massive des musulmans en Terre sainte : vaincus, les templiers rentrent en Europe.

Les templiers sont soumis à une règle stricte inspirée de saint Augustin et modifiée par saint Bernard. Ils trouvent en ce dernier un partisan convaincu qui justifie la fonction guerrière des Templiers : « Le chevalier du Christ donne la mort en toute sécurité et la reçoit avec plus d'assurance encore. S'il meurt c'est pour son bien, s'il tue, c'est pour le Christ ». Saint Bernard fait également l'éloge de l'humilité, de l'activité et de la pauvreté des templiers. La règle associe donc l'ordre à toutes les activités humaines, comme si le Temple devait en être l'organisateur. L'enrichissement est strictement codifié : l'ordre peut posséder, mais non les individus. Aucune dépense ne peut être faite au profit de l'un des membres. Si l'ordre est riche, les chevaliers restent pauvres. Rapidement, les dons affluent. Des seigneurs lèguent leurs biens au Temple.

Les chevaliers de retour d'Orient rapportent les trésors pillés chez les musulmans... Le roi d'Aragon, Alphonse le Batailleur, veut même céder une partie de son royaume aux templiers, mais ces derniers préfèrent refuser. En 1270, l'ordre du Temple possède plus d'un millier de commanderies disséminées un peu partout. En 1307, le chiffre a doublé.

Grands banquiers et propriétaires fonciers

Par leur fortune, les templiers deviennent les premiers grands banquiers, à commencer des pèlerins ; leur banque est privilégiée, plus indépendante des pouvoirs temporels, parce que relevant seulement du pape.

Ils développent le commerce et donnent aux échanges la plus grande sécurité possible. Les routes templières du Moyen-Orient puis d'Europe sont gardées par des chevaliers, les brigands sont mis en échec. Face à l'incommodité de l'argent métal, ils développent le système de la lettre de change, déjà utilisé en Italie par les ▶

DOCUMENT

La bulle du pape

En 1312, le pape Clément V décide de supprimer l'ordre des Templiers.

« CETTE EXTINCTION DU STATUT DE l'ordre, de son habit, de son nom lui-même, nous l'avons, avec l'approbation du saint concile, décrétée. [...] Nous interdisons désormais à quiconque d'entrer dans cet ordre, d'en revêtir l'habit et de se comporter en templier [...]. Nous avons finalement décidé que ses biens (à l'ordre) seraient, à perpétuité, unis à l'Hôpital de Saint-Jean de Jérusalem... »

Vox in excelso, 3 avril 1312

◀ **Cérémonie des chevaliers de l'ordre du Temple, sous le magistère de Robert le Bourguignon, tenu à Paris en présence du pape Eugène II et du roi Louis VII, le 22 avril 1147. (Peinture de F.-M. Granet.)**

banquiers lombards : les nombreuses commanderies en France et en Europe forment un réseau serré de succursales bancaires.

Avec le temps, l'activité des templiers en Terre sainte se transforme : ils deviennent les maîtres de vastes domaines. Ils se mêlent aux querelles féodales, ce qui amène leurs ennemis à les accuser de trop de bienveillance pour les seigneurs de l'islam, ou d'avoir des intérêts à défendre. Il est certain que, comme tant d'autres ordres religieux, celui des templiers perd progressivement beaucoup de ses vertus primitives.

Les riches prennent l'habitude de déposer leurs biens à la garde des templiers : le roi lui-même leur confie son trésor et son comptable est celui du Temple. Dans certaines régions, comme en Champagne, les commandeurs deviennent receveurs des impôts royaux. Des sommes considérables leur passent entre les mains. On estime qu'au sommet de leur puissance, les templiers possèdent plus de deux millions d'hectares de terres cultivées. L'ordre est propriétaire de la moitié des maisons de Paris et perçoit les loyers.

Disgrâce royale et arrestations

Quand la Terre sainte échappe complètement aux chrétiens, les templiers se replient sur Chypre. Ils ont aussi des établissements, ou « temples », en Occident : le Temple de Paris est une banque à laquelle le roi de France fait constamment appel à la fin du XIIIe siècle. Jusqu'en 1307, le secours qu'il apporte à Philippe le Bel lui vaut d'être ménagé, puis le roi décide d'abattre l'ordre afin de mettre la main sur ses richesses. Le conseiller de Philippe le Bel, Guillaume de Nogaret, sera le véritable artisan du procès et de la chute des templiers.

Clément V, à la requête du roi, entreprend une enquête sur les templiers. Le roi brusque les choses, faisant arrêter par surprise, le vendredi 13 octobre 1307, 138 templiers par les officiers royaux. Avec le concours de l'Inquisition, les templiers sont interrogés et torturés.

On leur fait avouer divers forfaits : de pratiquer le culte d'une idole dénommée Baphomet, de cracher sur la Croix lors des rites d'admission dans l'ordre, de se livrer obligatoirement à la sodomie, etc.

Sept ans de procès, de tortures, d'exécutions

Le procès, commencé en 1307, ne prendra fin qu'en 1314. Le pape Clément V proteste, mais sans vigueur, contre l'attitude du roi et l'irrégularité du procès. Ayant toutefois évoqué l'affaire, le 17 novembre 1307, il obtient qu'on lui remette les inculpés.

C'est alors que bien des templiers, reprenant courage, se rétractent. Mais bientôt Clément V cède devant l'intervention de Philippe le Bel : il confie le procès des personnes à des cours diocésaines et charge de l'enquête sur l'ordre lui-même des commissions pontificales, contrôlées, en fait, par le pouvoir royal. En 1309, les interrogatoires reprennent. Les templiers se montrent beaucoup plus réticents. Trente-six prisonniers meurent sous la torture et, en mai 1310, l'archevêque de Sens en condamne 54 autres au bûcher, non comme hérétiques, mais comme relaps (c'est-à-dire retombés dans l'hérésie). Au concile de Vienne, en octobre 1311, la culpabilité des templiers n'est pas reconnue, mais le pape décide, en avril 1312, par une bulle la suppression de l'ordre. En novembre 1312, le pape confie le procès des dignitaires à une commission de trois cardinaux, qui les condamne à la prison perpétuelle.

Mais, comme Jacques de Molay, grand maître de l'ordre, et ses amis protestent et rétractent leurs aveux antérieurs, le conseil royal les déclare relaps et les envoie au bûcher en mars 1314. Les biens des templiers sont dévolus aux hospitaliers. Cependant, dans les commanderies, les hommes du roi ne trouvent ni or, ni argent, ni archives. Ils ne peuvent se saisir que des terres et des bâtiments. Où sont les trésors du Temple ?

Des multitudes de caches secrètes

La plus grosse part de la fortune du Temple n'est pas en métal précieux : il remet en circulation l'argent qu'il possède, en achetant terres et biens. Cependant, il y a dans chaque commanderie assez de numéraire pour assurer les dépenses et rembourser les lettres de change. De petits trésors.

Les secrets des Templiers

Plus riches et plus puissants que des rois, mystiques et guerriers, les templiers ont depuis longtemps excité les imaginations.

On dit les templiers possesseurs de l'Arche de l'alliance, parfois même du Graal, la coupe sacrée de la dernière Cène qui aurait recueilli le sang du Christ. On en fait les dépositaires de secrets transmis entre initiés depuis la plus haute Antiquité. Seule certitude : nombre de templiers se sont livrés à des recherches alchimiques.

Des règles secrètes au Temple ? Quelques indices plaident en faveur de cette hypothèse. Contrairement à toutes les autres organisations religieuses, le noviciat n'a pas chez les templiers de durée fixe : il y a donc certainement parcours initiatique, puis examen pour accéder au statut de templier.

Une symbolique complexe. Les croix templières semblent donner des indications dans le même sens : il n'y a pas une croix mais plusieurs, et elles ne sont pas liées aux grades officiels ni à des affectations géographiques. On trouve sur l'épaule des manteaux des croix dérivées de la croix celtique, des croix dont les branches s'effilochent en flammes, symboles alchimiques, et des croix géométriques aux huit pointes, croix de méditation. Désignent-elles des grades dans l'ordre secret ? ■

La malédiction des templiers

PAPE CLÉMENT, JUGE INIQUE ET CRUEL BOURreau, chevalier Guillaume de Nogaret, roi Philippe, avant un an, je vous ajourne à comparaître au tribunal de Dieu. Soyez maudits, vous et votre descendance ! ».

Dans les mois qui suivent le 18 mars 1314, on répète dans Paris la malédiction lancée depuis son bûcher par Jacques de Molay.

Quarante-deux jours plus tard, le pape Clément V meurt à terrassé par des fièvres et des étouffements. Peu de temps après, le conseiller du roi de France, Guillaume de Nogaret, est empoisonné. Début novembre, Philippe le Bel est mortellement blessé dans un étrange accident alors qu'il chasse seul dans la forêt de Saint-Maxence : il agonise et meurt à Fontainebleau le 29.

La même année, l'« affaire de la Tour de Nesles » (le scandale de l'adultère des brus du roi) prive la France de celle qui devient la nouvelle reine. Pour donner un héritier au trône, Louis X fait assassiner sa première femme, Marguerite de Bourgogne, dans le cachot où elle était emprisonnée depuis la découverte de son infidélité, et il épouse la princesse Clémence de Hongrie. Moins d'un an plus tard, alors que Clémence attend un enfant, Louis meurt après un exercice sportif excessif. L'enfant, Jean Ier, est assassiné cinq jours après sa naissance. Le Hutin a régné moins de deux ans, Jean Ier, moins d'une semaine.

Second fils de Philippe le Bel, Philippe V (le Long), règne cinq ans mais ne laisse pas d'héritier. Son frère Charles IV règne six ans à son tour et meurt, lui aussi sans enfant. Les trois fils de Philippe le Bel ont connu une mort précoce, la lignée directe des Capétiens prend ainsi fin. Pendant toutes ces années, le pays est dans une situation économique et sanitaire critique : famines et épidémies (la peste noire, ou bubonique) tuent des dizaines de milliers de sujets – et la guerre de Cent Ans commence : pour le peuple, la malédiction des Templiers a fait son œuvre. ■

Les caches devaient être préparées de longue date : chaque commanderie est bâtie sur un réseau de souterrains où pouvaient aisément s'aménager des endroits secrets. Les réseaux d'étangs artificiels souvent installés près des bâtiments ont suggéré une idée : les trésors seraient-ils enfouis sous le fond d'un étang susceptible d'être vidé à volonté ? Pourquoi pas. Les chasseurs de trésors n'en sont cependant guère plus avancés : la forêt d'Orient par exemple, haut lieu templier en Champagne, ne compte pas moins de 55 étangs artificiels, en partie comblés depuis et envahis par les broussailles...

▲ **Jacques Bernard de Molay, dernier Grand Maître des Templiers, brûlé à Paris en mars 1314. (Gravure, 1880.)**

La clé du mystère est-elle à Chinon ?

Sans doute quelques trésors ont-ils été trouvés. Mais, pour certains, le secret des caches importantes se trouve au château de Chinon. Des dignitaires templiers ont gravé des symboles mystérieux dans la pierre de la salle où ils ont été détenus jusqu'à leur exécution : cœurs flamboyants, croix, triple enceinte, marelle, escarboucles. Peut-on lire dans ces signes des indications codées ? Les ésotéristes affirment que ce rébus permettra un jour à des initiés de retrouver la cache du plus grand des trésors que l'on prête aux templiers : le saint Graal. ■

Les orgies royales de la Tour de Nesle

1314

La tour qui se dresse sur la rive gauche de la Seine, face à la forteresse du Louvre, a-t-elle été le décor des amours criminelles et dévoyées de Jeanne de Navarre, épouse de Philippe le Bel ?

CAR LA LÉGENDE A TRANSFORMÉ LA REINE vertueuse et bienfaitrice de l'université de Paris en amante insatiable et meurtrière. Attirant des étudiants dans la tour pour assouvir ses impérieux instincts, elle les précipitait ensuite dans le fleuve. François Villon dans sa *Ballade des dames du temps jadis* a dit comment Buridan, qui tenta de soustraire ses étudiants à l'appétit meurtrier de la reine, manqua périr noyé. Pour que prenne corps la légende, il a fallu puiser dans un épisode véridique de l'histoire, celui des amours adultères des belles-filles de Philippe le Bel.

▼ **Marguerite de Bourgogne, reine de France, épouse de Louis X le Hutin. (Gravure sur bois.)**

Des princesses aux mœurs légères...

Le mariage des trois fils de Philippe le Bel ne sera pas heureux. Le 23 septembre 1305, Louis le Hutin épouse Marguerite de Bourgogne, peu après ses frères Philippe le Long et le futur Charles IV épousent à leur tour les deux filles d'Othon IV et cousines de Marguerite, Jeanne et Blanche d'Artois. Marguerite est la première à se détourner de son époux. Avide de plaisirs et d'amusements, elle s'ennuie tant auprès d'un mari au caractère difficile qu'elle prend pour amant un chevalier de l'hôtel du roi, Philippe d'Aulnay, et entraîne ses cousines à suivre son exemple. Blanche noue une relation avec Gautier d'Aulnay, le frère de Philippe, également chevalier.

Jeanne d'Artois quant à elle se tient sagement à l'écart de ces périlleuses aventures. Elle sait tout, mais ne dit rien. De même, à la cour, beaucoup de gens, à commencer par les serviteurs, sont au courant de l'inconduite de Marguerite et de Blanche. Mais personne ne les dénonce.

Des maris bernés...

Si les fils du roi ignorent tout de leur infortune conjugale, leur sœur Isabelle, mariée au roi d'Angleterre découvre l'affaire lors d'un séjour à la cour de France en mai 1314. Il semble qu'elle ait reconnu sur les frères

Philippe le Bel choisit ses brus

Les mariages conclus par Philippe le Bel pour ses fils sont au cœur de la politique d'expansion du royaume de France

EN 1291, LE TRAITÉ D'ÉVREUX CONSACRE L'ALliance de la France et de la Franche-Comté. Elle est scellée par le projet de mariage de Jeanne d'Artois, fille du comte Othon IV de Bourgogne, maître de la Franche-Comté, avec un des fils de Philippe le Bel, Philippe V le Long. L'accord prévoit que, si le comte n'a pas d'héritier mâle, la Franche-Comté reviendra à l'époux de Jeanne.

En 1295, le traité de Vincennes accélère le rattachement de la France-Comté à la France. Le comte Othon IV la donne en dot à sa fille Jeanne, qui épouse Philippe le Long en 1307. En 1296, Blanche d'Artois, sœur de Jeanne, est destinée par Othon et Philippe le Bel au troisième fils de ce dernier, le futur Charles IV le Bel. Philippe le Bel consolide ainsi son empire.

Enfin, pour éviter que le duc de Bourgogne ne s'oppose à l'annexion de la Franche-Comté, le souverain demande Marguerite, la fille du duc, pour son fils aîné, Louis le Hutin, héritier du royaume de France par son père et de la Navarre par sa mère. ■

d'Aulnay les escarcelles richement décorées qu'elle avait offertes à ses belles-sœurs. Elle fait part de ses soupçons à son père, qui ordonne aussitôt l'arrestation des frères d'Aulnay, de Marguerite et de Blanche, ainsi que celle de Jeanne, alors tenue pour coupable. Tous passent rapidement aux aveux, sauf Jeanne, qui ne cesse de clamer son innocence.

Un châtiment exemplaire

La tête tondue, le corps revêtu d'une robe grossière, Marguerite et Blanche sont conduites à la forteresse de Château-Gaillard, en Normandie. Marguerite, la plus coupable, est enfermée en haut d'une tour dans une salle glaciale où elle ne cesse de pleurer et de clamer son repentir. Elle ne résiste pas aux assauts du froid et meurt au cours de l'hiver 1315. Blanche est installée à un étage inférieur dans une chambre mieux abritée. En 1322, le pape prononce l'annulation de son mariage, et trois ans plus tard, elle est transférée à l'abbaye de Maubuisson, où elle s'éteint en 1326. Jeanne, enfin, est enfermée dans la forteresse de Dourdan. Avec

▲ **Torture affligée au couple adultérin. (Tableau de Jules Arsene Garnier, XIXe siècle.)**

l'aide de sa mère, elle parvient à faire ouvrir une enquête et à démonter que sa seule faute est de ne pas avoir dénoncé son unique sœur. En novembre 1314, juste avant la mort de Philippe le Bel, son innocence est reconnue et proclamée solennellement par le Parlement de Paris. Elle reprend aussitôt sa place auprès de son époux.

La punition infligée aux frères d'Aulnay est d'une cruauté exemplaire, c'est celle qui châtie les crimes de lèse-majesté. Rien ne peut excuser leur trahison. En mai 1314, à la suite d'un jugement expéditif, ils sont suppliciés à Pontoise. Après avoir été écorchés vifs et amputés de leurs parties génitales, ils sont traînés par des chevaux puis pendus à un gibet. Le portier de Marguerite est pendu à leurs côtés.

Une si grande sévérité à l'égard des protagonistes de cette triste histoire n'a d'égal que le péril dans lequel s'est retrouvée la couronne. Que les rois trompent les reines, c'est dans l'ordre des choses. Mais la conduite licencieuse d'une reine ou d'une princesse ne peut que soulever des doutes sur la légitimité des héritiers du trône et mettre en danger jusqu'au principe héréditaire de la monarchie. ■

La malédiction des Templiers

En marge de cette affaire avait lieu, en 1314, le procès des Templiers qui vit l'ordre disparaître. On prête au grand maître de l'ordre, Jacques de Molay, des imprécations lancées à l'adresse de Philippe le Bel au moment de périr sur le bûcher, l'invitant à le rejoindre dans la mort avant la fin de l'année. Non seulement c'est ce qui se passa vraiment, mais avec ses fils, c'est la branche des Capétiens directs qui s'éteignait : chacun d'eux régna, mais aucun n'eut d'héritier mâle de leurs différentes épouses. Hasard de l'histoire, la branche des Valois elle aussi disparut avec trois frères, François II, Charles IX et Henri III qui régnèrent successivement et n'eurent pas de postérité. La branche des Bourbons directs connut le même sort : aucun des enfants de Louis XVI, Charles X et Louis XVIII ne régna. Était-ce là la véritable malédiction du grand maître de l'ordre des Templiers ? ■

Le nouveau-né assassiné était-il bien Jean Ier ?

1316

Roi dès sa naissance, Jean Ier trouve la mort cinq jours plus tard dans des conditions mystérieuses, certainement assassiné. Pourtant, 30 ans après, un Siennois du nom de Giannino Guccio prétend être le roi Jean...

Lorsque meurt Louis X le Hutin, le 5 juin 1316, sa seconde épouse, Clémence de Hongrie, est enceinte de trois mois. Chacun espère que l'enfant sera un garçon : le Hutin n'a pas laissé d'autre héritier mâle et la loi salique exclut les femmes du trône de France.

Charles de Valois, frère de Philippe le Bel, convoque une assemblée de hauts dignitaires qui nomme Philippe de Poitiers, le frère de Louis X, « gouverneur du Royaume ». Si Clémence met une fille au monde, Philippe sera reconnu roi : si c'est un fils, Philippe assurera la régence jusqu'à la majorité légale de l'enfant, à ses 13 ans.

Après presque six mois d'attente, le 15 novembre 1316, la reine Clémence met un enfant au monde. C'est un garçon. Paris est en liesse, le peuple a un roi : Jean Ier. L'enfant est en bonne santé et, selon la tradition, il doit être présenté aux grands du royaume. La comtesse Mahaut d'Artois requiert de Clémence le privilège de présenter l'enfant. Elle l'obtient et, le 19 novembre, c'est elle qui brandit le nouveau-né devant l'assemblée des hauts barons. La nuit même, l'enfant est au plus mal. Il expire au petit matin – il n'a régné que 5 jours.

Aussitôt, des bruits se répandent à la cour : pourquoi Mahaut d'Artois a-t-elle tant insisté pour le présenter ? Pour avoir ainsi l'occasion de l'assassiner ? Personnage controversé et craint, la comtesse d'Artois est connue pour ses intrigues. On évoque l'empoisonnement ou une compression trop forte qui aurait atteint quelque partie vitale du nouveau-né.

L'hypothèse est plausible : l'ambitieuse Mahaut est la belle-mère de Philippe de Poitiers, c'est-à-dire de l'homme qui, si Jean meurt, deviendra le roi Philippe V. Certains suspectent d'ailleurs Philippe lui-même d'être complice : ces rumeurs cessent sitôt le nouveau roi sacré.

L'état de la France en 1316

Sous le règne de Philippe IV le Bel (1285-1314), la France médiévale atteint le sommet de la puissance. Le royaume, qui est alors le plus peuplé d'Europe, passe pour l'un des plus riche du continent et ne cesse de s'étendre : ses structures de gouvernement sont réorganisées.

Le roi s'entoure d'un conseil de juristes et, grâce à une action en profondeur et durable sur l'administration, il modifie peu à peu son propre statut : le suzerain féodal devient réellement le souverain d'un État centralisé. Grâce à de vastes campagnes d'opinion menées par le roi et ses conseillers, les légistes, et l'action des sénéchaux et baillis à l'intérieur de chaque fief, le sentiment d'unité nationale naît alors. France d'oc et France d'oil s'unifient et Paris devient véritablement capitale du royaume.

On comprend donc toute l'importance que revêt dorénavant la personne du roi et le désarroi dans lequel se trouve plongé le pays à la mort de Philippe. Son successeur, Louis X le Hutin, est un souverain sous le gouvernement duquel les grands relèvent la tête. Il ne règne d'ailleurs que deux ans et, à sa mort, en 1316, la perspective d'une longue régence sous le règne d'un roi qui n'est même pas encore né, alimente toutes les inquiétudes et toutes les ambitions. ■

▼ Les Capétiens. (Lithographie d'après un dessin d'Eugène Lejeune, vers 1860.)

Un pressentiment entraîne une substitution d'enfant

Trente ans plus tard, l'affaire rebondit. En 1346, un Siennois nommé Giannino Guccio se présente comme le roi Jean. Le récit qu'il fait est inspiré de ses propres souvenirs et de faits qui lui ont été rapportés par un ermite de Saint-Augustin nommé Jordan, confesseur, en 1345, d'une noble dame à l'agonie : une certaine Marie de Carsi, jadis l'éphémère nourrice de Jean.

Le 19 novembre 1316, quelques heures avant que l'enfant ne soit présenté aux grands du royaume, deux barons, craignant pour sa vie, auraient décidé de ne pas confier Jean à la redoutable Mahaut. Ils lui auraient substitué Giannino, le propre enfant de Marie et d'un Italien appelé Guccius Miri. Dans la nuit, après la mort de son enfant, Marie éperdue de douleur aurait été chargée d'élever le petit roi clandestinement, à l'abri de nouvelles tentatives d'assassinat, jusqu'à ce qu'il soit en âge de reparaître. Mais les deux barons seraient morts à la guerre sans avoir pu livrer leur secret. Dix ans après les événements, l'enfant aurait été enlevé par son père, Guccius Miri, ignorant de sa probable identité.

▲ Jean Ier posthume naît roi et meurt au bout de 5 jours. (D'après un dessin d'Ambroise Tardieu.)

Le « Re Giannino »

Authentique ou faux, le récit est, en tout cas, plausible. Il convainc certains grands personnages d'Europe, qui ne dédaignent pas, par ailleurs, de jeter le trouble dans le trop puissant royaume de France. L'un des premiers défenseurs de la thèse de la survie de Jean est Cola di Rienzo, sénateur de Rome et, pour un temps, dictateur de la ville. C'est lui qui, le premier, a reçu le récit de l'émissaire du frère Jordan, lui qui a fait rechercher Giannino. Après avoir vu le jeune homme qu'il a retrouvé à Sienne, et analysé toutes les pièces du dossier, il rédige finalement, en 1354, une charte dans laquelle il expose l'affaire et affirme sa conviction : Giannino est bien le roi Jean Ier.

Une seconde mort en prison laisse le mystère intact

À 40 ans, la vie de Giannino est bouleversée. Louis Ier de Hongrie, neveu de la reine Clémence, se laisse à son tour convaincre et reconnaît Giannino. L'État siennois soutient le prétendu roi de France, lui donne un Conseil et une garde. Les marchands vénitiens le financent : il rassemble une armée. En effet, le roi de France en titre, le Valois Jean II, dit le Bon, n'apprécie guère qu'un inconnu revendique sa couronne.

Giannino entre en Provence, soutenu par les Anglais. Mais sa trop faible armée ne résiste pas face à Jeanne de Naples, comtesse de Provence, alliée de Jean le Bon : le « Re Giannino » est capturé près d'Uzès en 1361. La comtesse Jeanne refuse cependant de le livrer au roi de France. Elle l'envoie en prison à Naples, où il meurt en 1363 emportant son secret dans la tombe. ■

La défaite de Crécy était-elle inévitable ?

1346

Le 26 août 1346, l'armée des chevaliers français que commande Philippe VI de Valois, subit dans la forêt de Crécy, en Picardie, une nouvelle, écrasante et surprenante défaite.

Jugeant avoir mené à son terme une chevauchée dévastatrice commencée le 12 juillet en Normandie et qui l'a conduite jusqu'aux environs de Paris, l'armée anglaise, commandée par Édouard III, rebrousse chemin pour se replier sur ses bases insulaires. Profitant de l'absence totale de réaction de ses adversaires, elle a pillé et ravagé le territoire depuis le point où elle a débarqué, à Saint-Vaast, sur les côtés de Cotentin, jusqu'à Poissy, en passant par Caen, qu'elle a prise et mise à sac. Puis elle a commencé de remonter vers la Picardie. Alors, fort tardivement, Philippe VI s'est préoccupé de l'arrêter.

Le roi ne s'est décidé si tard que parce qu'il répugne en fait au combat. Ce n'est pas qu'il se préoccupe de ménager les vies humaines, mais il lui semble hasardeux de jouer le sort du pays sur une unique mêlée. Philippe, en fait, se résout à l'action, parce que son entourage lui fait grief d'être resté impassible lorsque les Anglais auraient pu menacer Paris. Le roi sent aussi, probablement, que les chevaliers qui constituent l'élite de son armée ne rêvent plus que de la bataille. Depuis près de dix ans que durent les hostilités entre la France et l'Angleterre, ils sont frustrés d'un combat de cette nature, les deux souverains manœuvrant pour limiter les engagements à de simples escarmouches, ou préférant la guerre de siège, moins meurtrière et plus profitable en termes stratégiques.

Changeant de stratégie, Philippe part donc de Saint-Denis avec sa chevalerie et des arbalétriers génois, et poursuit Édouard, qu'il rejoint au soir du 25 août 1346, juste après qu'ils franchissent la Somme.

▲ **La bataille de Crécy. (Miniature extraite des *Chroniques* de Froissart.)**

Des préparatifs hâtifs...

Au soir de ce jour-là, un vendredi, Édouard III n'a donc plus d'autre solution que d'accepter la bataille pour le lendemain : il serait pire pour lui d'être surpris en pleine marche, sans possibilité de déployer ses troupes. Il s'arrête donc dans le site qui lui paraît favorable, la forêt de Crécy, et prépare la bataille : il choisit le terrain, qu'il reconnaît à fond et va exploiter avec habileté.

Il lui faut, cependant, compenser son infériorité numérique. Pour gagner, le roi d'Angleterre ne doit surtout pas respecter les règles du jeu chevaleresque. Il refuse donc de placer sa cavalerie en première ligne et de lui laisser affronter le choc de la charge française. Les Français trouveront, face à eux, la piétaille, s'abritant derrière des palissades.

Les archers gallois, des mercenaires, sont l'élément principal de la première ligne anglaise. Leur arme, l'arc de frêne long de deux mètres, est meurtrière et rapide. Édouard III leur fait, en toute hâte, construire des retranchements. Il met aussi en batterie les canons que traînent les charrois anglais, en prévision d'un siège éventuel. Leurs boulets seront peu meurtriers contre une troupe en mouvement, mais le grondement des canons effraiera les chevaux. Les Français, de leur côté, ont un corps d'arbalétriers, des Génois, là encore des mercenaires, très efficaces et dangereux, pourvu qu'on les laisse opérer, et qu'on les commande convenablement. L'arbalète est en effet, plus précise que l'arc. La force de pénétration du carreau est plus grande que celle de la flèche. Son défaut est d'être lente à recharger.

Les chevaliers français, cependant, veulent combattre en première ligne, selon les règles de l'honneur militaire.

... à la bataille perdue d'avance

Tout se passe comme l'a souhaité Édouard III. La cavalerie anglaise, retenue par les ordres du roi, reste longtemps immobile. Elle ne sera d'ailleurs presque pas engagée. Les Français, dont le commandement est exécrable, sont encore en ordre de marche au milieu de l'après-midi. C'est une troupe épuisée qui va affronter l'armée anglaise.

La bataille est engagée en fin d'après-midi dans une confusion totale. Un orage mouille les cordes des arbalètes : les mercenaires, pensant que le combat n'aura lieu que le lendemain, ne les ont pas protégées. Envoyés malgré tout en première ligne, pour préparer le terrain à la charge, ils ne peuvent bander le ressort de leurs armes. Ils s'enfuient. Philippe VI, croyant à une trahison, ordonne leur massacre. Les chevaliers français s'élancent. Ils se heurtent aux retranchements des archers et se font désarçonner et tuer par les piétons, auxquels le poids de leur armure leur interdit d'échapper.

Les pertes françaises sont lourdes : plusieurs centaines de chevaliers périssent, contre quelques dizaines d'archers anglais. Le coup est rude, mais n'est pas décisif du point de vue stratégique. Mais l'effet psychologique est dramatique. Après Crécy, le roi de France est frappé d'une sorte d'apathie et Calais ne sera même pas secourue. ■

Une autre défaite, Calais

POURSUIVANT LEUR REMONTÉE, VERS LE Nord, une fois la bataille de Crécy remportée, les Anglais arrivent devant Calais le 4 septembre 1346. Plutôt que de tenter un assaut qui paraît difficile, ils y mettent le siège, attendant que la faim et le découragement fassent leur œuvre.

La résistance de la cité est cependant plus longue que prévu. Les troupes anglaises s'occupent, l'hiver durant, en ravageant Picardie et Artois. Les secours que les habitants de la ville assiégée attendent de la part du roi Philippe, eux, ne viennent pas.

Le 2 août 1347, enfin, Calais se rend. Exaspéré par la longue attente, le roi d'Angleterre exige que six bourgeois de la ville, en habit de pénitent, se livrent à lui. Les volontaires, Eustache de Saint-Pierre et cinq autres obtiendront d'ailleurs sa grâce. Le prestige et la légitimité de Philippe VI sortent encore abaissés de cette défaite, qu'il n'a rien fait pour éviter. ■

▼ Édouard III brandissant le trophée de la victoire. (Peinture de D. Ashely, 1920.)

Nicolas Flamel avait-il découvert la pierre philosophale ?

1382

Possesseur d'un vieux manuscrit, un écrivain public mystérieusement enrichi aurait découvert la pierre philosophale recherchée depuis l'Antiquité par des générations d'alchimistes...

L'HISTOIRE DE L'ALCHIMIE OCCIDENTALE commence au XIIe siècle en Espagne, alors frontière entre le monde occidental et le monde arabe. Les catholiques reprennent peu à peu la péninsule Ibérique et s'approprient les trésors des bibliothèques arabes, riches en textes sur la médecine, les mathématiques, l'astronomie et l'alchimie. Les Européens découvrent les écrits de Djabir ibn Hayyan et de ibn Zakariyya al-Razi (*Geber* et *Rhazès* en latin), alchimistes des VIIIe et IXe siècles, eux-mêmes héritiers d'un savoir transmis depuis l'Antiquité. Aux XIIe et XIIIe siècles, outre les traductions de textes arabes, de nombreux manuscrits originaux, pour la plupart livres de recettes chimiques élémentaires, sans portée ésotérique, circulent en Europe. Aux XIVe et XVe siècles, l'alchimie est au sommet de sa gloire.

C'est à Pontoise, vers 1330, que naît Nicolas Flamel. Ses parents sont d'origine modeste, mais il apprend à lire et à écrire le français ainsi qu'un peu de latin auprès des bénédictins. Il devient apprenti écrivain public chez maître Gobert, puis rachète une charge de libraire et écrivain juré de l'université de Paris.

Son échoppe est sise près de l'église Saint-Jacques-la-Boucherie, dont il reste aujourd'hui la tour Saint-Jacques. Dans sa boutique à l'enseigne de « La fleur de lys », il dresse les comptes des petits commerçants, apprend aux bourgeois à signer de leur nom, copie et enlumine des textes et des manuscrits pour l'Université : l'imprimerie n'existe pas encore, la « demande » est très forte et le commerce très lucratif.

Naissance d'une légende

D'après les récits de Flamel – dont on sait aujourd'hui qu'ils sont apocryphes, un ange lui apparaît une nuit en songe et lui montre un ouvrage extraordinaire. Mais il se réveille avant d'avoir pu en lire le contenu. Intrigué, il garde le rêve en mémoire. En 1357, un homme entre dans sa boutique et lui propose un volume relié de cuivre. Flamel le reconnaît : il l'a vu dans les mains de l'ange. Il l'achète aussitôt pour la somme de deux florins.

L'ouvrage, signé Abraham le Juif, porte sur la première page une malédiction destinée à ceux qui oseraient aller plus loin dans leur lecture, à l'exception des prêtres et des écrivains. Entrant dans cette dernière catégorie, Nicolas Flamel commence à lire. Le volume provient sans doute des affaires abandonnées d'un juif arrêté ou ayant fui précipitamment pour échapper au bûcher. Il contient 21 feuillets couverts de textes alchimiques que Flamel ne comprend pas.

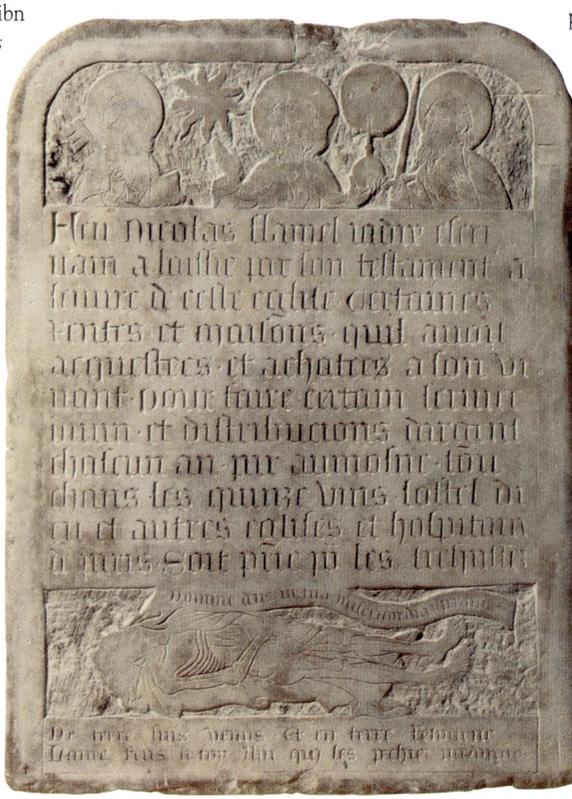

◄ Épitaphe de Nicolas Flamel, provenant de l'église Saint-Jacques-la-Boucherie, à Paris (1418). Sa tombe fut mise à sac pour découvrir son secret.

L'alchimie, une science ?

Au Moyen Âge, l'alchimie est la Science par excellence, contenant les principes de toutes les autres. Elle se donne pour objet l'étude de la vie, son but étant la découverte et la fixation d'un ferment mystérieux, grâce auquel la désagrégation des corps, et donc la mort, pourrait être presque indéfiniment retardée. Cet agent devait assurer la progression rapide des êtres vers l'état supérieur. Produit au cours du Grand Œuvre, il pouvait être liquide (élixir de longue vie ou panacée, remède infaillible de toutes les maladies) ou solide (pierre philosophale, qui, introduite dans la masse d'un métal en fusion, assurerait sa transmutation vers l'état désiré, or ou argent). L'ensemble des lois et principes alchimiques était consigné dans des textes écrits dans une langue symbolique et à double sens, dont le déchiffrement par le nouvel adepte faisait partie des épreuves d'initiation.

Cet aspect ésotérique en fait ce que les historiens des sciences considèrent comme une « fausse science ». Autrement dit, elle se présente comme un ensemble de concepts très généraux et éloignés des faits, qui inspirent cependant un certain nombre de recettes opératoires, et auquel se ramène, de toute façon, toute interprétation des résultats. Tel est aussi le cas de l'astrologie ; on retrouve chez l'une et l'autre la tentative de mettre en relation le macrocosme (l'univers) et le microcosme (l'homme).

C'est pourquoi elle a pu, par certains aspects techniques, anticiper certaines voies de la chimie moderne, ou même influencer favorablement la pensée de certains savants (Paracelse, le père de la médecine hermétique, et peut-être même Newton, dont on sait qu'il s'y adonna, annotant de sa main des traités d'alchimie). ■

▲ **Frontispice du traité d'alchimie de Nicolas Flamel, qui a donné l'espoir de transmutation du plomb en or à de nombreux alchimistes.**

La route de Saint-Jacques de Compostelle

Pendant près de 20 ans, Nicolas Flamel tente avec l'aide de sa femme, Pernelle, de déchiffrer l'ouvrage. Il ne délaisse pas sa boutique mais, chaque soir, passe des heures sur le manuscrit hermétique. Pourtant, le travail ne progresse pas et il désespère. Les alchimistes consultés ne parviennent pas plus que lui à éclairer le texte mystérieux. Il voudrait trouver l'aide d'un savant hébraïque, mais les juifs, persécutés depuis l'époque de Philippe le Bel, ont fui la France ou se sont convertis.

C'est en 1378, lors d'un pèlerinage à Saint-Jacques de Compostelle, que Flamel rencontre maître Canches, vieux médecin juif converti. Il lui montre une copie de passages qu'il a emportés avec lui. Maître Canches, enthousiaste, est persuadé qu'il s'agit d'un livre ayant trait à la kabbale, ancienne tradition juive ésotérique fondée sur l'interprétation mystique de l'Ancien Testament. Le médecin décide d'accompagner Flamel à Paris pour voir le manuscrit original. En chemin, il lui explique ses clefs d'inter- ▶

DOCUMENT

La recette de la fabrication de l'or

Théophile, un moine du VIIe siècle vivant dans le nord de la Germanie, explique comment les alchimistes fabriquent l'or espagnol, un or particulièrement souple et facile à travailler.

Tout d'abord, il faut générer des basilics, reptiles pondus par un vieux coq :

« Ils ont sous terre une chambre dont le haut, le bas et toutes les parties sont en pierre, avec deux petites fenêtres si étroites qu'à peine on voit quelque chose à travers. Ils y mettent deux vieux coqs de douze ou quinze ans, et leur donnent suffisamment à manger. Ceux-ci, quand ils sont engraissés, par la chaleur de leur embonpoint s'accouplent et pondent des œufs. Alors on ôte les coqs, et l'on met, pour couver les œufs, des crapauds : on leur donne du pain en nourriture. Les œufs couvés, il en sort des poulets mâles comme les poussins des poules, auxquels au bout de sept jours croissent des queues de serpent ; aussitôt, si la chambre n'avait un pavement de pierre, ils entreraient dans la terre. Pour prévenir cela, ceux qui les élèvent ont des vases d'airain ronds, de grande capacité, perforés de toutes parts, dont les orifices sont resserrés : ils y placent ces poulets, bouchant les orifices avec des couvertures de cuivre, les enfouissent sous la terre ; et les poulets se nourrissent six mois de terre fine qui pénètre par les trous. Après cela, ils enlèvent les couvercles et allument un grand feu jusqu'à ce que les animaux soient dedans entièrement brûlés. Lorsque c'est refroidi, ils retirent et broient soigneusement, y ajoutant un tiers de sang d'homme roux : ce sang desséché sera trituré. Ces deux choses réunies sont détrempées de vinaigre fort dans un vase propre. Ensuite, on prend des lames très minces de cuivre rouge très pur, on y met de chaque côté une couche de cette préparation, et l'on met au feu. Quand elles ont chauffé à blanc, on retire, on éteint et on lave dans la même préparation : on fait ainsi jusqu'à ce que la préparation ronge le cuivre de part en part, et prenne de là le poids et la couleur de l'or. Cet or est propre à tous les ouvrages. »

Théophile (de son vrai nom Rogerus), *Des divers arts.*

prétation et les deux hommes se mettent au travail sur les extraits emportés par l'écrivain. Mais, déjà malade avant sa rencontre avec Flamel, maître Canches doit s'arrêter à Orléans. Il meurt sans avoir vu le manuscrit original d'Abraham le Juif.

De l'or ! De l'or !

Grâce à son aide cependant, Flamel en sait assez pour poursuivre ses recherches. Pendant deux années, il étudie le manuscrit et tente des expériences. Le 17 janvier 1382, il parvient à un premier résultat : « La première fois que je fis la projection, ce fust sur du mercure, dont j'en convertis demy-livre ou environ en pur argent, meilleur que celuy de la minière, comme j'ay essayé et faict plusieurs fois. » Selon ses dires, Flamel a découvert l'élixir blanc, le petit magistère, qui transmute le mercure en argent. Il se sait proche du Grand Œuvre. Trois mois plus tard, Flamel réalise l'élixir rouge, la pierre philosophale. « Je fis la projection avec de la pierre rouge sur semblable quantité de mercure, en présence encore de Pernelle seule, en la même maison, le vingt-cinquième d'avril suivant de la même année, sur les cinq heures du soir, que je transmuay véritablement en quasi autant de pur or, meilleur très certainement que l'or commun plus doux et plus ployable. »

À 52 ans, le petit écrivain public détient un pouvoir plus grand encore que celui du roi : il peut fabriquer de l'or. Mais il reste discret et ne modifie pas ses habitudes de vie, de crainte d'attirer l'attention. Cette histoire est tirée de textes que l'on a dit rédigés par Flamel, dans lesquels bien entendu il ne parle jamais clairement de sa méthode de travail, se contentant d'évoquer ses « projections ». Mais un fait demeure : Nicolas Flamel, après 1382, devient un homme très riche. Il participe à de nombreuses œuvres de charité, fonde 14 hôpitaux et 3 chapelles. Les rumeurs sur sa fortune courent alors dans la capitale. D'où vient l'or ? Pour les uns, aucun doute, Flamel possède le secret de la pierre philosophale. Pour d'autres, c'est sa boutique d'écrivain qui lui assure de bons revenus.

Après la mort de Flamel, le 22 mars 1417, sa maison et sa tombe sont mises à sac par des gens qui cherchent la cachette de la fameuse pierre. Ils ne trouveront rien. Le livre d'Abraham le Juif aurait réapparu, deux siècles plus tard, dans les mains de Richelieu. On ne sait aujourd'hui ce qu'il est devenu.

En quoi consiste la pierre philosophale ?

La pierre philosophale représente pour les alchimistes, non seulement le moyen de réaliser la transmutation tant souhaitée, mais elle est aussi porteuse de médecine universelle et d'immortalité. La fabrication est longue et complexe. L'alchimiste doit tout d'abord extraire sa matière première des profondeurs du sol, puis procéder en 4 étapes : rendre la matière liquide ; évaporer l'eau superflue pour obtenir un produit visqueux ; séparer et purifier chacun des éléments de la matière ; enfin, réunir ces esprits purs pour former la pierre philosophale.

C'est donc un expert qui doit maîtriser plusieurs techniques : l'Œuvre au noir, qui est l'art de débarrasser la matière de ses impuretés ; l'Œuvre au blanc, qui permet de fabriquer la pierre blanche transmutant les métaux vils en argent, et l'Œuvre au rouge, qui produit la pierre rouge transmutant le mercure en or.

Le langage alchimique ne peut être dissocié du langage symbolique : l'Œuvre au noir est aussi la mort, l'Œuvre au blanc, la restitution de l'âme au cœur purifié, et l'Œuvre au rouge, la vie spirituelle éternelle.

La transmutation est-elle possible ?

Peut-on aujourd'hui penser que Nicolas Flamel a pu réussir à transmuter le métal vil en or ?

La pensée scientifique moderne, depuis le positivisme du XIXe siècle, considérait comme impossible toute transmutation : on sait, dès cette époque, que le plomb, le mercure, l'or ou l'argent sont des corps simples, dont il est impossible d'extraire d'autres corps simples. Imaginer que l'on puisse changer l'un en l'autre est, depuis les travaux de Lavoisier en 1772, qui marquent la naissance de la chimie moderne, une absurdité.

Avec les découvertes de la physique atomique et nucléaire au XXe siècle, cette logique d'une science positiviste, sûre d'elle-même, n'est plus celle des scientifiques actuels. On sait aujourd'hui que l'or est, certes, un corps simple, mais aussi qu'il est constitué d'atomes, tous identiques, et que chacun de ceux-ci est, à son tour, composé d'un noyau de protons et de neutrons autour duquel tournent des électrons.

Les physiciens peuvent maintenant réaliser le Grand Œuvre, cher aux alchimistes, dans les accélérateurs de particules, en utilisant des réactions nucléaires. Seul inconvénient de cette alchimie moderne, évidemment inaccessible à l'alchimiste du XVe siècle, chaque atome d'or produit coûte des millions de fois sa valeur marchande !

▼ ***Alchimiste dans son laboratoire.***
(Peinture de David Teniers le Jeune datant du XVIIe siècle.)

Le tragique « bal des Ardents »

1393

Charles VI s'est livré à une funeste et condamnable mascarade, mais la colère divine ne suffit pas à expliquer le drame qui s'est noué. Quelqu'un dans son entourage avait-il intérêt à la disparition du roi ?

Ce n'est à l'origine qu'une fête comme on en organise beaucoup pour distraire la cour en l'Hôtel Saint-Pol, demeure du roi Charles VI à Paris. En ce soir du mardi 28 janvier 1393, la reine Isabeau de Bavière fête les troisièmes noces de sa dame d'honneur favorite, Catherine. Un bal masqué est organisé, auquel six joyeux drilles veulent apporter un peu de piment en ayant l'idée saugrenue de se déguiser en sauvages poilus, vêtus de cottes de lin enduites de poix et couvertes de poils de la tête aux pieds pour danser une « sarrazine » endiablée, enchaînés les uns aux autres et hurlant comme des loups.

Un charivari sacrilège

Par prudence, le roi a ordonné qu'on éloigne torches et flambeaux qui pourraient aisément enflammer des costumes enduits de poix. Dans la pénombre, l'assistance tout autant amusée qu'intriguée n'a de cesse de découvrir qui se cache derrière ces déguisements, quand arrive le duc d'Orléans, frère du roi. Celui-ci aussitôt approche imprudemment une torche de l'un des danseurs, qui s'embrase aussitôt, enflammant à leur tour ses compagnons, dont Charles VI. Quatre des danseurs, transformés en torches humaines, périssent brûlés vifs tandis que le sire de Nantouillet a la présence d'esprit de se jeter dans un baquet d'eau de vaisselle. Charles VI est sauvé par la duchesse de Berry qui l'enveloppe dans l'épais tissu de sa traîne de robe. Une fête princière a tourné au drame par un geste maladroit.

Partout dans Paris court la nouvelle, déjà la colère gronde, car l'émotion populaire est ambiguë. Certes on a craint pour la vie du roi, mais on appréhende tout autant d'apprendre que la tragédie n'est rien moins que l'expression de la colère divine tombée pour châtier un péché mortel. C'est que le roi et ses compagnons ont en effet commis un véritable sacrilège en suivant une coutume populaire strictement interdite par l'Église ! Plutôt qu'à une mascarade, ils se sont prêtés à un charivari, c'est-à-dire un tapage moqueur qui entraîne des hommes déguisés en bêtes sauvages à ridiculiser un mariage réputé mal assorti. Le bal des Ardents scandalise l'Église et terrorise l'opinion publique qui craint un nouveau châtiment divin : famine, guerre ou peste. Qui a eu la monstrueuse idée d'organiser ce charivari ? On apprend bientôt que c'est Louis d'Orléans.

Charles le Bien-aimé, et Louis l'exécré...

Autant le peuple aime son souverain, autant il déteste son frère Louis, duc d'Orléans, auquel on prête tous les vices. Élégant et raffiné, homme de culture aimant les arts, il est également ce débauché notoire à l'appétit sexuel insatiable. La belle Valentine Visconti son épouse ne lui suffit manifestement pas, il lui faut sans cesse satisfaire des désirs impérieux lors de soirées au cours desquelles il s'abandonne sans frein à ses perversions, « faisant rigueur, cruauté et vilainie envers dames et demoiselles ». Pire encore que ces turpitudes, il y a son goût immodéré du jeu où il engage des sommes considérables, ce jeu que l'Église réprouve. Sa réputation sulfureuse enfle tout naturellement, car dans l'imagination populaire les nuits de débauche d'un puissant prince deviennent rapidement des célébrations sataniques, et il est acquis que le duc d'Orléans est un sorcier. On l'a vu s'intéresser aux sciences occultes, on parle d'invocations diaboliques lors de rites macabres...

◂ **Charles VI en majesté. Aucune image contemporaine n'a représenté le roi atteint de démence. (Miniature de la fin du XIVe siècle.)**

▴ **Le bal des Ardents. (Miniature extraite des *Chroniques* de Froissart, XVe siècle.)**

Le complot d'un couple diabolique ?

Frère unique d'un souverain déjà affaibli par la maladie qui s'instille en lui depuis son premier accès de folie survenu dans la forêt du Mans six mois auparavant, Louis d'Orléans n'aurait-il pas tenté de hâter la fin du roi pour s'asseoir sur le trône de France ? Car c'est lui qui tenait la torche qui a embrasé les noceurs. Quand par la suite le roi sera de nouveau pris de folie sans qu'on puisse comprendre l'étrange et pernicieux mal qui l'étreint, les regards se tourneront vers son épouse, la trop belle Valentine Visconti : le roi a été empoisonné, voire ensorcelé ! Les cas ne manquent pas de maladies étranges et opportunes chez ces Visconti dont on dit qu'ils connaissent bien les secrets des poisons. La fille du maître de Milan ne doit pas les ignorer non plus... et c'est pour cela qu'elle a été éloignée de la cour. ■

Conjurer la malédiction

MALGRÉ SA FOLIE, CHARLES VI DEMEURERA pour ses sujets le « Bien-Aimé » qui a écarté du pouvoir, en 1388, ses oncles les ducs d'Anjou, de Bourgogne, de Berry et de Bourbon, dont la politique fiscale avait suscité à Paris la révolte des Maillotins, et le soulèvement des villes de Flandre. Avec les anciens conseillers de son père Charles V, il a rétabli la concorde dans le royaume. Après la tragédie du bal des Ardents, on assiste un peu partout à des processions et des cérémonies expiatoires dans l'espoir de conjurer la malédiction qui s'abattait sur le roi et donc sur la France.

Les princes eux-mêmes doivent se rendre en procession, pieds-nus, jusqu'à Notre-Dame. La prostitution et les jeux d'argent sont interdits, et parmi les principaux accusés d'avoir provoqué la colère de Dieu contre la France, les Juifs furent expulsés du royaume. ■

Jeanne d'Arc a-t-elle échappé au bûcher ?

1431

Le 30 mai, l'annonce de la mort de Jeanne sur le bûcher de Rouen laisse désemparés ses admirateurs. En 1435, une jeune femme qui dit être Jeanne est reconnue par la famille et des amis de la vierge guerrière.

Le 23 mai 1430, Jeanne est capturée par Jean de Luxembourg, un mercenaire au service du duc de Bourgogne. Luxembourg la vend aux Anglais, désireux de discréditer l'héroïne qui a donné à la France la force de se libérer. L'université de Paris, aux mains des occupants, demande qu'elle soit jugée par un tribunal de la Sainte Inquisition. Une cour exceptionnelle est constituée. Sa direction est confiée à l'évêque de Beauvais : Pierre Cauchon, un ecclésiastique qui a toute la confiance du duc de Bedford.

Qui sont donc ces « Pucelles » ?

Jeanne des Armoises ne fut pas la seule postulante au rôle d'une Jeanne rescapée des flammes. Le Moyen Âge était très friand de ces réapparitions miraculeuses, qui ne surprenaient guère un peuple vivant au rythme de la « légende dorée » de la Pucelle. L'état civil n'étant pas à l'époque ce que nous connaissons aujourd'hui, il pouvait être relativement aisé de se faire passer pour quelqu'un d'autre.

Ainsi, bien souvent, la ressemblance suffisait à ceux qui avaient approché, de loin, la vraie Jeanne, et l'aplomb des prétendantes faisait le reste. Guidées par le goût de l'aventure, celles-ci étaient aussi mues par l'appât du gain, ce qui permet de comprendre, par exemple, la reconnaissance par la famille : un des frères de Jeanne a, pendant un temps, vécu des exploits de sa sœur en collectant des fonds auprès des municipalités. ■

Le procès s'ouvre à Rouen le 9 janvier 1431. Le 14 mai, après six mois d'instruction et de débats, Jeanne d'Arc est déclarée idolâtre, invocatrice de démons, schismatique et hérétique. On la somme d'abjurer publiquement ses erreurs : en échange, elle aura la vie sauve. Le 24 mai, épuisée, à bout de résistance, elle accepte le compromis et abjure. Trois jours plus tard cependant, elle se reprend. Un rapide procès la déclare relapse : son bûcher est alors aussitôt dressé.

◄ **Une des nombreuses représentations de Jeanne d'Arc en guerrière. (Miniature du Moyen Âge.)**

Dans la matinée du 30, la tête couverte d'une mitre qui la rend méconnaissable, Jeanne est conduite sur la place du marché de Rouen. Huit cents soldats anglais empêchent 10 000 spectateurs d'approcher. Les consignes sont strictes : personne ne doit adresser la parole à la condamnée. À 9 heures, le bourreau met le feu au bûcher. Quelques minutes plus tard, la suppliciée est morte.

Jeanne, de retour, retrouve ses frères...

Une femme vient d'être brûlée : qu'est-ce qui prouve qu'il s'agit de Jeanne ? On commence à raconter que la Pucelle s'est évadée, que l'exécution n'a été qu'un simulacre : la France veut croire en la survie de la jeune fille.

Au cours de l'été 1435, une femme vêtue en soldat se présente à Saint-Privey, en Lorraine. Elle cherche Pierre du Lys et l'écuyer

Petit-Jean, les deux frères de Jeanne. Ils acceptent de rencontrer la visiteuse et, dit-on, sont saisis de stupeur : celle qui est devant eux est, sans aucun doute possible semble-t-il, leur sœur. La rescapée raconte qu'elle s'est évadée de sa prison rouennaise et s'est cachée ensuite, en adoptant le nom de Claude. Le récit achève d'emporter la conviction des deux hommes ; ils l'acceptent pour Jeanne, et elle demeure avec eux, comme membre de la famille.

La « Pucelle » se marie, a des enfants, et avoue tout !

Cette situation ne dure pas : la jeune femme épouse un seigneur, Robert Des Armoises, en 1436. À aucun moment son mari ne met en doute l'identité de sa femme : pour lui, elle est bien la Pucelle, Jeanne du Lys – titre sous lequel la petite paysanne de Domrémy a été anoblie par Charles VII. Quand Robert agrandit son château de Jaulny, il fait graver les armes de Jeanne à côté des siennes. Cette reconnaissance privée ne suffit pas à l'épousée : dès août 1436, elle envoie des messagers à Orléans, à Blois et à Loches, où séjourne le roi, pour annoncer qu'elle est toujours en vie.

Mais Charles s'abstient de répondre aux messages de Jeanne. La jeune femme se consacre alors à sa vie familiale : elle met au monde deux fils avant de se décider, en 1439, à retourner à Orléans. Là, elle est reconnue et acclamée par le peuple. La municipalité organise des festins en son honneur. Mais le roi ne lui accorde toujours pas d'audience. En 1440, Jeanne se rend à Paris.

Que se produit-il à ce moment-là ? Alors qu'aucun obstacle, aucun démenti n'est venu contredire jusque-là ses assertions, Jeanne Des Armoises confesse brusquement qu'elle n'est pas la Pucelle. Elle raconte alors sa « véritable » histoire devant les magistrats de la capitale. Aventurière, veuve d'un chevalier, elle dit avoir guerroyé un temps dans l'armée pontificale. À son retour en France, l'idée lui serait venue de se faire passer pour Jeanne. Frappée de remords, elle demande pardon pour son imposture. ■

▼ **Illustration du début du XXe siècle extraite de « *Histoire de France* » par Grobet, représentant l'exécution de Jeanne.**

Gilles de Rais, ogre ou Barbe-Bleue ?

1440

« Noble homme, messire Gilles de Rais, [...] est accusé par l'évêque de Nantes d'avoir : tué, égorgé, massacré plusieurs enfants innocents d'inhumaine façon, et commis avec eux, contre nature, l'abominable et exécrable péché de sodomie... »

◄ **Gilles de Laval, sire de Rais, compagnon de Jeanne d'Arc, maréchal de France, en 1429. (D'après Firmin Éloi Feron, 1835.)**

Moins de six semaines après la réception de cette lettre, qui lui ordonne de comparaître devant le tribunal ecclésiastique, Gilles de Rais, maréchal de France à 25 ans, compagnon de Jeanne d'Arc, est exécuté pour crimes d'homicide, de magie noire et de sodomie, le 26 octobre 1440.

Les actes de son procès, conservés jusqu'à nos jours, ont la force de l'évidence. Tout y est : témoignages des parents des victimes, les aveux des comparses. Les crimes sont affreux et décrits en détail : Gilles a abusé de quelque 150 enfants, puis les a torturés avant de les achever. Pendant environ huit ans, des enfants disparaissent, entre Nantes et le Poitou, là où sont situés les terres et les châteaux du sire de Rais : Champtocé, Machecoul, Tiffauges, Pouzauges... Les petits disparus ont généralement entre 7 et 12 ans ; ce sont le plus souvent des garçons.

Au procès de Gilles de Rais, leurs parents éplorés et leurs voisins insistent sur leur beauté. Ils racontent aussi qu'ils ont vu des serviteurs du maréchal de France parler aux enfants peu avant leur disparition. Leur demande-t-on pourquoi, huit années durant, ils n'ont pas dénoncé Gilles de Rais ni rien formulé de leurs soupçons ? La réponse est évidente : de Rais est un haut seigneur, et eux, de simples « vilains ». La distance sociale est beaucoup trop grande pour qu'ils puissent espérer que la justice prenne en considération leurs soupçons.

Barbe-Bleue et le Petit Poucet

Pour l'opinion du temps, Gilles de Rais est, sans aucun doute possible, coupable. Son histoire donne progressivement naissance à la légende de Barbe-Bleue – dont l'origine bretonne et, particulièrement, nantaise a été démontrée –, et reprise par Charles Perrault dans l'un de ses contes.

Avec une transformation : le meurtrier d'enfants devient l'assassin de ses femmes. En effet, le genre du conte, destiné plus spécifiquement aux enfants, s'accorde mal avec la description de sévices sexuels sur mineurs...

Dans une autre histoire aussi célèbre de Perrault, celle du *Petit Poucet*, le vilain ogre égorge ses enfants, par erreur. ■

Des proies faciles sur les routes du Poitou

Les enfants disparus et réclamés par leurs parents lors du procès ne constituent, semble-t-il, qu'une faible partie des jeunes gens ayant servi aux plaisirs pervers de Gilles de Rais. Beaucoup plus nombreuses sont les victimes anonymes du seigneur. Au Moyen

Âge, en effet, errent sur les routes bien des enfants abandonnés, réduits à trouver par eux-mêmes leur subsistance, au gré de la charité des nantis. Pour ces petits malheureux, la générosité d'un châtelain est une véritable aubaine.

Combien d'enfants ont ainsi frappé aux portes de Tiffauges ou de Champtocé dans l'espoir d'obtenir un peu de pain ou même, avec de la chance, le droit de servir le seigneur durablement, comme domestique ou comme petit page, ou encore en chantant dans la manécanterie – l'école de chant qu'il a créée dans chacun de ses châteaux ?

Un procès trop évident, une condamnation trop facile

Les historiens d'aujourd'hui ont tendance à penser que l'affaire Gilles de Rais est en partie un montage, rendu plausible par les conditions de vie de l'époque. Exécuté pour pédophilie et meurtres à répétition, de Rais eut surtout le tort d'être un rebelle.

Le contexte dans lequel se déroule le procès – Gilles, grand féodal, dérange le duc de Bretagne, qui tente d'organiser son duché en un État souverain – et les méthodes utilisées – le filet serré de questions fondées sur les rumeurs ainsi que l'emploi de la torture – incitent en effet les esprits modernes à une grande prudence quant au fond de l'accusation.

Politiquement, le suzerain de Gilles de Rais avait intérêt à se débarrasser de son féal ; religieusement, Gilles était suspect aux yeux de l'Église, pour les serviteurs de laquelle il était loin de montrer tout le respect nécessaire.

Or, quelle meilleure accusation que celle de monstruosité pour obtenir une condamnation approuvée par tout le peuple ? Dans la pensée du temps, rébellion (contre son sire ou contre Dieu) et crimes contre nature sont d'ailleurs étroitement liés : luttant contre l'ordre social et théologique, le révolté ne peut véritablement être considéré que comme un monstre... ■

▲ **Représentation de l'exécution de Gilles de Rais (XIXe s., Bibliothèque de Brera, Milan). Gilles de Rais ne sera jamais réhabilité, malgré une tentative pour obtenir la révision de son procès... en 1992.**

D'où vient le mot « ogre » ?

À SA MANIÈRE, GILLES DE RAIS EST UN OGRE : s'il n'a pas mangé les petits enfants, il les a consommés – sexuellement – et les a tués. Mais qu'est véritablement un « ogre » ?

Étymologie étrusque ? L'étymologie du mot, incertaine, dérive probablement du latin *orcus*, nom d'origine étrusque d'une divinité de la Mort et des Enfers. Les formes que prend le mot dans les autres langues romanes plaident en faveur de cette interprétation : en italien *orco*, pour croque-mitaine, en sarde *orcu*, pour démon.

Ou hongroise ? Autre hypothèse envisagée, mais moins probable : le mot « ogre » dériverait du mot « hongrois », ou « hongre » au Moyen Âge. Pourtant les règles de la phonétique plaident en sa faveur : le mot « ogre » est utilisé dans un texte pour la première fois à la fin du XIIe siècle, afin de désigner un païen féroce – comme l'étaient les envahisseurs hongrois de l'Europe occidentale des IXe-Xe siècles, qu'on accusait en particulier d'enlever les enfants. Ce n'est qu'en 1300 qu'apparaît le sens « géant mangeur de petits enfants ». Il est donc fort possible que les invasions hongroises aient redonné vie à un vieux mot plus ou moins tombé dans l'oubli, pour lui donner son sens actuel. ■

Par qui Agnès Sorel a-t-elle été empoisonnée ?

1450

Première maîtresse officielle de l'histoire de la monarchie, cette dame de tête autant que de cœur séduit Charles VII. Elle s'appuie sur les finances du grand argentier pour inspirer à un monarque falot la reconquête du royaume.

◂ Portrait d'Agnès Sorel, favorite de Charles VII.

SI L'ON EN CROIT LE CÉLÈBRE TABLEAU DE Fouquet, pudiquement intitulé *la Vierge à l'Enfant*, Agnès est incontestablement belle : taille fine et sein menu, yeux bleus en amande, front haut et bombé. « Oncques, en aucun pais, reine tant belle ni divine ne fut » s'enthousiasme un chroniqueur ! Marie d'Anjou, la reine légitime, tolère dans sa suite celle qui devient la « maîtresse régnante » dès l'âge de 22 ans en subjuguant le roi qui ne peut plus se passer d'elle, « ni au lit ni à table ni au Conseil ». Il lui offre même le château de Beauté-sur-Marne, d'où lui vient son surnom de « Dame de Beauté ».

Meilleure cliente de Jacques Cœur, richissime financier du roi, elle arbore des queues de robe allant jusqu'à huit mètres de long. Si elle ne lésine pas sur le bas, elle innove par le haut en imposant la mode du décolleté audacieux. Juvénal des Ursins, archevêque de Reims et chroniqueur de l'époque, s'étrangle d'indignation devant ces toilettes « avec des ouvertures de par-devant par lesquelles on voit les tétons, tettes et seins ».

La solide rancœur d'un dauphin rebelle

Dès l'adolescence, le futur Louis XI méprise son père et ne cessera de comploter contre lui, condamné à ronger son frein puisqu'il ne sera roi qu'à l'âge de 38 ans : un sacre bien tardif pour l'époque ! Il est furieux de voir la favorite imposer ses conseillers au roi, comme Pierre de Brézé… qu'il fera emprisonner dès son avènement en 1461.

Ne supportant plus de voir sa mère Marie d'Anjou humiliée au vu et au su de toute la cour, le dauphin insulte la belle Agnès et la poursuit de son épée… jusqu'à son dernier refuge : le lit de Charles VII. Le scandale fait le tour de l'Europe et le roi exile son fils en Dauphiné. Il en fera une province riche et puissante, apprentissage précieux dont profitera un jour le royaume ! En 1447, le dauphin n'a que 23 ans et jamais plus ne reverra son père.

Aurait-il commandité l'empoisonnement d'Agnès en février 1450, décédée enceinte de 6 mois au terme d'une semaine éprouvante de déplacement en litière pour rejoindre son roi à Jumièges, en Normandie. Son tempérament rancunier en fait un suspect idéal… mais comment du Dauphiné aurait-il connu les détails du parcours d'Agnès ?

L'influence réelle d'Agnès Sorel

Même amplifiée par la légende, son influence politique fut considérable. Charles VII passait en effet pour un monarque timoré et plus attiré par les tournois et bals que par la politique. La légende ne dit-elle pas que le roi était occupé à répéter un ballet à Chinon en plein siège d'Orléans en 1429 quand l'un de ses capitaines venait prendre des ordres ? L'honneur de son royaume sauvé par une sainte pucelle qu'il ne cherchera nullement à sauver du bûcher, Charles VII doit aussi à la Dame de Beauté l'impulsion d'énergie qui lui permettra de justifier d'un autre surnom, le Victorieux. Sans elle et les finances de Jacques Cœur, il n'aurait probablement pas été le roi libérateur du royaume. Et comment expliquer l'ingratitude de Charles pour son argentier ? Au-delà de son amitié pour le dauphin, ce dernier est devenu trop puissant au point que l'adage populaire « Le Roi fait ce qu'il peut, Jacques Cœur fait ce qu'il veut » est à l'origine de sa disgrâce.

Laissons conclure Chateaubriand : « Seule de toutes les maîtresses de nos rois, Agnès Sorel a été utile au prince et à sa patrie ».

Parole d'expert ! ■

Jacques Cœur, suspect officiel !

En bon commerçant qui voulait préserver l'avenir, Jacques est resté l'ami financier du dauphin : erreur fatale ! Louis épouse en 1451 la fille du duc de Savoie en dépit de l'opposition de son père qui craint qu'un tel mariage ne transforme le simple fief de son fils honni en État souverain rival du sien. Le grand argentier paye comptant cette double fidélité à d'irréductibles opposants du même sang : il est arrêté et accusé par Charles, outre d'extorsion de fonds, d'avoir empoisonné Agnès... contre toute vraisemblance. Torturé et menacé de subir la question il avoue tout et finit par être reconnu coupable de lèse-majesté en 1453 : dépossédé de tous ses biens, il est incarcéré en prison de Poitiers. Il s'en évadera pour aller financer et commander en 1456, au service du pape, une expédition navale contre les Turcs infidèles dont il ne reviendra pas vivant. Le dauphin s'en sort mieux, accueilli et entretenu en Brabant par le duc de Bourgogne.

En 2005, l'analyse des ossements d'Agnès Sorel révèle un taux de mercure considérable. Intoxication accidentelle – elle prenait du mercure contre une maladie parasitaire – ou volontaire ? L'énigme n'est pas close. Charles se consolera auprès d'Antoinette de Maignelais, cousine d'Agnès, tout à la fois maîtresse et maquerelle en fournissant à son roi un vivier inépuisable de jeunes concubines. Quant à Louis enfin devenu roi, il pouvait être aussi fidèle que rancunier et veillera à l'avenir des fils de Jacques Cœur en gratitude « aux bons et honorables services à nous faits par le dit feu Jacques Cœur ».

Héroïne légendaire, Agnès Sorel ouvre la voie à d'autres célèbres maîtresses royales officielles : Diane de Poitiers, favorite attitrée d'Henri II, Gabrielle d'Estrées, « péché mortel » d'Henri IV, et la Pompadour de Louis XV. ■

▶ **Le siège d'Orléans en mai 1429. (Miniature extraite des *Vigiles de Charles VII* de Martial d'Auvergne, vers 1484.)**

Dieu, seul arbitre du duel judiciaire

1455

Ce 20 mai se déroule à Valenciennes, ville placée sous l'autorité du duc de Bourgogne Philippe le Bon, un duel judiciaire. C'est Dieu, et non la justice des hommes, qui désignera le coupable.

AU XVe SIÈCLE, CETTE TRÈS ANCIENNE coutume de l'ordalie ne subsiste plus qu'à l'état sporadique, aussi le duel annoncé à Valenciennes est-il une curiosité qui attire jusqu'à Philippe le Bon, comme le rapporte un chroniqueur de l'époque : « Et pour ce que telles choses n'adviennent pas souvent, le bon duc s'arrêta à Valenciennes pour voir cette bataille. » Le combat annoncé présente en outre la particularité de mettre aux prises deux hommes du peuple et non deux nobles, comme c'était généralement le cas.

À l'origine de cette affaire se trouve un certain Mahiot Coquel, couturier à Tournai, lequel a demandé le droit d'asile à Valenciennes après avoir occis un homme qui lui refusait la main de sa fille. La municipalité exige de savoir si le crime a bien été commis « de beau fait », c'est-à-dire par nécessité. Puis elle prévient le solliciteur qu'en cas de contestation il devra prouver son innocence par l'écu et le bâton, autrement dit par le duel judiciaire. Peu après, un parent de la victime, Jacotin Plouvier, se manifeste et accuse Mahiot Coquel d'avoir tué sans raison valable. Il jette alors un gant pour provoquer son adversaire, lequel accepte la confrontation. Les édiles de Valenciennes se montrent embarrassés, car le dernier cas de ce genre remonte à plusieurs dizaines d'années. Cependant, de peur de voir leur droit d'asile remis en cause par les princes, ils décident d'organiser ce duel à l'issue duquel le jugement de Dieu enverra le vaincu, vivant ou mort, au gibet.

◂ Cérémonie de l'ordalie (en haut à gauche). (Miniature du XIVe siècle.)

Les préparatifs du combat...

L'accusé et le plaignant sont aussitôt emprisonnés. La ville leur donne à chacun un maître qui leur apprend l'art de combattre. Leur incarcération se prolonge plusieurs mois à cause de l'absence du duc de Bourgogne. Lorsque Philippe le Bon revient de voyage, la date de la bataille est fixée au 20 mai 1455. Au jour dit, les portes de la cité sont fermées et ses murailles gardées par de nombreux hommes. La ville entière ne s'occupe plus que du combat qui va avoir lieu. Pour la rencontre, on installe un champ clos, circulaire, entouré d'une double rangée de palissades, sur la place du marché. Interdiction est faite à quiconque de secouer celles-ci et d'interpeller les combattants. Au moindre signe d'agitation, le prévôt est prêt à lever son bâton et à crier : « Gare le ban (la justice) ! » Dans l'arène, deux chaises attendent les adversaires. La présence du bourreau, qui s'emparera du vaincu, souligne la gravité du moment.

... et l'impossible présence de Dieu

Jacotin Plouvier, le plaignant, est le premier à pénétrer sur le terrain. Après avoir demandé la bénédiction de Dieu, puis salué le duc, il s'assied. Mahiot Coquel le rejoint et fait de même. Tous deux ont le crâne rasé, les pieds nus, les ongles des pieds et des

▲ **Sous l'œil des autorités de la ville, deux hommes se livrent à un duel judiciaire. (École flamande, XVIIe siècle.)**

mains coupés. Torse, bras et jambes sont enserrés dans un vêtement de cuir. On leur présente un Évangile sur lequel ils prêtent serment. Mahiot Coquel jure qu'il a tué son homme « de beau fait », Jacotin Plouvier soutient le contraire. Ils reçoivent le bâton et l'eau décoré d'une image sainte ; à Dieu de se prononcer...

Le prévôt donne le signal de la lutte en criant : « Que chacun fasse son devoir ! » Mahiot Coquel, qui a le soutien du public, s'élance courageusement sur son adversaire. Après un début encourageant, il est véritablement massacré par Jacotin Plouvier, insensible aux cris de l'homme qui reconnaît son forfait et demande grâce. Tandis que Mahiot Coquel rend son dernier soupir sur le gibet, Jacotin Plouvier se rend à l'église et remercie Dieu de lui avoir donné la victoire. Les chroniqueurs toutefois, devant tant de violence, s'interrogent sur l'efficacité d'une telle justice que la religion réprouve, mettant ainsi en cause la réalité de l'intervention divine. ■

L'ordalie, ou jugement de Dieu

L'ORDALIE EST UNE ÉPREUVE JUDICIAIRE AU cours de laquelle Dieu décide de la culpabilité ou de l'innocence de celui qui s'y soumet. Le verdict de l'ordalie, qui tient lieu de procès, est sans appel. La première mention d'ordalie apparaît dans la loi salique des Francs, vers 510. Il s'agit de l'épreuve du chaudron, qui consiste à plonger une main dans l'eau bouillante. La coutume, d'origine païenne, est ensuite adoptée par le christianisme. Sous le règne de Charlemagne (800-814) et de son fils Louis le Pieux, d'autres formes d'ordalie se développent, dont la plus importante est celle du feu. Le prévenu saisit avec sa main un fer rouge. Si, après le contact avec le métal brûlant, la main présente dans les trois jours qui suivent une belle cicatrisation, c'est que celui-ci est innocent. De vilaines plaies indiquent que la personne est coupable. Interdites par la papauté en 1215, ces ordalies se font de plus en plus rares. Quant au duel judiciaire, pratiqué par les peuples germaniques dès le VIe siècle, il ne décline qu'aux XIVe et XVe siècles. ■

Louis XI enfermait-il ses ennemis dans des cages de fer ?

1461-1483

Les historiens du XIXe siècle, suivant en cela nombre de chroniqueurs du XVe siècle, ont fait de Louis XI, un roi fourbe, cruel et suppliciant ses ennemis dans des cages de fer. Qu'en est-il réellement ?

Le fils de Charles VII ne jouit pas d'un physique avantageux, ni d'une bonne santé, et ses pires détracteurs brossent de lui le portrait d'un homme qui « avec ses cuisses et ses jambes fluettes n'avait de prime abord rien de beau ni d'agréable ». Mais il y a pire, car chez Louis XI la physionomie annoncerait l'âme noire !

Lorsqu'il devient roi, en 1461, Louis XI, trouve un royaume morcelé, fragilisé par les menaces anglaise et bourguignonne, et par les ambitions des grands vassaux. En vingt-deux ans de règne, Louis XI va être le roi de France qui a le plus contribué à l'agrandissement du pays (Bourgogne, Anjou, Maine, Normandie, Bretagne). Très tôt, ses ambitions politiques le poussent à se révolter contre son père et à rallier les ennemis de ce dernier, même s'il devient plus tard leur adversaire d'autant plus redoutable qu'il les connaît bien. Il met fin à la guerre de Cent Ans par la diplomatie plus que par les armes, réunit à la couronne des régions françaises par le biais d'un jeu subtil d'interventions militaires et d'acquisitions décidées à la faveur de successions difficiles et du sort malheureux de quelques opposants.

Une homme politique moderne

Durant quinze ans, Louis XI a apporté la preuve de ses capacités politiques dans le Dauphiné, où il simplifia l'administration, réorganisa l'armée, fonda l'université de Valence en 1452, et sut par des mesures fiscales habiles relancer l'agriculture, le commerce et l'industrie. Ainsi, il acquit une expérience qu'il appliqua ensuite à tout le royaume. Il sut tisser des liens avec les principaux acteurs politiques de son temps, les Sforza et les Médicis en Italie, Warwick en Angleterre. Fin lettré, passionné de chasse, parcourant le pays pour entretenir son image, percevant l'importance de l'économie et de l'imprimerie naissante, il introduisit dans la monarchie française un autoritarisme préparant son absolutisme futur. Il limita ainsi les pouvoirs des grands corps politiques et administratifs du clergé et de la noblesse. Bien sûr, sa réussite ne lui attira pas que des sympathies, car les moyens déployés, courants à son époque, restaient néanmoins barbares : emprisonnements, exécutions capitales, déportations, trahisons d'alliances, empoisonnements…

◄ **Louis XI préside le chapitre de l'Ordre de Saint-Michel, (Miniature, vers 1469).**

Une justice implacable, pour l'exemple

Louis XI n'en a pas usé différemment avec la justice que ses prédécesseurs, mais le soin qu'il apportait à faire connaître au peuple le sort réservé aux traîtres et félons à la couronne n'a pas peu fait pour alimenter sa légende noire. Comme on peut le lire dans *le Rosier des Rois*, « on ne punit pas le malfaiteur pour le mal faict, mais pour l'exemple aux autres ; qu'ils ne s'enhardissent pas à mal faire. » Ainsi le corps des pendus restait-il longtemps exposé à la vue du plus grand nombre, on cite le cas de l'assassin d'un collecteur d'impôts dont la dépouille resta un an et demi accrochée au gibet. Dans une ville frondeuse, les cadavres décapités des principaux séditieux étaient mutilés et les membres exposés, cloués sur les différentes portes de la ville. Le crime de lèse-majesté étant le pire qui puisse se concevoir, un certain Jean Hardy, qui avait tenté d'empoisonner Louis XI, fut écartelé et ses quatre membres « portés en quatre des bonnes villes des extémitez du royaume. » ■

▼ « Le cruel Louis XI qui enferme ses ennemis dans des cages de fer ». (Gravure extraite du cahier scolaire de Montorgueil et Job, 1905.)

L'« universelle araigne »

Pour le chroniqueur Jean Molinet, propagandiste du duc de Bourgogne son grand rival, il est l'« universelle araigne » qui tisse insidieusement sa toile. D'autres le disent « fort méchant homme », mettant l'accent sur la cruauté avec laquelle il traite ses ennemis et popularisant les fameuses « fillettes du roi », ces cages de fer exiguës où croupissent ceux qui se sont opposés à lui. Sans oublier l'aspect ridicule de ses dévotions spectaculaires à la Vierge Marie, ses pratiques superstitieuses, ses tenues négligées et son entourage de roturiers peu recommandables. On l'accuse même d'avoir empoisonné son père pour accéder au trône. Plus tard, l'imagerie romantique, républicaine et littéraire, s'empara de lui et en fit l'archétype du roi moyenâgeux et cruel dans le but de disqualifier par lui seul toute la royauté. Aujourd'hui, les historiens ne croient plus à cette caricature patiemment forgée, et pensent comme Jean Favier qu'il faut « reléguer au rang des légendes les longues captivités dans les cages de fer ».

Une personnalité complexe

Mais si les historiens reconnaissent en lui un des piliers de l'histoire de France, au même titre que Saint Louis ou Louis XIV, il n'en demeure pas moins que sa personnalité reste controversée. De son vivant, son ami et biographe Commynes soulignait un tempérament « à la fois bon et haineux, dissimulé mais fin psychologue, méfiant mais lucide ». Des psychologues de l'âge moderne, comme le docteur Bracher, retiennent plutôt la nature pathologique de son caractère et diagnostiquent les symptômes de l'épilepsie, tandis que d'autres insistent sur sa paranoïa et mettent l'accent sur les multiples précautions dont il s'entourait pour assurer sa sécurité. ■

Qu'est devenu François Villon ?

1463

Au tout début de cette année, le poète François Villon est emprisonné au Châtelet, condamné à la pendaison puis gracié. Trois jours plus tard, il quitte la ville. Dès lors, sa présence n'est plus attestée nulle part...

François de Montcorbier, ou François de Loges, selon les documents, est né à Paris en 1431 dans un milieu modeste. À la mort de son père, il est confié à Guillaume de Villon, chanoine, dont il portera le nom et qu'il nommera son « plus que père ». Bachelier en 1449, maître ès arts en 1452, il commence des études de théologie qu'il abandonne rapidement, la grève des professeurs, qui opposait l'Université au roi, ayant encouragé son penchant pour la marge dans laquelle se côtoyaient les étudiants ratés et les bandes de voyous. Ses premiers écrits dateraient de ces années.

Vrai truand ou simple petit voyou ?

Il commence alors une vie désordonnée. Il commet des larcins, participe à des rixes. En 1455, il tue un prêtre, Sermoise, et s'enfuit. Condamné à mort, il obtient sa « rémission », la légitime défense ayant été reconnue. De retour à Paris, il prend part au cambriolage du coffre du collège de Navarre, et doit fuir à nouveau. Mais ne nous y trompons pas : sa délinquance est celle d'un clerc en rupture de ban. Il est plus un familier des bagarres qui tournent mal que de la pègre.

D'ailleurs, ses juges font toujours preuve d'indulgence. À partir de 1456, sa biographie devient plus floue. C'est par recoupements entre les archives criminelles, les écrits, allusifs, du poète et les archives personnelles de Charles d'Orléans, que l'on peut retracer, de manière plus ou moins certaine, son parcours. Après un passage à Angers, on le retrouve à Blois.

◄ **Portrait de François Villon. (Gravure sur bois, 1497).**

À la cour de Charles d'Orléans

Au XVe siècle, l'activité littéraire s'exerce le plus souvent à la cour, le poète ayant besoin d'un protecteur qui lui octroie une pension. La cour du duc Charles d'Orléans, à Blois, est l'une des plus raffinées. Déjà, l'esprit de la Renaissance, avec ses mécènes, ses artistes, son goût du raffinement, y souffle. Les poètes sont les bienvenus.

Villon y restera quatre ans. Il excelle dans la forme littéraire de la ballade et du testament, toujours versifiés. Il manie avec brio les thèmes de la littérature du Moyen Âge : la vanité des biens terrestres, la mort, la décomposition du corps, et le genre parodique. En 1456, avant de quitter Paris, il avait écrit sa première longue œuvre, *le Lais*, composée de 320 vers et destinée à ses amis, chenapans cultivés. À Blois, il rédige le *Dit de la naissance de Marie d'Orléans*, dédiée à la fille nouveau-née de Charles, et qui en fait, comme le veut la coutume, est un message de remerciement adressé au bienfaiteur.

Mais sa situation se gâte lorsque, invité à prendre part à un concours de poésie, il en profite pour se venger d'un courtisan plus en vue. Chassé de la cour, il se retrouve à nouveau sur le pavé et bientôt en prison.

▲ **Paris et sa cour des miracles où se côtoient voleurs et mendiants. (Aquarelle, XIXe siècle.)**

Une énigme toujours vivante

S'est-il rendu à Moulins, auprès du duc de Bourbon ou, plus vraisemblablement, a-t-il tenté de se faire réintégrer à la cour de Blois, comme l'attestent des prières de réconciliation adressées à Charles d'Orléans depuis Vendôme à l'automne 1461 ? En vain, car il reprend sa vie de vagabondage, sans doute avec les compagnons de la Coquille, ces bandes de voyous qui faisaient régner la terreur. Incarcéré à Meung-sur-Loire, pour des raisons inconnues, il est libéré en 1461 à la faveur de l'amnistie décrétée par Louis XI, de passage dans la ville.

Libre, il rentre à Paris, renoue avec son père adoptif et, surtout, rédige son œuvre majeure, *le Testament*, sorte d'autobiographie dans laquelle il exprime sa vie d'homme meurtri qui n'aspire qu'à la sérénité. Mais le sort en a décidé autrement : au cours d'une bagarre, un notaire, Ferrebouc, est grièvement blessé. Arrêté, condamné à la pendaison Villon disparaît, la dernière trace qu'il laisse étant la rédaction de *la Ballade des pendus*. Le 5 janvier 1463, coup de théâtre : le Parlement de Paris annule la sentence de mort, mais « eu égard à sa mauvaise vie » le bannit dix ans de Paris. A-t-il fini ses jours en Angleterre ou à Saint-Maixent, en Poitou, comme se plaît à l'imaginer Rabelais ? Est-il mort durant l'hiver 1463 ? Nul ne sait. En revanche, ses œuvres, publiées à titre posthume à partir de 1489, connaîtront rapidement un vif succès. ■

Le Paris de François Villon

Lorsque Charles VII fait son entrée solennelle à Paris, en 1437, la ville subit une crise économique sans précédent. Mais à la faveur des mesures prises par le roi relatives à la fiscalité et à la levée des hypothèques sur les immeubles, la reprise se fait jour. Les paysans affluent d'Île-de-France, et les marchands des petites villes alentour ; les maisons sont à nouveau occupées et les boutiques retrouvent preneur ; les collèges affichent complet et les bancs de l'université sont remplis. En quinze ans, la ville s'est repeuplée de plusieurs dizaines de milliers d'habitants, pour atteindre 100 000 âmes vers 1460. Néanmoins, Paris ne retrouvera pas le niveau d'activités qui était le sien un siècle plus tôt ; les affaires sont ailleurs, sur les bords de la Loire et à Lyon. En revanche, un Paris bourgeois se développe, dessinant un nouveau paysage urbain. ■

Le livre qui alluma les bûchers...

1486

En 1486, à Strasbourg, deux inquisiteurs dominicains, Henry Institoris et Jacques Sprenger, publient un gros ouvrage intitulé Malleus Maleficarum *– « le Marteau des sorcières ». C'est un manuel de lutte contre les démons.*

SELON LA TRADITION, LE SORCIER EST celui qui sait obtenir, par des moyens magiques et inavouables, des satisfactions tant morales que matérielles. Personnage ambigu, capable de faire le mal mais aussi de guérir, il est à la fois craint et respecté par les populations paysannes, qui attribuent en général de grandes vertus aux philtres qu'il concocte.

Mais, dès le Xe siècle, l'Église catholique voit en lui un ennemi qui incarne la survie des pratiques préchrétiennes, puis un personnage hérétique qui s'est fait le serviteur du diable. En 1270 paraît la *Summa de Officio Inquisitionis (le Traité de l'Office de l'Inquisition)*, qui édicte les peines à infliger aux sectateurs du démon.

En 1435, à Toulouse, un procès retentissant a lieu devant le tribunal de l'Inquisition. Soixante-trois hommes et femmes accusés d'hérésie avouent sous la torture qu'ils adorent le diable et se rendent à des sabbats. Dès cette époque, les crimes d'hérésie et de sorcellerie sont donc associés. Un démonologue de l'époque, Jean Vinetti, dans son *Tractatus contra demonum invocatores (Traité contre les invocateurs du démon)* de 1450, fait d'ailleurs explicitement entrer la sorcellerie dans le cadre de l'hérésie.

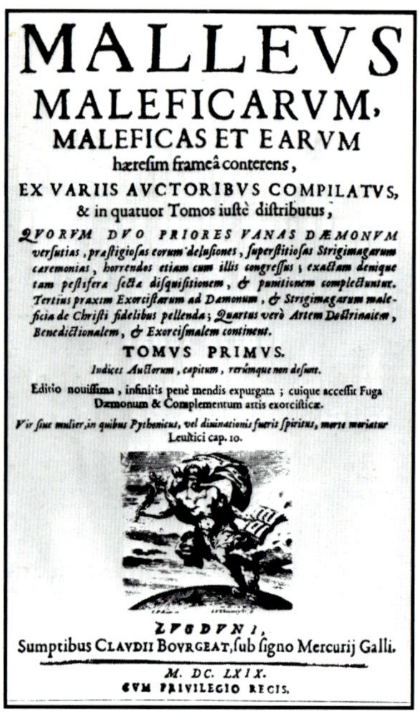

MALLEVS MALEFICARVM, MALEFICAS ET EARVM hæresim frameâ conterens, EX VARIIS AVCTORIBVS COMPILATVS, & in quatuor Tomos iustè distributus,

QVORVM DVO PRIORES VANAS DÆMONVM versutias, præstigiosas eorum delusiones, superstitiosas Strigimagarum cæremonias, horrendos etiam cum illis congressus; exactam denique tam pestiferæ sectæ disquisitionem, & punitionem complectuntur. Tertius praxim Exorcistarum ad Dæmonum, & Strigimagarum maleficia de Christi fidelibus pellenda; Quartus verò Artem Doctrinalem, Benedictionalem, & Exorcismalem continent.

TOMVS PRIMVS.

Indices Auctorum, capitum, rerûmque non desunt.

Editio nouissima, infinitis penè mendis expurgata; cuique accessit Fuga Dæmonum & Complementum artis exorcisticæ.

Vir siue mulier, in quibus Pythonicus, vel diuinationis fuerit spiritus, morte moriatur Leuitici cap. 10.

LVGDVNI, Sumptibus CLAVDII BOVRGEAT, sub signo Mercurij Galli.

M. DC. LXIX.

CVM PRIVILEGIO REGIS.

▲ **Frontispice du *Malleus Maleficarum*, ouvrage traitant des mille et une façons de combattre les hérétiques, édition parue à Lyon en 1669.**

Le pape prône le « tout répressif »

C'est surtout à partir de la seconde moitié du XVe siècle que se développe une violente répression de la sorcellerie. Le pape lui-même intervient : Innocent VIII promulgue en 1484 une bulle, *Summis desiderantes*, qui condamne la sorcellerie comme l'ont déjà fait les autorités temporelles. Le pape y donne tout pouvoir aux inquisiteurs pour pourchasser les hérétiques.

La publication du *Malleus Maleficarum* s'inscrit dans ce contexte. Il n'est d'ailleurs pas le seul code destiné à guider les inquisiteurs, puisqu'il s'inspire d'autres manuels du même genre : *la Practica Officii Inquisitionis (Pratique de l'Office de l'Inquisition)*, due à l'inquisiteur Bernard Gui (personnage que Umberto Eco fait apparaître dans son roman *le Nom de la Rose*), et le *Directorium Inquisitorum (Guide des Inquisiteurs)*, rédigé par Eymerich.

▶ ***Dulle Griet* ou *Margot l'enragée*, de Bruegel (1562). La chasse aux sorcières marque le triomphe d'une pratique religieuse fondée sur la peur de l'Enfer.**

DOCUMENT

Le sabbat des sorcières

Pour les démonologues, le sabbat est une activité caractéristique des servantes du diable.

« A DIT QU'IL LA MENA [MAÎTRE PERRIN son diable], ou, pour plus vraiment dire, qu'il la porta sur son cou au sabbat, au lieu dit à la Goutte-du-Rupt, là où il y avait un grand feu et une grande préparation pour faire grande chère. [...]

– Qu'est-ce que faisaient les personnes assemblées en ce sabbat, et s'il y en avait un grand nombre ?

– A dit qu'il y en avait un grand nombre qui dansaient et y avait pour ménétriers des joueurs de violon [...]

– Si a quelquefois aidé à faire de la grêle ?

– A dit que oui.

– Comment ils faisaient et quelles cérémonies ils observaient ?

– A dit qu'ils battaient l'eau avec des petites baguettes que leur maître leur donnait, d'où s'engendrait la grêle.

– Si elle sait à quelle fin la grêle se faisait ?

– A dit que oui, que c'était pour faire perdre les biens du Val-Saint-Dié. [...] »

Actes du procès d'une nommée Jehennon, jugée à Nancy en 1602, Dumont, *Justice criminelle des duchés de Lorraine et de Bar, du Bassigny et des Trois-Évêchés*, II, Nancy, 1848.

Les femmes, complices du diable

Les auteurs du *Malleus Maleficarum* décrivent la sorcellerie comme un vaste complot démoniaque qui vise à détruire le monde chrétien. Pour parvenir à ses fins, affirment-ils, le diable s'est assuré principalement de la complicité des femmes. Les deux dominicains s'appuient, pour prouver leurs dires, sur la proportion des condamnations qui est, effectivement, de 3 ou 4 femmes pour un homme. Le vieux sentiment de misogynie, ou en tout cas de méfiance de l'Église vis-à-vis des femmes, qui voit dans les filles d'Ève d'éternelles tentatrices, transparaît ici. À cela s'ajoute une crainte de la sexualité incarnée par les femmes : les pages du *Malleus Maleficarum* relatives à ces dernières en disent long sur le mépris que les deux hommes leur portent.

Profitant de la faiblesse des femmes et de leur penchant pour la luxure, le démon les séduit et les corrompt. En s'unissant charnellement à elles, il en fait ses créatures. Devenues sorcières, les servantes du diable sèment le désastre et la désolation. Dans tous les malheurs des temps anciens et présents, les deux inquisiteurs relèvent l'empreinte du diable et de ses succubes.

Les sorcières rendent les hommes impuissants et les femmes stériles, font périr le fœtus dans le ventre de la mère, consacrent les nouveau-nés au diable et changent les humains en bêtes, par exemple en loups – c'est la légende des loups-garous. Elles provoquent maladies et infirmités, de la lèpre à la cécité, et n'hésitent pas à tuer humains et animaux. Elles déchaînent les éléments, foudre, tempête, grêle.

La guérisseuse, une coupable toute trouvée

C'est essentiellement au sein du monde rural que les auteurs du *Malleus Maleficarum* trouvent des guérisseuses. Ces femmes sont, en cas de maladie, les uniques recours des paysans. Mais leur savoir même les fait craindre : traditionnellement, on les accuse non seulement de guérir, mais aussi de susciter souffrances et calamités diverses. ▶

L'Inquisition, le bras armé de l'Église

L'Inquisition est un tribunal religieux d'exception chargé de poursuivre les hérétiques, qui sont ensuite remis au pouvoir civil afin de subir leur condamnation. Créée en 1231 pour lutter contre les hérétiques cathares et les vaudois, elle est progressivement étendue aux sorciers et aux devins.

L'Inquisition doit son nom à la procédure inquisitoire qui donne au juge un rôle prépondérant dans la conduite de l'instance. Ainsi, les inquisiteurs recherchent eux-mêmes les suspects et peuvent convoquer les populations entières d'un village.

De nombreux moyens de contrainte sont utilisés pour obtenir des aveux, y compris la torture (appelée « question »). Les peines les plus graves sont l'emprisonnement à perpétuité accompagné de la confiscation des biens et, bien souvent, le bûcher.

En Allemagne, mais aussi en Espagne, l'Inquisition connaît un essor particulièrement important. Elle se signale par de terribles exactions, notamment, dans ce dernier pays, celles du sinistre inquisiteur général Torquemada (1483-1494), qui soulèvent la désapprobation du pape Sixte IV lui-même. ■

Désormais, ces rumeurs sont systématiquement exploitées par les chasseurs de sorcières. Les pratiques magiques ou superstitieuses de ces femmes sont taxées de démoniaques, et les paysans sont appelés à les dénoncer. Dès lors, les accusations se multiplient : quand des hommes ou des bêtes tombent malades ou meurent subitement, ce sont les guérisseuses que l'on soupçonne de les avoir ensorcelés.

Dans leurs propos, toutefois, les paysans ne mentionnent jamais le diable, car celui-ci ne fait pas partie de leur culture. Ce sont les inquisiteurs, les juges appartenant à une élite savante, qui relient au complot satanique les méfaits dont ils estiment ces femmes coupables.

Des centaines de bûchers pour de pauvres vieilles malheureuses

Le monde de la terre, ainsi, ne poursuit pas le démon. Pour les ruraux, la chasse aux sorcières signifie l'élimination de femmes inquiétantes qu'ils rendent responsables de leurs malheurs. Ce sont, le plus souvent, des vieilles personnes isolées, qui ont perdu mari, enfants et parents. Elles sont redoutées des villageois, généralement moins misérables qu'elles, et qui imaginent, non pas qu'elles ont conclu un pacte avec le diable pour perdre le monde mais, beaucoup plus simplement, qu'elles veulent se venger de leur pauvreté en s'attaquant à leurs biens et à leurs personnes.

De la conjonction des idées démoniaques développées par les inquisiteurs et des mœurs paysannes naissent les centaines de bûchers allumés aux XVIe et XVIIe siècles.

Dans le *Malleus Maleficarum*, les inquisiteurs dominicains définissent les règles à suivre lors des procès où sont jugées des sorcières. Le rôle accordé à la délation est important. Ces affaires, à la différence des causes où comparaissent des hérétiques, relèvent de la compétence des tribunaux civils et non de l'Inquisition. Mais la procédure n'en est pas moins extrêmement désavantageuse pour les accusées, rarement défendues par un avocat. Les juges gardent le secret sur leur dossier et ne communiquent aux intéressées ni les accusations exactes dont elles font l'objet ni le nom des personnes qui témoignent contre elles.

Dans le livre, la procédure débute par une information qui réunit les témoignages. S'ils sont concluants, la sorcière présumée est arrêtée. Le plus fréquemment, l'accusée commence par nier les faits qu'on lui reproche. Elle est alors soumise à la « question », c'est-à-dire à la torture.

▲ ▶ Sorcières chevauchant un balai. (Miniature extraite de « Champion des Dames » de Martin Le Franc, vers 1440.)

Les supplices déliant les langues, les sorcières avouent ce que les magistrats souhaitent. Pour ces derniers, l'aveu est essentiel car, sans lui, ils n'ont pas le droit de prononcer de condamnation. Et, comme les juges sont persuadés de la culpabilité des sorcières, le recours à la torture fait partie de la procédure normale. Les rares accusées qui résistent au supplice sont condamnées au bannissement.

Dénonciations et condamnations en cascade

Sous la torture, les juges font confesser à leurs victimes le pacte avec Satan et la copulation avec un diable, le reniement de leur foi chrétienne, et leur font avouer qu'elles possèdent une poudre diabolique destinée aux maléfices. Ils obtiennent aussi les noms de leurs complices, car une sorcière est censée ne pas agir seule. Pour mettre fin à leurs souffrances, les malheureuses en viennent à dénoncer n'importe qui, parents ou amis, qui, à leur tour, sont broyés par la justice et dénoncent d'autres gens. Les aveux provoquent la condamnation au bûcher, rapidement exécutée. Le *Malleus Maleficarum* remplit efficacement sa mission.

Fréquemment réédité en France, en Allemagne et en Suisse, le *Malleus Maleficarum* connaît un énorme succès. Son petit format permet de le consulter aisément au cours des procès. Il guide, tout au long du XVIe et du XVIIe siècle, une impitoyable chasse aux sorcières. L'ouvrage inspire par ailleurs une série de textes similaires qui alimentent eux aussi les verdicts de très nombreux procès.

À travers toute l'Europe, la lutte contre la sorcellerie se poursuit, avec une vigueur inégale selon les époques, les plus troublées favorisant le mieux la répression.

C'est en Allemagne que celle-ci est la plus sanglante. La violence des juges est parfois si forte qu'elle suscite des révoltes et que certains inquisiteurs sont assassinés, dont le fanatique Conrad de Marbourg.

Après avoir atteint son apogée au début du XVIe siècle, cette répression commence à décliner vers la fin du XVIIe siècle. Mais elle a longtemps été si intense que l'expression « chasse aux sorcières » demeure encore, de nos jours, synonyme de poursuites arbitraires et iniques. ■

▼ Bûcher de sorcières à Derneburg (Allemagne) en 1555. Avec la France, l'Allemagne est le pays qui pratiqua la chasse aux sorcières avec le plus d'intensité. (Gravure du XVe siècle.)

les temps modernes

◄ Assassinat d'Henri IV et arrestation de Ravaillac le 14 mai 1610. (Tableau de Charles-Gustave Housez, XIXe siècle.)

Pour être qualifiée de moderne, notre histoire n'a pas attendu le XVIIIe siècle où la raison éclaire les hommes et les soulage enfin du poids des superstitions. Moderne elle l'est déjà au temps de Nostradamus dont les prophéties témoignent des peurs et du sentiment d'étrangeté qui baignent encore la France de la Renaissance. La révolution scientifique du XVIIe siècle ne doit pas non plus faire illusion, le cartésianisme ne résout pas tout, les vieilles croyances ont la vie dure et le temps du roi Soleil est aussi celui des astrologues et de leurs « pronostications ». Sans doute est-ce parce que l'on croit mieux comprendre l'ordre du monde que le merveilleux résiste tant ; sans doute aussi l'État royal préfère-t-il maintenir le peuple dans l'obscurantisme pour lui faire mieux accepter ce qu'il met beaucoup de soins à lui dissimuler.

obscurs et cartésiens à la fois

Nostradamus, prince des astrologues ?

1555

Connaître l'avenir est un rêve qui hante les hommes. Au XVIe siècle, après les devins païens et les prophètes bibliques, vient le temps des mages laïcs dont Nostradamus est le plus célèbre.

En 1555 paraît à Lyon la première édition des *Centuries astrologiques*, quatrains énigmatiques signés par un certain Nostradamus, qui s'impose rapidement comme le plus grand des visionnaires de son temps et dont la réputation a franchi les siècles.

Michel de Nostre-Dame, dit Nostradamus, d'origine juive, est né en 1503 à Saint-Rémy-de-Provence. Ses deux grands-pères sont médecins et c'est la médecine qu'il étudiera lui-même à l'université de Montpellier. En 1526, une épidémie de peste éclate dans le Languedoc : il soigne les malades avec un dévouement exemplaire, depuis Aix jusqu'à Marseille, mais s'attire la jalousie de ses confrères par le succès de ses cures. Il s'établit à Agen, se marie et fait connaissance de Jules César Scaliger, un des plus grands savants d'Europe. Mais, quelques années plus tard, il perd sa femme et ses enfants, victimes d'une nouvelle épidémie de peste.

Nostradamus se met alors à voyager, allant, disent certains, jusqu'en Égypte – il semble en fait que ses pérégrinations se limitent au midi de la France et à l'Italie. Au cours de cette errance se situe peut-être la première manifestation de son « don » de voyance : un jour, croisant un moine sur la route, il aurait reconnu en lui le futur pape Sixte V et serait tombé à genoux, déclarant : « Je m'agenouille devant Sa Sainteté. » Du moins est-ce sans doute pendant cette période d'errance solitaire que son esprit s'exalte, au point qu'il croit se découvrir le don de prédire l'avenir.

▲ **« Portrait véritable et remarquable du fameux Michel Nostradamus, astrologue célèbre. » (Gravure du début du XIXe siècle.)**

L'homme qui prédit sa mort

En 1546, en effet, il se fixe à Salon, deux ans plus tard, se remarie : il ouvre alors un cabinet médical, vite florissant mais, surtout, il se tourne vers des observations astrologiques. C'est à ce moment qu'il rédige, d'abord, un almanach « avec (des) présages » (1550), puis surtout ses *Centuries*, résultat, semble-t-il, de visions qui s'imposent à lui pendant des veilles nocturnes. L'ouvrage fait aussitôt sensation et, en juillet 1556, Catherine de Médicis, passionnée d'occultisme, fait venir le devin à sa cour pour qu'il établisse l'horoscope de ses fils. Il annonce alors que trois d'entre eux régneront – prédiction étonnante, qui se vérifiera : les trois garçons monteront sur le trône sous les noms de François II, Charles IX et Henri III. Quatre ans plus tard, en 1559, alors que Nostradamus est retourné chez lui, leur père, le roi Henri II, meurt dans un tournoi. La visière mal fermée de son heaume a laissé pénétrer la lance de son adversaire, le comte de Montgoméry, et le souverain agonise, dix jours durant, l'œil crevé et le cerveau atteint. Les contemporains se souviennent alors de l'étrange prédiction du 35e quatrain :

« Le lyon jeune, le vieux surmontera / En champ bellique par singulier duelle / Dans cage d'or les yeux lui crèvera / Deux classes une, puis mourir, mort cruelle ».

En l'an 1564, Charles IX confie à Nostradamus l'importante charge de médecin ordinaire du roi. Sinécure prestigieuse, puisque le médecin continue de résider à Salon. Il est alors au faîte de sa renommée, encensé par des poètes tels que Ronsard.

Deux ans plus tard, il meurt, au retour d'une mission en Arles. De nouveau, un quatrain semble avoir prédit cette fin :

« De retour d'ambassade, don de roy mis au lieu / Plus n'en fera, sera allé à Dieu / Parens plus proche, amis, frères du sang / Trouvé tout mort près du lict du banc ».

Augmentées constamment de la première édition à la mort de Nostradamus, les *Centuries* sont des ensembles de quatre vers regroupés par groupes de cent (d'où le titre du recueil). L'édition définitive des œuvres de Nostradamus comprend *la Lettre à César* (fils de Nostradamus), *l'Épître au très Invincible, très Puissant et très Chrétien Henry Second, roi de France, les Centuries* elles-mêmes (finalement au nombre de 12), *les Présages* (141 quatrains) et enfin *les Sixains* (58 strophes de 6 vers).

Beaucoup de termes latins francisés sont mêlés à la langue du XVIe siècle, ce qui ne facilite pas l'interprétation des prédictions, que l'astrologue a d'ailleurs rédigées volontairement de façon obscure, afin peut-être d'éviter toute poursuite. Dans la préface de l'édition de 1555, il manifeste ainsi la crainte d'être poursuivi par l'Église et se défend d'être un hérétique. Il dit aussi ne posséder aucun livre de magie.

Prophètes et visionnaires

Depuis l'Antiquité, bien des prophètes ont eu leur heure de gloire. Certains ont été très clairement démentis. L'obscurité des textes met cependant souvent les devins à l'abri de contestation ultérieure...

Ou bien, à l'inverse, une prophétie est « comprise » – et évidente – a posteriori, lorsque l'événement qu'elle est censée annoncer s'est effectivement produit.

L'Apocalypse. Le texte attribué à l'apôtre saint Jean est le plus célèbre des écrits prophétiques contenus dans la Bible. Il décrit la fin du monde avec l'arrivée des Quatre Cavaliers provoquant destructions et famines puis la venue de la Bête immonde. Cependant, après une ultime bataille à Hamarguédon, le Christ redescendra sur la Terre et son règne inaugurera une période infinie de paix.

La Prophétie des papes. L'auteur de ce texte a longtemps été identifié avec saint Malachie, primat d'Irlande, né en 1094 ou 1095 et mort en 1148, dont saint Bernard a rédigé la première biographie.

Composé de 111 devises, il concerne les papes élus après 1144. Chaque devise est consacrée à un pape, la prophétie s'interrompt au 112e, car alors de grands bouleversements sont censés survenir, qui doivent ensanglanter la planète et mettre fin à la liste des successeurs de saint Pierre. On pourrait s'inquiéter en songeant que Jean-Paul II correspondait au 110e pape énuméré... mais l'on sait aujourd'hui que le manuscrit de la Prophétie des papes est un faux datant de la seconde moitié du XVIe siècle. ■

Des prophéties jusqu'au XXIe siècle

Les prophéties couvrent l'histoire de France et, dans une moindre mesure, celle de l'Europe et du monde, jusqu'au début du XXIe siècle. Pour les inconditionnels du mage, certaines se sont effectivement réalisées : Michel de Nostre-Dame aurait ainsi prévu la fuite de Louis XVI à Varennes, l'avènement de Napoléon Ier puis l'instauration d'une République après la chute de la monarchie.

En ce qui concerne notre époque, et précisément les années à venir, des commentateurs croient lire dans les quatrains l'annonce de choses peu rassurantes : un troisième conflit mondial, qui partira du Moyen Orient et au cours duquel Marseille et Paris, notamment, seront détruites, et l'arrivée de l'Antéchrist sur Terre.

Jean-Charles de Fontbrune, un des exégètes les plus connus de Nostradamus, fixait cette arrivée pour 1999... ■

◄ **Nostradamus dans son cercle magique. (Détail d'une gravure du XIXe siècle.)**

Martin Guerre, un imposteur ?

1560

L'homme qui se fait passer pour Martin Guerre, époux de Bertrande de Rols, est-il un imposteur ? Durant plusieurs mois, près de cent trente témoins défilent devant la cour de Rieux, près de Toulouse, où il est jugé.

POUR LES UNS L'USURPATION D'IDENTITÉ est évidente : le prévenu est plus gros, moins adroit que le vrai Martin Guerre et, selon le cordonnier, sa pointure plus petite. D'ailleurs, un soldat venu de Rochefort affirme que Martin Guerre, blessé à la guerre, a une jambe de bois : l'accusé serait un mauvais garçons, nommé Arnaud du Tilh, dit « Pansette ». Pour les autres, et en particulier pour ses sœurs, il s'agit bien là du vrai Martin : même verrues à la main droite, même cicatrice sur le front, même dentition, même figure. De plus, comment un homme pourrait-il parvenir à tromper durant des années son épouse, à la réputation vertueuse et honnête ? Les juges sont troublés.

L'affaire commence trois ans plus tôt lorsqu'un homme, se prétendant Martin Guerre, revient après huit ans d'absence au village d'Artigat et reprend la vie commune auprès de son épouse Bertrande. Celle-ci a un peu de mal à le reconnaître, mais le temps a passé et ce mari de retour se montre prévenant, actif, bon commerçant. L'oncle, Pierre Guerre, ainsi que les voisins, sont également surpris, mais ils sont vite rassurés par tous les détails que Martin fournit sur son passé. Le couple mène une vie paisible, « comme vrais mariez, mangeans, beuvans et couchans ordinairement ensemble ». Le fils aîné, Sanxi, conçu avant le départ de Martin, grandit. Deux petites sœurs arrivent au foyer. Tout irait bien si Martin n'avait l'idée de demander à Pierre Guerre des comptes sur sa gestion et de le poursuivre en justice. Pierre remarque que Sanxi ne ressemble pas du tout au nouveau Martin et que celui-ci ne pratique plus sa passion de jeunesse, l'escrime.

◀ **Soldats rentrant de guerre. (Gravure du XVIe siècle.)**

Les doutes de la famille

Des soupçons naissent. La famille se divise, mais Bertrande défend avec ardeur son mari. Si Martin Guerre n'est pas Martin Guerre, pourquoi Bertrande le soutient-elle ? La jeune femme n'a pas été heureuse au début de sa vie. Mariée très jeune, il lui a fallu attendre des années la « consommation » du mariage. Puis, après la naissance de Sanxi, à cause d'un litige avec son père, Martin a quitté le village et on ne l'a plus revu. Bertrande est retournée vivre chez ses parents. Aussi, lorsque ce mari lui tombe du ciel, manifeste-t-elle sa joie et fait-elle taire ses doutes. C'est alors que Pierre Guerre, ulcéré par les attaques de son « neveu », demande une enquête. Il va trouver le juge de Rieux et se prétend mandaté par sa nièce. Bertrande, pressée par sa famille, est contrainte de s'associer à la plainte.

Le témoignage d'un homme qui reconnaît formellement Martin pour Arnaud du Tilh accable l'accusé, et celui-ci est jeté en prison sans attendre, comme c'est le cas lorsqu'il y a soupçon de « plusieurs grands et énormes délicts ». le procès commence. Selon l'ordonnance de Villers-Cotterêts de 1539, qui réglemente les actes de justice, le « criminel » n'a pas droit à l'assistance d'un avocat, et Martin assure seul sa défense.

DOCUMENT

Bertrande, complice ou victime ?

Acquittée au bénéfice du doute...

« [...] LA FAIBLESSE DE SON SEXE, FACILE à estre déceu par l'astuce, callidité des hommes [...] En deuxième lieu, pour la grande similitude qui était entre lesdits. Du Tilh et Martin Guerre [...] Qui prend une personne pour une autre, n'ayant vouloir d'offenser, est excusé [...] En cinquième lieu, le peu de faute qui pourrait estre icy, si point y en a, serait plutost à imputer à Martin Guerre ayant demeuré si longtemps absent. » Enfin parce qu'elle était « persuadée avec les sœurs » et mue par « l'envie qu'elle avait de voir et recouvrer son mary », Bertrande est acquittée. »

Arrest mémorable du Parlement de Toulouse, par Jean de Coras, édition de 1579.

▲ ***Le Retour de Martin Guerre*. (Film de D. Vigne avec G. Depardieu, N. Baye, B.-P. Donnadieu.)**

Malgré beaucoup de fermeté et de présence d'esprit, il est jugé coupable d'imposture et condamné à mort.

Coup de théâtre

Il fait appel auprès du parlement de Toulouse, où la chambre criminelle examine l'affaire en avril 1560. Le juriste Jean de Coras est désigné comme rapporteur. Devant la masse de témoignages, il réclame quelques semaines de délai et il interroge les témoins séparément. Jean de Coras pèse les arguments : Pierre Guerre, qui s'est abusivement dit mandaté par Bertrande, n'agit-il pas par vengeance ? Coras mesure également l'incertitude des souvenirs, la précarité des preuves. La moralité de Bertrande, son amour conjugal lui font bonne impression. Le prévenu, confronté aux témoins, répond et avec précision aux questions. Sage, rangé, il ne ressemble pas du tout au portrait de « Pansette ». Finalement, Coras juge les avis « plus disposez à l'avantage du prisonnier contre lesdits Pierre Guerre et Rols ». C'est alors que, fin juillet, un homme vient en clopinant se mettre à la disposition du parlement : il a une jambe de bois et se déclare le vrai Martin Guerre, revenu d'Espagne. Le procès a fait du bruit et il veut confondre l'imposteur.

À sa vue, Bertrande fond en larmes et implore son pardon, mais le mari, absent depuis douze ans, se montre intransigeant ! Quant au faux Martin, il est obligé d'avouer : un jour, traversant un village, deux hommes le saluèrent en le prenant pour Martin Guerre. Recueillant alors toutes sortes d'informations, il eut l'idée de prendre la place de l'absent... Le 12 septembre, le parlement ouvre ses portes au public pour qu'il entende la sentence : accusé d'adultère et de captation d'héritage, convaincu de paillardise et forfaiture, Arnaud du Tilh est condamné à être pendu et brûlé. La potence est dressée à Artigat, face à la maison de Martin Guerre, quatre jours après le jugement, le 16 septembre. Le condamné doit faire « amende honorable » avant l'exécution. Il est conduit, comme les pénitents, pieds nus, en chemise, une torche à la main, la corde au cou, dans les rues du village et il demande pardon à Dieu, au roi, à la cour, à Martin Guerre, à Bertrande de Rols et à Pierre Guerre. En montant sur l'échelle, Arnaud du Tilh supplie le vrai mari de ne pas rudoyer sa femme, femme d'honneur et de vertu qui, courageusement, le quitta dès qu'elle eut des soupçons. ■

Qui a ordonné le massacre de la Saint-Barthélemy ?

1572

La folie meurtrière qui s'empare de Paris puis de plusieurs villes du royaume est-elle un nouvel et terrible épisode des guerres de religion, ou le résultat d'un complot tramé à l'étranger ?

Célébré le 18 août 1572 à Notre-Dame, le mariage de Marguerite de Valois, fille de Catherine de Médicis, avec le jeune prince protestant Henri de Navarre, futur Henri IV, est censé symboliser la réconciliation définitive des nobles protestants et catholiques sous l'autorité de Charles IX, garant de la paix civile. Le pari du roi et de sa mère paraît sincère puisqu'ils ont fait preuve d'une grande indulgence à l'égard du camp protestant.

Ainsi la paix de Saint-Germain, en 1570, accorde-t-elle des avantages inespérés aux vaincus : garantie de la liberté de conscience et de culte, octroi de quatre villes de sûreté et forte influence de Coligny, principal chef militaire huguenot, au sein du Conseil privé de Charles IX.

Un mariage à haut risque

Mais la paix est précaire, la monarchie louvoyant entre deux clans qu'oppose un profond climat de haine depuis le massacre des

▼ L'attentat manqué contre Coligny et le massacre de la Saint-Barthélemy. (Gravure allemande, XVIe siècle.)

protestants à Vassy, perpétré en 1562 par le duc de Guise..., qui est assassiné en 1563 à l'instigation probable de Coligny ! Le même Coligny qui, au nom des protestants, cherche à convaincre Charles IX qu'une guerre contre la très catholique Espagne pour défendre les intérêts des réformés des Pays-Bas ressouderait l'unité nationale... mais au profit de son camp, ce que Catherine de Médicis et la majorité du Conseil ne veulent surtout pas. La corbeille de mariage est donc loin d'être chargée de bons sentiment et les festivités sont boudées par le Parlement et la population parisienne qui prennent mal cette alliance par trop favorable aux huguenots.

Une nuit de massacres

Une tentative d'assassinat perpétrée contre Coligny le 22 août exacerbe les tensions. Convaincus de la culpabilité des Guise, les huguenots réclament justice à Charles IX qui vient témoigner de son amitié au chevet de Coligny. Mais un Conseil secret se réunit autour du roi et de Catherine de Médicis. A-t-on persuadé Charles IX de profiter de la confusion pour éliminer les chefs protestants ? La « machiavélique italienne » Catherine de Médicis a-t-elle convaincu son fils, que l'on dit faible et influençable, qu'un complot se tramait contre le royaume et qu'il fallait agir vite et fort ? Charles IX se serait alors écrié : « Et bien ! Par la mort Dieu soit ! Mais qu'on les tue tous, qu'il n'en reste pas un pour me le reprocher après ! » Il ne croyait pas si bien dire.

Dans la nuit du 24 août, le massacre peut commencer. Coligny est la première victime, le corps percé à coups de rapière, défenestré, son cadavre affreusement mutilé ; c'est alors la curée générale, qui fera 3 000 morts.

L'« Italienne » ou les Espagnols ?

L'historiographie a fait son lit de l'évidente culpabilité de Catherine de Médicis, qu'une légende noire présente comme usurpatrice et criminelle. Le mariage de sa fille avec Henri de Navarre n'aurait été que la nasse dans laquelle les chefs protestants se seraient jetés. Or les mobiles du crime manquent à cette trop prompte condamnation. Mère de trois rois de France, quel intérêt avait-elle à ordonner un massacre qui risquait de plonger le royaume dans un épouvantable chaos ? N'avait-elle d'ailleurs pas donné de nombreux gages de son souci de réconciliation et œuvré sincèrement pour la concorde ?

C'est peut-être du côté de l'Espagne qu'il faut alors se tourner. Le très catholique Philippe II exècre les protestants, et au printemps de cette année 1572, les huguenots des Pays-Bas, alors sous domination espagnole, se sont révoltés contre leur gouverneur, le duc d'Albe. Ils attendent des renforts envoyés par Coligny, et Charles IX lui-même manœuvre secrètement dans ce sens, dans l'espoir de desserrer l'étau espagnol. À Paris, Philippe II peut compter sur le soutien des Guise et des ultras catholiques. Le coup d'arquebuse qui a manqué Coligny le 22 août, n'aurait-il pas été tiré par un homme à la solde et des Guise et de l'Espagne ? Quelques heures seulement après cette tentative, et à la veille du massacre, l'ambassadeur d'Espagne rompait officiellement toutes relations diplomatiques avec la France... ■

▸ **Catherine de Médicis a-t-elle ordonné le massacre de la Saint-Barthélemy ?**

Diatribes et signes divins

Pour que la fureur populaire puisse donner lieu à de tels massacres, il a fallu que les esprits fussent préalablement échauffés par des prédicateurs virulents, comme Simon Vigor, curé de Saint-Paul, qui prêchait dès la paix de 1570 l'extermination des « lépreux spirituels » pour venger d'urgence Dieu d'une œuvre du diable avant le Jugement dernier. Quelques jours avant le mariage, d'autres fustigeaient « l'accouchement exécrable » qui perdrait immanquablement la France. L'exaltation est à son comble quand les cloches de Paris sonnent à toute volée et que l'on annonce la floraison à contre-saison d'une aubépine au cimetière des Saints-Innocents, que le bon peuple prend pour miracle et signe d'approbation divine... d'autant plus que Charles IX la contemple extasié en s'écriant publiquement « Ah ! Si c'était le dernier huguenot ! » La Seine bientôt rouge de sang charrie des milliers de cadavres atrocement mutilés que les massacreurs repoussent loin des berges puisqu'il « falloit envoyer ces poissons à Rouen et autres lieux habités par les hérétiques ». ■

Les mignons d'Henri III, un cénacle d'homosexuels ?

1574-1589

Longtemps calomnié en raison de ses mœurs, le petit-fils de François Ier, personnage romanesque, mérite-t-il cette image de prince efféminé, entouré d'un cénacle d'homosexuels qui s'adonnent aux plaisirs ?

FILS PRÉFÉRÉ DE CATHERINE DE MÉDICIS qui le prépara au trône, Henri III avait une personnalité le démarquant de ses frères, et en particulier de Charles IX, homme violent et sanguin, qui régna de 1560 à 1574. Aussi, lorsqu'Henri III choisit un entourage de jeunes nobles de province, dont plusieurs affichaient une beauté éclatante, les accusations d'homosexualité fusèrent…

◀ **Portrait satirique d'Henri III, roi de France. (Estampe extraite des *Hermaphrodites*, XVIe siècle.)**

Le terme « mignon » désignait au XVe siècle un « serviteur des Grands », puis au XVIe siècle simplement « un favori de cour », sans aucune connotation péjorative. La présence de jeunes nobles, braves et téméraires, dans l'entourage d'un haut personnage existait bien avant Henri III. Lorsqu'il était duc d'Anjou, puis pour un an, en 1573, roi de Pologne, avant de régner de 1574 à 1589, Henri III possédait déjà une cour brillante, particulièrement jeune, qu'il avait choisie avec soin dans la noblesse de province. Il y eut d'abord le groupe des Quatre (O, Saint-Sulpice, Caylus et Louis de Maugiron), dont l'amitié se forma lors du siège de La Rochelle et du voyage en Pologne. Mais ce sont surtout les deux « archimignons », Jean-Louis de Nogaret de La Valette, le futur duc d'Épernon, et Anne de Joyeuse, baron d'Arques, futur duc de Joyeuse, qui eurent toutes les faveurs du roi.

La cour raffinée d'un roi novateur

Henri III était un homme cultivé, qui avait eu pour précepteur le grand humaniste Amyot ; de santé fragile, il ne montrait pas d'attirance réelle pour les exercices physiques, que se soit la chasse ou la guerre, deux activités qui rentraient normalement dans les devoirs d'un roi. Aussi lorsqu'il affichait ses tenues vestimentaires fantaisistes, richement colorées et parfumées, accompagnées de bijoux et de boucles d'oreilles, passait-il pour un roi efféminé, entouré de jeunes homosexuels. En fait, il n'en était rien, car il s'agissait d'un phénomène de mode de cour d'inspiration baroque, souvent italienne, basé sur le paraître, et, derrière cette façade théâtrale, se cachait un réel goût du changement.

Henri III imposa de nombreux usages à sa cour qui, à l'époque, passait pour extravagante : la fourchette à table, les soins du corps, en particulier l'utilisation quotidienne du savon et le changement de linge. Il établit une étiquette stricte à la cour, qui s'imposa ensuite. Mais c'est surtout dans la manière dont il tira parti de ses mignons pour gouverner qu'il s'illustra. En leur accordant des largesses immobilières et financières, il écartait des faveurs royales les princes et les ducs alors en place, sans cesse en révolte contre l'autorité royale. En mettant en avant une nouvelle noblesse, Henri III modifiait la répartition traditionnelle des pouvoirs. Aussi, très vite, ses

ennemis, en particulier les réformés et les ligueurs, firent circuler les plus sombres rumeurs sur lui et sa cour afin de le rendre impopulaire.

Une homosexualité remise en cause

Un seul témoignage direct de son temps l'accuse ouvertement d'homosexualité, mais il émane d'un ligueur particulièrement partial, et les historiens ne prennent plus son témoignage au sérieux. Toutes les correspondances des ambassadeurs étrangers confirment également son hétérosexualité, alors qu'elles soulignent en même temps l'homosexualité de son frère, le duc d'Alençon. Certes, dans le cercle des mignons, certains, tel Maugiron, étaient homosexuels, mais l'analyse détaillée de la correspondance du roi montre qu'il ne partageait pas ce penchant, qui à l'époque était, en cas de sodomie avérée, passible de la peine de mort, alors que les passades amoureuses étaient parfaitement tolérées.

Les femmes, par contre, eurent un grand rôle dans la vie du roi. Celui-ci eut un grand amour, la princesse Marie de Clèves, qui préféra épouser son ennemi, Henri de Bourbon, et qui lui échappa, mais elle mourut jeune, et sa mort causa à Henri III un réel chagrin. Puis il se maria à Louise de Lorraine pour assurer sa descendance. Malheureusement, le couple fut stérile. Mais avant, pendant et après le mariage, Henri III eu toujours des maîtresses : les d'Estrées, mère et filles, Mlles de Chateauneuf, de La Mirandole, de Pont, de Stavay... ■

▲ **Bal donné à la Cour d'Henri III.**

Un duel de mignons

Le 27 avril 1578 eut lieu le fameux « duel des Mignons », qui marqua l'apogée de la lutte que se livraient les partisans du roi Henri III et d'Henri de Guise. Les duels et les assassinats se multipliaient dans un climat délétère dû aux guerres de Religion et aux rivalités dynastiques ; de plus, les affaires d'honneur qui se réglaient par les armes d'homme à homme prirent un aspect collectif lorsque les témoins participèrent à la lutte. Trois mignons du roi (Jacques Lévis, comte de Caylus, Louis de Maugiron et Livarot) affrontèrent trois mignons du duc de Guise (Rébérac, Schomberg et d'Entragues). L'issue fut particulièrement sanglante, et seul d'Entragues en sortit vivant. Le roi, qui perdait trois proches de sa garde dans ce combat, en fut très affecté. ■

Ravaillac, entre folie et complot

1610

Les intrigues n'ont pas manqué pour tenter d'assassiner le roi Henri IV. Pourtant, après une enquête succincte, les magistrats estiment que Ravaillac a agi seul et ignorent quelques pièces du dossier.

Le 14 mai, le carrosse du bon roi Henri, qui se rend au Louvre pour y rencontrer son ministre Sully, est pris dans les « embarras de Paris », rue de la Ferronnerie. Soudain, un homme se jette sur le roi et lui assène deux violents coups de dague. Le second coup, qui sectionne l'aorte, est mortel, et c'est un roi moribond qu'on amène à vive allure au Louvre. Henri IV avait échappé à dix-sept tentatives d'assassinat, la dix-huitième lui sera fatale.

Le régicide est immédiatement arrêté est conduit à l'hôtel de Retz pour y être interrogé. Il s'appelle François Ravaillac, âgé de 32 ans, instituteur à Angoulême. Ce catholique dévot déclare avoir agi seul et explique son crime par la trop grande tolérance du roi à l'endroit des protestants. Ses déclarations ne varient pas lorsque le grand prévôt de l'hôtel du roi lui fait écraser les pouces avec un rouet d'arquebuse. Conduit à la prison de la Conciergerie le 15 mai, il avoue avoir été tenté par l'Enfer et eu des visions, mais il ne dénonce aucun mortel. Le 17, il est interrogé par le président du tribunal, Achille de Harlay. Le 25, à nouveau soumis à la « question » – la torture –, il s'obstine, soucieux de « détromper ceux qui pensent qu'il a été induict à tuer le roi pour argent ou par de grands ennemis de la France ». Mais dans Paris qui ne bruit que de la nouvelle du meurtre, on parle déjà d'un complot.

▼ **L'assassinat d'Henri IV. (Gravure du XXe siècle.)**

Un possible complot

Quoiqu'il fut aimé de ses sujets auxquels il avait apporté la paix et la concorde religieuse, Henri IV ne manquait pas d'ennemis. Nombreux sont ceux qui avaient de bonnes raisons de haïr le Béarnais, à commencer par quelques grands princes. L'œuvre de redressement économique et politique du royaume s'est en partie faite au détriment de ces derniers, de plus en plus soumis à l'absolutisme royal.

Surtout, ce huguenot converti s'apprête à entrer en guerre contre les Habsbourg, se disant défenseur des libertés germaniques au risque d'un conflit continental contre l'Empire et l'Espagne, et contre Rome. Les arguments ne manquent pas alors pour justifier un « tyrannicide » qu'on pourrait croire encouragé – voire fomenté – par les catholiques ultras. S'il y a eu complot, malgré les dénégations de Ravaillac, l'enquête du Parlement devrait pouvoir le démontrer.

Les failles de l'enquête

Or les magistrats ignoreront des éléments troublants. Pourquoi le duc d'Épernon, qui était assis à côté du roi, – et il sera établi qu'il connaissait Ravaillac – a-t-il empêché un gentilhomme de tirer son épée ? Pourquoi dans

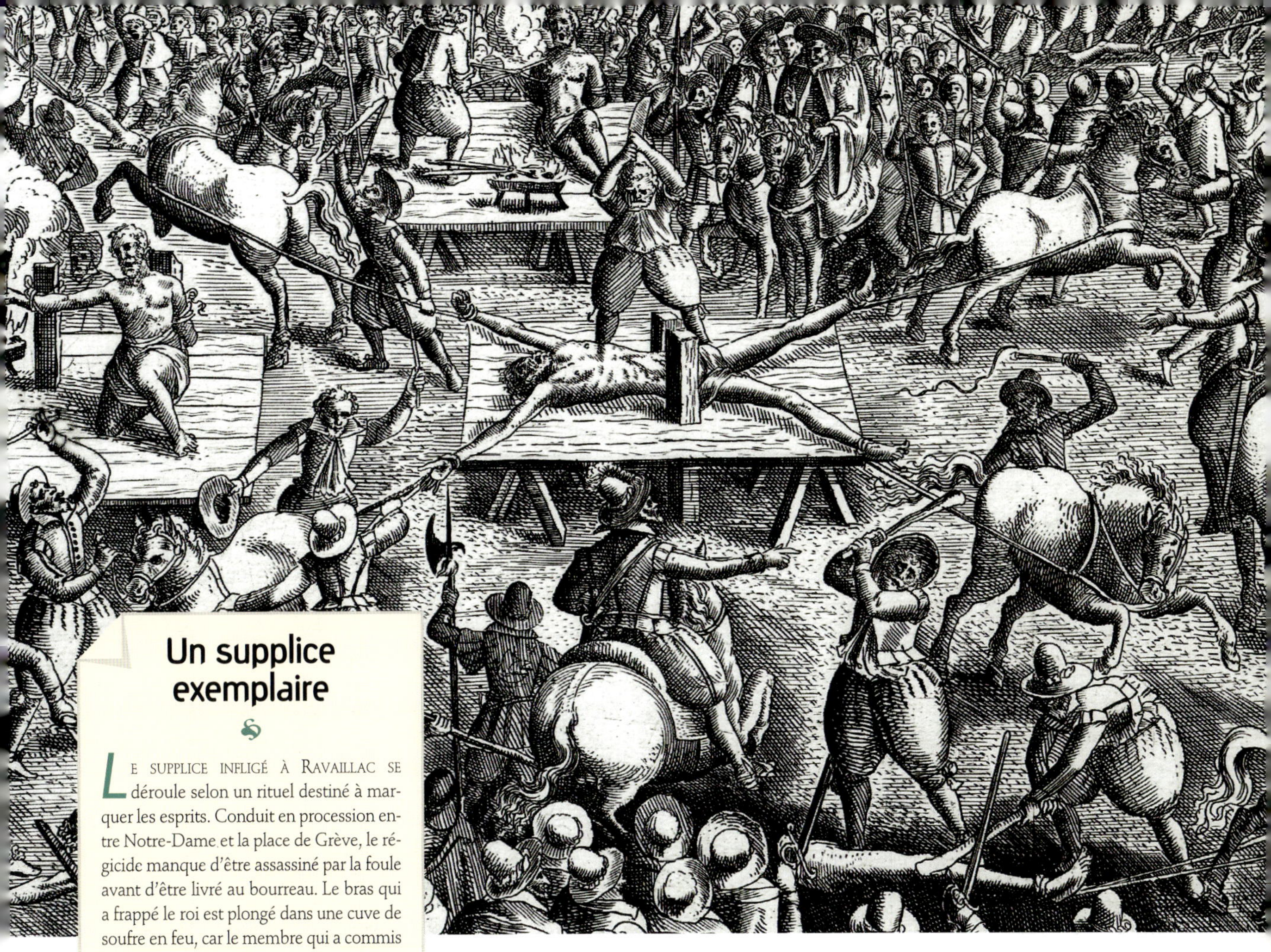

▲ **Écartèlement du régicide Ravaillac en place de Grève. (Gravure du XVIIe siècle.)**

Un supplice exemplaire

Le supplice infligé à Ravaillac se déroule selon un rituel destiné à marquer les esprits. Conduit en procession entre Notre-Dame et la place de Grève, le régicide manque d'être assassiné par la foule avant d'être livré au bourreau. Le bras qui a frappé le roi est plongé dans une cuve de soufre en feu, car le membre qui a commis le crime doit expier le premier. Puis les pectoraux sont arrachés à l'aide de tenailles, et l'on verse du plomb fondu et de la résine bouillante sur les cuisses, les bras et les épaules. Après quoi les bourreaux appliquent de la cire sur les plaies. Un répit est alors accordé au malheureux pour lui permettre de revenir à lui, parce qu'il est essentiel que le meurtrier du roi se sente lui-même mourir, « distillant son âme goutte à goutte ». Ravaillac enfin est écartelé, les membres attachés par des cordes à quatre chevaux. Là encore le supplice est symbolique : celui qui a manqué briser l'harmonie du royaume doit être lui-même démembré. Puis les lambeaux du corps sont exposés dans les quartiers de Paris et brûlés. Le supplice a donné à voir au public les peines de l'Enfer : la disparition complète du corps du supplicié doit lui interdire tout espoir de résurrection. ■

la confusion une troupe s'est-elle avancée pour transpercer l'assassin et en a-t-elle été, là encore, empêchée, avant de disparaître dans la foule ? Il est très étrange également qu'on ait pu s'approcher si facilement du meurtrier à l'hôtel de Retz, et qu'on n'ait pas cherché de nouveaux témoins. Plus curieux encore, un officier de justice de Pithiviers a publiquement annoncé la mort du roi… un peu avant l'assassinat ! La bévue n'est pas passée inaperçue : un moment laissé tranquille, l'homme est finalement enfermé à la Conciergerie, où on le retrouvera étranglé. Conscient de ces failles dans l'enquête, le chroniqueur Pierre de L'Estoile parlera des « lâches procédures » du Parlement.

Mais les magistrats ne retiennent pas la thèse du complot, et dès le 27 mai, l'enquête est close.

Conduit à genoux devant la Grand-Chambre du Parlement, Ravaillac entend l'arrêt : il est « convaincu de crime de lèse-majesté divine et humaine ». Soumis une fois encore à la « question préalable » pour qu'il donne le nom de ses complices, il répond dans un souffle : « Je ne suis pas assez malheureux pour cacher quelque chose de ce genre tandis que je suis persuadé que mon silence m'exclurait de la miséricorde divine. » Le condamné est ensuite conduit solennellement devant la cathédrale Notre-Dame pour y faire amende honorable. Au moment du supplice, il réclame l'absolution, « au cas que je vous ai protesté n'avoir pas de complice soit vrai ». ■

Urbain Grandier était-il l'envoyé du démon ?

1632-1634

En 1632, les dix-sept sœurs d'un couvent de Loudun hurlent qu'elles sont possédées par le diable. Elles nomment celui par qui le démon est entré en elles : Urbain Grandier, curé d'une paroisse de la ville.

Au cours de la nuit du 21 septembre, dans le couvent des ursulines, la prieure Jeanne des Anges et deux sœurs voient apparaître l'ombre de leur confesseur, le prieur Moussaut, mort de la peste quelques semaines plus tôt. Dans les jours qui suivent, d'étranges phénomènes se manifestent : une boule noire vole à travers le réfectoire, un fantôme se promène dans les couloirs. Au début d'octobre, plusieurs sœurs manifestent des signes de démence, hurlent et se roulent par terre.

Tout le couvent est bientôt atteint. Les prêtres accourent et leur conclusion tombe rapidement : les ursulines sont possédées, victimes du Malin. Suivant la logique des religieux, Lucifer ne peut pas apparaître s'il n'a pas été appelé par un sorcier. Il faut trouver le responsable de cet acte démoniaque.

De toute la région, puis de toute la France, des prêtres arrivent. Ils se livrent à des séances d'exorcisme, traquant le diable, cherchant l'homme qui l'a fait venir. Une religieuse possédée, dit-elle, par le démon Astaroth lâche un nom, le 11 octobre : celui d'Urbain Grandier, curé de l'église Saint-Pierre-du-Marché, au centre de Loudun. Un coupable est désigné, l'accusation est reprise par d'autres sœurs et, en ville, les rumeurs se répandent rapidement : Urbain Grandier est un sorcier.

Le peuple a déjà jugé. Urbain Grandier, grand et bel homme, vif et intelligent, captive son auditoire lorsqu'il monte en chaire, mais on lui reproche son libertinage et, très précisément, son goût pour ses paroissiennes.

▲ **Mgr de la Rocheposay exorcisant la prieure Jeanne des Anges à Loudun.**

L'affaire devient politique

Grandier n'est jamais entré dans le couvent des ursulines, mais la ville entière ne parle que de ça, les ursulines le savent et se mettent à rêver de lui. Les bourgeois de Loudun critiquent sa hauteur et son extrême ambition. Les capucins, eux aussi installés à Loudun, profitent de la mise en cause de Grandier pour dénoncer en lui l'auteur d'un violent pamphlet contre Richelieu.

Or, le baron de Laubardemont, commissaire du ministre-cardinal, arrive dans la ville en septembre 1633, pour une mission sans rapport avec l'affaire. Sur place, il entend parler des crises incessantes des religieuses, des exorcistes qui se succèdent et des pré-

Un cas en appelle-t-il un autre ?

La sorcellerie touche les campagnes et concerne les pauvres, la possession les villes et les bourgeois.

Au début du XVIIe siècle, des dizaines d'affaires sont instruites en Bretagne, Franche-Comté, Lorraine, Alsace, Poitou, Béarn, Provence… Les possédés sont des femmes plutôt que des hommes. Certaines deviennent célèbres : Nicole Aubry, Jeanne Féry, Marthe Brossier. De toutes ces affaires, celle qui fait le plus grand bruit est le procès de C. Gaufridy, qui se tient à Aix-en-Provence, et dure plus de deux ans, entre 1609 et 1611. Gaufridy tombe sous l'accusation de deux religieuses, Madeleine de Mandol et Louise Capel ; la première frôlera le statut de sorcière et terminera ses jours en prison.

Un livre relatant les faits dans le détail paraît l'année suivante : on ne peut exclure que sa lecture n'influencera pas les cas postérieurs, notamment ceux du Faubourg Saint-Jacques à Paris, entre 1621 et 1622, de Loudun entre 1632 et 1640, de Louviers entre 1642 et 1647 (une franciscaine, Madeleine Bavent, parvient à faire condamner le vicaire Bouillé, brûlé en 1647 avec le cadavre du père Picard, accusé rétroactivement !) et d'Auxonne entre 1658 et 1663… ■

DOCUMENT

Procès-verbal d'une possession

« Ce qui était sensiblement admirable, c'est que (le diable) étant commandé en latin de lui laisser (à Jeanne des Anges) joindre les mains, on remarquait une obéissance forcée, et les mains se joignaient toujours en tremblant. Et le saint Sacrement reçu en la bouche, il voulait, en soufflant et rugissant comme un lion, le repousser. Commandé de ne faire aucune irrévérence, on voyait cesser (ces manifestations), le saint Sacrement descendre dans l'estomac. On voyait des soulèvements pour vomir, et lui étant défendu de le faire, il cédait. [...]

Et commandé (le diable) de dire le nom du troisième (la possédée) s'est tourmentée davantage, enfonçant sa tête, tirant la langue avec des mouvements indécents, soufflant et crachant, et s'élevant fort haut. [...]

Le corps de la sœur étant couché sur le ventre et retournant ses bras en arrière, y a eu de grandes et violentes contorsions, comme aussi en ses pieds ou mains, lesquels étant enlacés ensemble et même les plantes des deux pieds tellement jointes qu'ils semblaient être collés et attachés ensemble de quelques forts liens, plusieurs personnes s'étant inutilement efforcés de les séparer. »

Acte établi par M. de Laubardemont, chargé de l'instruction du procès Grandier.

somptions contre le curé de Saint-Pierre. De retour à Paris, il se fait attribuer le dossier. Le 8 décembre, il est de retour à Loudun, chargé par Richelieu, qui lui a donné les pleins pouvoirs, d'instruire le procès de Grandier.

Des exorcismes suivis comme des spectacles

Le lendemain de son arrivée, Laubardemont fait arrêter Grandier. Il perquisitionne chez le prêtre sans rien y trouver de compromettant et, durant le mois de janvier 1634, il recueille dépositions et témoignages. Du 4 au 11 février, il interroge Grandier. Le prêtre nie les accusations de sorcellerie puis refuse de répondre aux questions de Laubardemont.

Dans leur couvent, les possédées ne sont toujours pas délivrées. Laubardemont décide de les séparer pour examiner chaque cas : cela n'empêche pas le public de venir assister, en foule, aux innombrables exorcismes. Les médecins, conviés par Laubardemont à observer les possédées, rendent bientôt leur conclusion : « Toutes lesquelles choses nous jugeons surpasser absolument les forces et les moyens de la nature... » L'affaire est entendue : les religieuses sont victimes du surnaturel.

Un pacte avec le diable

Le procès s'ouvre le 8 juillet 1634. Douze juges ont été désignés, ils viennent de petits tribunaux de la région. Ils lisent les comptes rendus d'instruction de Laubardemont, interrogent les possédées et cherchent sur Grandier des « preuves extraordinaires ». Une cicatrice au pouce désigne ainsi l'ancienne blessure qu'il se serait infligée pour signer de son sang un pacte avec le diable. L'insensibilité d'une épaule montre que le Malin s'est emparé de cette partie de son corps et la fait échapper aux lois de la nature. Ces preuves sont considérées comme décisives.

Le 18 août, à 5 heures du matin, les juges prononcent la sentence. Deux heures plus tard, Laubardemont vient chercher Grandier dans sa prison. Il est torturé puis, dans l'après-midi, amené sur la place du Marché où l'attend son bûcher.

Les crises d'hystérie des nonnes, toujours spectaculaires, continuent plusieurs années après la mort de Grandier, jusqu'au jour où la plus virulente des possédées, Jeanne des Anges, devient alors une mystique, une visionnaire habitée par Dieu, presque une sainte...

Lors d'une tournée qui lui fera parcourir les routes de France, elle sera même présentée, en 1638, à Richelieu et à Louis XIII. ■

▼ **Exécution d'Urbain Grandier en 1634. (Gravure du XVIIe siècle.)**

Cinq-Mars a-t-il conspiré contre Richelieu ?

1642

Au printemps 1642, le cardinal de Richelieu découvre une conspiration qui vise à l'éliminer du pouvoir. Parmi les conjurés se trouve le favori du roi, Cinq-Mars, un jeune homme de vingt-deux ans dont il a fait la fortune.

RICHELIEU A REMARQUÉ TRÈS TÔT Henri d'Effiat, marquis de Cinq-Mars, et décidé, alors qu'il n'avait pas encore 18 ans, de le placer auprès du roi Louis XIII, pour qu'il gagne son amitié et lui serve d'espion. De fait, le roi se prend d'une véritable passion pour ce jeune homme charmeur. Cinq-Mars est nommé en 1639 à la dignité prestigieuse de grand écuyer de France. Il assiste au Conseil où se décident les affaires.

Mais, bientôt, ses succès le grisent : pas plus qu'il n'admet d'être un jouet entre les mains du cardinal, il ne consent à sacrifier pour le roi sa liberté. Entre le despotisme du premier et la jalousie du second, le grand écuyer poursuit son irrésistible ascension. Richelieu, cependant, s'inquiète de l'ambition de son protégé. Lorsque Cinq-Mars ose envisager un mariage avec la princesse Marie de Gonzague, le cardinal laisse tomber : « elle n'est pas pour ce petit monsieur ». L'orgueil blessé, le favori veut secouer cette tutelle encombrante. Entre le roi et le cardinal, les relations sont d'ailleurs de plus en plus tendues. Beaucoup misent sur la défaite d'un ministre exécré et la victoire du favori. Cinq-Mars est un allié rêvé pour les conspirateurs qui haïssent Richelieu.

En 1641, Monsieur, duc d'Orléans, frère du roi et éternel comploteur, ainsi que le duc de Bouillon prennent contact avec lui par l'entremise d'un jeune conseiller au parlement, François-Antoine de Thou. Leur projet est de faire la paix avec l'Espagne et d'écarter le cardinal tenu pour responsable de la guerre. Le complot prend forme.

Un texte de traité est rédigé, recopié par Cinq-Mars et, en mars 1642, posté secrètement en Espagne par le marquis de Fontrailles. Les conjurés élimineront-ils physiquement Richelieu ? Les avis divergent. Cinq-Mars entend le roi se plaindre « de l'esclavage où son ministre l'a réduit ». Un soir, Louis XIII lui confie : « Je voudrais bien qu'il y eût un parti contre lui. » Et comme le favori ose parler d'assassinat, le roi réplique par ces mots ambigus : « Il est cardinal et prêtre, je serais excommunié. » Mais à aucun moment Cinq-Mars ne met le roi au courant du projet de rapprochement avec l'Espagne que lui-même et ses amis nourrissent.

◀ **Exécution du marquis de Cinq-Mars et de François-Antoine de Thou, à Lyon.**

Le complot découvert

La guerre contre ce pays se poursuit et Richelieu centre ses efforts sur la conquête du Roussillon. Le roi descend vers Perpignan puis à Narbonne où Cinq-Mars le rejoint. C'est alors que le cardinal décide d'agir. Ses services secrets lui ont remis au début du mois de juin une copie du traité, auquel est annexée la liste des conjurés, et le 12, il fait avertir Louis XIII. Le roi est atterré, blessé dans son amour-propre et dans son affection. Il donne l'ordre d'arrêter Cinq-Mars. Pour se disculper d'avoir semblé encourager un complot, il abandonne à Richelieu le soin de faire justice – en adressant cependant encore un billet au favori : « On en veut à votre personne. » Le cardinal veut certes mater les révoltes continuelles des grands, mais sa rancune personnelle à l'égard de Cinq-Mars est connue de tous. Il nomme aussitôt une commission extraordinaire, présidée par un grand personnage – le chancelier Séguier – et dont les membres sont triés sur le volet. Cette commission siégera à Lyon.

La terrible vengeance du Cardinal

À la fin du mois de juin, la nouvelle de la conjuration est rendue publique. Le 29 août, Séguier se rend chez Monsieur, réfugié en Auvergne, et procède aux interrogations. Le frère du roi, le faible Gaston d'Orléans, transi de peur, avoue tout ce qu'on veut pour sauver sa vie et il accable Cinq-Mars. Le duc de Bouillon, arrêté et incarcéré à Lyon, souscrit

▲ **Richelieu remontant le Rhône. (Aquarelle de Paul Delaroche, XIXe siècle.)**

également à toutes les exigences du cardinal et charge le favori. L'un et l'autre, princes du sang, sont dispensés de comparaître. Ils accablent d'autant plus lourdement leurs complices qu'ils n'auront pas à les affronter devant le tribunal.

Cinq-Mars, incarcéré à Montpellier puis à Lyon, est interrogé le 5 septembre. Le jeune homme ignore les aveux de Monsieur et commence par nier. Certes, sous la pression, il se confie à Séguier, mais ses confidences, orales, ne valent pas pour la procédure. Le rapporteur Laubardemont vient alors l'interroger. Il lui laisse entendre que de Thou a parlé et que, s'il dit la vérité, il obtiendra sa grâce. Incapable de déjouer la ruse, affaibli par la prison, Cinq-Mars passe aux aveux et reconnaît la présence de son ami aux réunions, tandis que Laubardemont prend la précaution de lui faire signer le procès-verbal.

L'instruction est rapidement menée. Dès le 11 septembre – soit avant que la chose soit jugée –, on dresse l'échafaud place des Terreaux. Le jugement a lieu le 12, dans la salle du palais présidial de Lyon. Séguier a fait écarter deux magistrats peu sûrs. Cinq-Mars, qui croit encore à la grâce royale, répète ses aveux. De Thou comparaît à son tour et, ignorant la confession de Cinq-Mars, nie les faits reprochés. C'est alors qu'on lui lit la déposition du principal condamné, signée par lui, et que les deux jeunes gens comprennent le piège. Convaincu de haute trahison, Cinq-Mars est condamné à mort à l'unanimité. Pour avoir omis de dénoncer le complot, de Thou est également condamné à la peine capitale, par onze voix sur treize. Sûr du verdict, le cardinal a quitté Lyon dès le matin, dans sa litière rouge.

Insolent, ambitieux, comploteur, Cinq-Mars le fut à coup sûr. Mais a-t-il été l'instigateur de la conspiration ? Il est douteux qu'on puisse jamais établir la part de responsabilité de chacun des conjurés. En tout cas, la cour a tranché : elle a condamné Monsieur le Grand à la peine capitale. Les tours du château de Cinq-Mars sont démantelées « à hauteur d'infamie ». ■

Une mise en scène macabre

À LA DEMANDE DE RICHELIEU, CINQ-MARS FUT condamné à la question pour l'inciter à révéler les noms de ses complices. Une note précisait qu'il devait s'agir d'un simulacre de torture. Mais le condamné n'en savait rien : le jeune homme fut dévêtu et conduit à la salle de gêne, attaché au banc. Il ne manifesta aucune peur.

Une fin exemplaire. Richelieu tint également à ce que l'exécution fût publique. 1 200 soldats furent mobilisés pour le service d'ordre. Cinq-Mars gravit les marches fermement et refusa d'avoir les yeux bandés. De Thou le suivit avec la même dignité. Les spectateurs, innombrables, pleuraient en regardant mourir ces malheureux jeunes gens. ■

Fouquet victime de la raison d'État ?

1664

Nicolas Fouquet, surintendant des Finances, est jugé en décembre 1664 pour dilapidation des fonds publics. Mais le procès est entaché d'irrégularités, de truquages de pièces et de pressions sur les témoins.

Le 5 septembre 1661, à Nantes, alors qu'il quittait le Conseil, Fouquet est arrêté par le lieutenant des mousquetaires. Transféré au fort de Vincennes, le surintendant commence à préparer sa défense. On s'étonne seulement qu'il n'ait pas anticipé sa disgrâce et deviné les pièges : quelques mois plus tôt, en effet, il a cédé sa charge de procureur général au parlement de Paris, perdant ainsi le privilège d'échapper à un jugement devant une commission extraordinaire. Avec la même naïveté, il s'est laissé éloigner de Paris, donnant le loisir à ses ennemis de se saisir de ses papiers dans sa maison de Saint-Mandé. Fouquet, généreux, confiant, fastueux, ne mesure pas l'hostilité secrète de son rival, Colbert, nommé en 1661 intendant des Finances pour mieux le surveiller, ni l'ampleur de la jalousie du roi, blessé dans son orgueil de monarque par la fête somptueuse donnée par Fouquet à Vaux-le-Vicomte en août 1661.

Une longue enquête

Le 15 novembre 1661, Louis XIV rend un édit portant création de « l'établissement d'une chambre de justice pour la recherche des abus et malversations commises dans les finances de Sa Majesté ». Cette chambre extraordinaire, forme légale de « justice retenue », siégera plus de sept ans et traquera à Paris et en province « les initiés » et profiteurs du système. Colbert la compose de magistrats dociles : son propre oncle, Henri Pussort, en fait partie. Le président Lamoignon, jugé trop modéré, sera remplacé, en cours de procès, par Séguier.

L'enquête dure trois ans. Les juges tendent de rassembler les preuves des « crimes » du surintendant, tâche des plus délicates, car il faut éviter les « déballages » gênants, qui mettraient en lumière la fortune d'autres hommes politiques et en particulier les combinaisons financières hasardeuses de feu cardinal Mazarin. Bon juriste, Fouquet connaît les failles de l'accusation, et il commence par réclamer la restitution des papiers soustraits chez lui – ce qui lui est refusé. Grâce à l'intervention courageuse du rapporteur Olivier Lefèvre d'Ormesson, il peut obtenir la communication de certains documents. L'enquête n'avance que très lentement. Le roi s'impatiente.

▲ **Fouquet reçoit Louis XIV et sa cour au château de Vaux-le-Vicomte.**

La colère du roi

Le procès commence en novembre 1664. l'accusation repose sur deux chefs, le crime de péculat et le crime de lèse-majesté. Le premier chef – l'enrichissement du prévenu – est fondé sur le train de vie fastueux de Fouquet ; mais celui-ci se défend pied à pied. Prêts fictifs, pots-de-vin, pensions, utilisation de prête-noms, reçu en blanc ont servi à des remboursements d'avances. Séguier lui-même n'a-t-il pas prêté 26 000 écus à Colbert sans formalité ? Quant aux dépenses somptuaires, Fouquet regrette que la cour n'ait pas cherché à évaluer sa prétendue fortune, en faisant l'inventaire de ses

Des finances publiques opaques

FOUQUET A TRÈS PROBABLEMENT PROFITÉ DE sa position pour s'enrichir, mais sa tâche réclamait d'inspirer confiance aux créanciers et, par conséquent, de faire des largesses.

Le système financier repose, avant la réforme de Colbert, sur le rôle régulateur du surintendant. C'est lui qui, pour les dépenses, délivre des mandats de paiements en les assignant sur des fonds de recettes. Ces mandats sont ensuite acquittés par le trésorier de l'Épargne. En fait, en raison du retard des rentrées d'impôts, le trésorier chargé d'acquitter la créance est contraint, faute d'argent, de donner un billet tiré sur un débiteur. Ces billets de l'Épargne font l'objet de spéculations : les financiers les plus puissants rachètent aux petits porteurs pressés leurs billets au moindre coût. Dans le cas de dépenses extraordinaires, liées aux guerres par exemple, le surintendant, qui doit à tout prix trouver l'argent, prête parfois sur ses biens et sert d'intermédiaire dans les jeux du crédit : quand ses amis créanciers perdent confiance, il leur offre un taux supérieur et, pour compenser cette différence, il fait porter sur les registres des dépenses fictives. Le roi ratifie d'ailleurs ces procédés. ■

biens personnels et de ceux de sa femme, et en défalquant les dettes contractées pour le service du roi. Les juges se tournent alors vers le crime de lèse-majesté. On reproche à Fouquet un papier saisi à Saint-Mandé qui représente un plan de défense de Belle-Île, preuve d'un complot rappelant les soulèvements de la Fronde.

Fouquet, qui reconnaît ce vieux document, regrette ce plan de jeunesse, qui n'a plus aucune valeur puisque les hommes en place ont changé depuis longtemps. Il a toujours été un serviteur fidèle et, de toute façon, nul ne peut découvrir l'amorce d'un complot. La défense de Fouquet est solide et la cour, embarrassée, se divise. Avec équité, Lefèvre d'Ormesson reconnaît que les désordres comptables imputés à l'accusé relèvent souvent de la perversion du système. Quant au complot, on ne peut pas retenir un crime qui n'a pas été commis !

La sentence est rendue le 18 décembre : par treize voix contre neuf, Fouquet sauve sa vie : il est est condamné au bannissement. Ses biens sont confisqués. C'est alors que le roi, furieux d'avoir été bravé, commue l'exil en prison perpétuelle – décision sans exemple d'une « grâce » à l'envers. Le courageux d'Ormesson, lui, ne sera jamais conseiller d'État !

Malgré bien des interventions, Fouquet restera en prison à Pignerol jusqu'à sa mort, seize ans plus tard. ■

▶ **Fouquet est arrêté par d'Artagnan, lieutenant des mousquetaires. (Illustration de E. Bayard, 1877.)**

Le masque de fer

1669

Un homme tenu au secret pendant trente-quatre ans de peur qu'il ne parle, le visage dissimulé de peur qu'on ne le voit... Les hypothèses les plus folles ont été avancées, sans jamais résoudre le mystère.

Le 19 novembre 1703, on enterre discrètement au cimetière Saint-Paul un dénommé « Marchioly », âgé de 45 ans environ, détenu à la prison de la Bastille. Il y était arrivé en 1698, escorté par M. de Saint-Mars, lequel veillait sur son prisonnier depuis plus de trente ans. Avec cet homme qu'on enterre va naître la plus grande énigme de l'histoire de France, celle du masque de fer.

Serviteur zélé du secrétaire d'État à la Guerre Louvois, Bénigne de Saint-Mars, gouverneur de la citadelle de Pignerol dans les Alpes, accueille en août 1669 le dénommé Eustache Danger, avec ordre de le maintenir au secret sans le laisser communiquer avec quiconque. Danger a pour compagnon d'infortune à Pignerol, avec quelques autres, le Surintendant Fouquet, tombé en disgrâce et enfermé là avec son valet La Rivière. Les ordres de Louvois sont clairs : « Le roi m'ayant commandé de faire conduire à Pignerol le nommé Eustache Danger, il est de la dernière importance à son service qu'il soit gardé avec une grande sûreté et qu'il ne puisse donner de ses nouvelles en nulle manière et par lettre à qui que ce soit. » Saint-Mars recevra également les sommes nécessaires à « l'accommodement » du cachot dans lequel il sera seul autorisé à pénétrer, et il ne devra jamais laisser le prisonnier tenter de l'entretenir « d'autre chose que de ses nécessités ». Après quelques années de secret absolu, Danger verra toutefois son régime carcéral s'assouplir, et il obtiendra de pouvoir aider La Rivière, devenant lui aussi le domestique de Fouquet. Quand ce dernier meurt, en 1680, Danger est de nouveau maintenu dans le plus complet isolement.

De Pignerol à la Bastille

L'année suivante, Saint-Mars est nommé gouverneur du château d'Exilles, dans les Alpes, où il amène avec lui deux des prisonniers dont il avait la garde à Pignerol, et que le ministre Louvois dans sa correspondance ne désigne que comme « les deux de la tour d'en bas ». Grâce à la correspondance de Saint-Mars et aux différents registres d'écrou, on sait qu'en cette année 1681 il n'y a que six prisonniers à Pignerol : un moine dominicain nommé Lapierre, qui y mourra en 1694 ; un nommé Dubreuil, agent double au service de l'Espagne, libéré en 1684 ; le

◄ *L'Homme au masque de fer.* **(Film de R. Wallace avec L. DiCaprio, 1998.)**

▶ **Le mystérieux prisonnier au masque de fer, (D'après un dessin d'Alphonse de Neuville, 1870.)**

comte Matthioli, qui s'était entremis dans des négociations secrètes entre la France et le duc de Mantoue avant de monnayer ses informations, entre autres, à l'Espagne et à Venise. Mis au secret à Pignerol, il séjournera ensuite à Sainte-Marguerite mais disparaît des registres en 1694. Rousseau, valet de Matthioli, mort en 1699 ; La Rivière, valet de Fouquet maintenu au secret après la mort de son maître, conduit à Exilles où il est pendu en 1687, et Eustache Danger. Les deux prisonniers « de la tour d'en bas » ne peuvent donc être que le valet La Rivière et Eustache Danger.

En 1687, Saint-Mars est nommé au fort de l'île Sainte-Marguerite, et il emmène avec lui un prisonnier, qui a le visage dissimulé sous un masque de velours fermé par une armature de fer. Or cette même année, l'un des « deux de la tour d'en bas » est mort, sans doute La Rivière qui était malade. Une lettre de Louvois à Saint-Mars, datée de 1691, parle du prisonnier qu'il a sous sa garde « depuis plus de vingt ans » : seule la date d'incarcération de Danger correspond. En 1698 enfin, Saint-Mars prend le commandement de la citadelle de la Bastille, toujours accompagné de « son » prisonnier. ▶

Pourquoi un masque ?

C'est lorsqu'il conduit le prisonnier d'Exilles à l'île Sainte-Marguerite, en 1687, que Saint-Mars prend l'initiative de dissimuler son visage sous un masque. Dans le même temps, il prend des précautions inouïes et fait totalement réaménager la prison pour que l'homme soit totalement isolé, faisant savoir qu'il a sous sa responsabilité un personnage d'importance dont nul ne doit connaître ni l'identité ni le visage, et qu'il a ordre de tuer sur le champ s'il venait à révéler son nom ! Ici commence véritablement la légende, et, selon l'historien Jean-Christian Petitfils, il semble que Saint-Mars en soit le seul instigateur. Jouissant de la confiance du roi et du ministre, voilà des années que Saint-Mars, ancien mousquetaire, n'a d'autre charge que celle de geôlier. Bien sûr il a eu sous sa garde le Surintendant Fouquet et le comte de Lauzun, mais il n'est plus désormais que le surveillant d'un valet, emprisonné sur ordre du roi, dont il ne sait rien et qui n'intéresse personne. Saint-Mars a-t-il voulu donner du lustre à sa carrière en s'accordant de l'importance par l'intermédiaire du prisonnier ? Le mystère qu'il entretenait autour de l'énigmatique « masque de fer » ne pouvait qu'accroître l'importance de sa fonction. ■

▲ **Le masque de fer emprisonné à la Bastille. (Gravure de la fin du XVIIIe siècle.)**

Le symbole de la tyrannie des rois

« L'homme au Masque de fer délivré de ses fers salue la République »... C'est sous ce titre que des gravures circulèrent pendant la Révolution pour faire connaître une nouvelle sensationnelle : ceux qui s'emparèrent de la Bastille auraient découvert le 22 juillet 1789 le squelette du fameux Masque ! Depuis des années le mystère était devenu si populaire qu'il symbolisait la cruauté d'un régime dont le malheureux captif était le martyr, victime de l'effroyable raison d'État. Si les thèses les plus en faveur faisaient du Masque de fer un proche du roi (un frère, son père...), c'était pour accentuer l'horreur d'un destin tracé par la cruelle volonté d'un despote ; affirmer qu'il s'agissait d'un enfant, c'était porter à son comble l'ignominie coupable du souverain et, partant, d'un régime honni. ■

« Ce à quoi il a été employé »...

D'Eustache Danger, on ne sait rien, sinon qu'il a été arrêté en juillet 1669 à Calais sur ordre du roi. Conduit à Pignerol, il est confié à M. de Saint-Mars qui ignore tout des griefs qui sont faits à l'énigmatique personnage, mais qui a ordre de lui interdire toute communication avec l'extérieur. La maigre pension allouée à Danger laisse penser qu'il s'agit d'un homme de condition modeste. Mais l'insistance de Louvois à exiger de Saint-Mars les plus grandes précautions pour que Danger ne soit en contact avec personne permet de deviner que l'homme détient un lourd secret que l'on veut taire à tout prix. Et si on lui a permis un temps de se mettre au service de Fouquet, c'est parce que celui-ci ne sortirait jamais vivant de prison. Fouquet recevra une lettre de Louvois qui lui demandera si Eustache Danger n'a rien dévoilé devant le valet La Rivière « de ce à quoi il a été employé ». Plus que son identité véritable, c'est donc son secret qui rend si dangereux le captif. Mais quel est ce secret ?

S'il a été arrêté à Calais, est-ce parce qu'il faisait souvent le voyage entre la France et l'Angleterre ? On sait qu'au moment de son incarcération, d'intenses tractations secrètes se déroulaient entre Louis XIV et Charles II en vue de la possible conversion du roi d'Angleterre au catholicisme. Ces négociations qui impliquaient des relations plus étroites entre les deux nations ne pouvaient se faire qu'au détriment des Provinces-Unies, il était donc nécessaire qu'elles soient menées dans le secret le plus absolu. Elles furent possibles grâce à l'entremise d'Henriette d'Angleterre, sœur de Charles II et épouse de Philippe d'Orléans, frère de Louis XIV. Quelques mois après l'enfermement de Danger à Pignerol, c'est elle qui permettra la signature du traité secret de Douvres qui voyait la France et l'Angleterre s'unir contre la Hollande, mais elle mourra peu après, empoisonnée dit-on. Eustache Danger était-il l'un de ces domestiques de grande confiance, chargé de porter les plis secrets échangés entre l'Angleterre et la France ? Aurait-il eu connaissance de certaines informations, auquel cas il fallait impérativement l'empêcher de parler ? Nul ne le sait, mais il est avéré qu'après la mort d'Henriette d'Angleterre, le ministre Louvois se rendit discrètement... à Pignerol !

Naissance du mythe

L'histoire alors cède la place à la légende qui s'installe sur un tout autre terrain que l'échiquier diplomatique européen, quand l'ambitieux marquis de Barbézieux, sans doute par dépit de n'avoir pas obtenu tout ce qu'il espérait de Louis XIV, se met à colporter « sa vérité » : selon lui, le prisonnier dont le visage était caché au regard de tous n'était autre que le fruit des amours de la reine Anne d'Autriche et du duc de Buckingham, donc le frère aîné du roi ! Depuis que l'homme au masque de fer était arrivé à la Bastille, les rumeurs d'ailleurs ne manquaient pas sur sa véritable identité, mais c'est celle-ci qui fit le plus sensation.

Voltaire dans son *Histoire du siècle de Louis XIV*, lui donnera un nouveau lustre, avec d'autant plus de conviction qu'il a lui-même connu les cachots de la Bastille. Après lui, on ne compte plus tous ceux qui affirmaient savoir qui était l'homme au masque de fer, que l'on dira être, entre beaucoup d'autres, le frère jumeau, et non plus aîné du roi, le duc de Vermandois, le duc de Beaufort, un fils de Mazarin, voire Louis XIV lui-même ou encore Molière !

Curieusement, l'identité de l'homme au masque est devenue la seule énigme qui compte, alors que le véritable mystère demeure « ce à quoi a été employé » le captif de Pignerol. Si l'histoire a tiré un trait sur ses identités fantaisistes, on ne sait toujours rien du secret du dénommé Eustache Danger. ■

Napoléon, descendant du masque de fer !

C'EST LA THÈSE AMUSANTE QUI CIRCULA dans les milieux bonapartistes pour faire de Napoléon le descendant des rois de France. Elle est à la hauteur de beaucoup d'autres qui circulèrent pour tenter de légitimer telle ou telle aspiration au pouvoir. L'homme au masque de fer serait bien le frère jumeau de Louis XIV, mais en prison il se serait épris de la fille du gouverneur qui ne s'appelle plus Saint-Mars mais Bonpart. Le roi aurait consenti à ce que son frère « trouve dans l'amour un adoucissement à ses malheurs », et les fruits de ces amours pénitentiaires auraient été éloignés jusqu'en Corse. Là, le nom de Bonpart se serait transformé en Buonaparte puis Bonaparte... ■

▶ **La forteresse de l'île Sainte-Marguerite, où le masque de fer resta enfermé de 1687 à 1698.**

Madame a-t-elle été empoisonnée ?

1670

Âgée d'à peine vingt-six ans, Madame, belle-sœur de Louis XIV et fille du roi Charles Ier d'Angleterre, meurt en quelques heures au château de Saint-Cloud. Dans son agonie, elle affirme qu'elle a été empoisonnée.

APRÈS UNE ENFANCE DIFFICILE PASSÉE en exil à Paris, Cromwell ayant renversé son père Charles Ier, Henriette d'Angleterre a seize ans lorsque la royauté est restaurée et que son frère Charles II monte sur le trône. Elle ne reste pas longtemps à Londres : un an plus tard, en 1661, elle est renvoyée en France pour y épouser le frère du roi, Philippe, duc d'Orléans. Malheureusement pour elle, Philippe ne s'intéresse guère à son épouse. Il lui préfère la compagnie de doux mignons habillés de soie et de dentelles. Ambitieuse, Henriette ne s'en émeut pas et part à la conquête de la cour. Très vite, elle sait se faire une place dans ce haut lieu d'intrigues : elle participe à des offices sataniques et offre ses faveurs à qui peut lui être utile. Elle n'est pas particulièrement belle, mais elle possède un charme auquel peu résistent ; on compte parmi ses amants le prince de Rohan, le comte de Guiche, le marquis de Vardes, le duc de Buckingham, Louis XIV lui-même, ainsi que Mlle de Fiennes, Mme de Monaco et la duchesse de Mecklembourg.

◄ **Henriette d'Angleterre, duchesse d'Orléans. (Peinture anonyme.)**

Les ennemis de Madame

Malgré la multiplicité de ses propres aventures, Madame ne voit pas d'un bon œil l'importance grandissante que prend l'amant de Monsieur, le chevalier de Lorraine. Habile manœuvrier, rompu aux intrigues de la cour, ce chevalier exerce sur Monsieur une influence indiscutable ; Henriette se sent humiliée. Devenue maîtresse de Louis XIV, elle le décide à éloigner l'importun. Monsieur pleure et trépigne, mais la royale décision est sans appel : le chevalier de Lorraine est envoyé dans les geôles du château d'If, puis en exil en Italie. Mais Lorraine n'est pas le seul ennemi d'Henriette : le marquis de Vardes, amant délaissé, l'accuse de trahison en faisant parvenir au roi de faux documents sur la cession de Dunkerque. Henriette est rapidement innocentée. Enfin, nombre de courtisanes sont jalouses des succès de Madame, en particulier la Montespan, bien décidée à devenir à son tour la favorite du roi. Rancœurs et jalousies ne font que croître lorsqu'à partir de 1667, Henriette est chargée par Louis XIV d'être l'intermédiaire officieux de la France avec son frère Charles II, le roi d'Angleterre. Madame passe de longues journées avec le roi à s'entretenir des affaires d'État ; Monsieur lui-même n'est pas mis dans la confidence. En 1670, Henriette part en Angleterre pour ce qui est officiellement une visite d'agrément ; elle en revient avec un traité d'alliance qui permet à Louis XIV d'envisager avec sérénité sa guerre contre la Hollande.

Madame se meurt

Au cours de l'été 1670, rentrée depuis peu d'Angleterre, Henriette est saisie d'un malaise alors qu'elle sort d'une baignade dans la Seine. Le lendemain, dans l'après-midi, elle ne se sent toujours pas très bien. Elle demande un grand verre d'eau de chicorée glacée, l'avale d'un trait et s'effondre alors en proie aux plus vives douleurs. On la conduit dans sa chambre. Elle se tord et gémit, ravagée par la souffrance. Un premier médecin diagnostique une simple colique et pratique une saignée ; les douleurs de Madame ne décroissent pas.

« Il y avait du poison dans l'eau que j'aie bue », s'écrie alors Henriette ! Elle réclame un contrepoison ; on lui apporte le fleuron de la pharmacopée du XVIIe siècle : de la poudre de vipère. Son pouls s'altère. Le médecin, confiant, assure que la chose est fréquente pendant les crises de coliques. Deux autres médecins, que l'on peut sans peine imaginer tels que nous les peint Molière, arrivent de Versailles et ordonnent un clystère. Le traitement est sans effet. Persuadée qu'elle a été empoisonnée, Henriette agonise lentement, sous les yeux de son mari et du roi, seul d'ailleurs à pleurer. Neuf heures après avoir bu son verre d'eau de chicorée, elle expire dans d'atroces souffrances.

DOCUMENT

« Madame est morte »

« Ô NUIT DÉSASTREUSE ! Ô NUIT EFFROYABLE, où retentit tout à coup, comme un éclat de tonnerre, cette étonnante nouvelle : Madame se meurt ! Madame est morte ! Qui de nous ne se sentit frappé à ce coup, comme si quelque tragique accident avait désolé sa famille ? Au premier bruit d'un mal si étrange, on trouve tout consterné, excepté le cœur de cette princesse. Partout on entend des cris : partout on voit la douleur et le désespoir, et l'image de la mort. Le roi, la reine, Monsieur, toute la cour, tout le peuple, tout est abattu, tout est désespéré ; et il me semble que je vois l'accomplissement de cette parole du prophète : « le roi pleurera, le prince sera désolé, et les mains tomberont au peuple de douleur et d'étonnement. »

Extrait de l'oraison funèbre de Bossuet, prononcée à Saint-denis le 21 août 1670

« IL SEMBLA QU'ELLE AVAIT UNE CERTITUDE entière de sa mort, et qu'elle s'y résolut comme à une chose indifférente. Selon toutes les apparences, la pensée du poison était établie dans son esprit, et voyant que les remèdes avaient été inutiles, elle ne songeait plus à la vie, et ne pensait qu'à souffrir ses douleurs avec patience. »

Extrait du récit de Mme de la Fayette : « Relation de la mort de Madame »

▲ **Oraison funèbre de Bossuet pour Madame Henriette d'Angleterre. (Gravure de Lignon.)**

Un empoisonnement ?

L'usage du poison s'est depuis peu répandu à la cour. Diverses rumeurs agitent à ce propos les habitants du château de Versailles : cette pratique, on le sait, vient d'Italie. Or, qui est en Italie justement ? Le chevalier de Lorraine. Il n'en faut pas plus à Saint-Simon pour conclure que l'amant exilé de Monsieur a fait empoisonner Madame, avec la complicité d'amis – le comte de Beuvron et le marquis d'Effiat. Selon Saint-Simon, le marquis d'Effiat reçoit en juin un poison que Lorraine lui a fait adresser depuis Rome. Le 29, il se glisse dans les appartements de Madame et verse le contenu de sa fiole dans le pot de porcelaine rempli d'eau de chicorée, l'amertume de celle-ci permettant de dissimuler le goût de la potion. Mais, alors que Madame agonise, nous savons qu'une servante non avertie goûte elle-même l'eau de chicorée et en avale un grand verre. Elle n'en ressent aucun malaise.

La rumeur de l'empoisonnement de Madame demeure, malgré tout, forte. La princesse Palatine, seconde femme de Monsieur, s'en fait aussi l'écho. Pourtant, il ne faut pas oublier qu'Henriette était de santé fragile, et que plusieurs déjà elle avait été sujette à des crises de « douleurs au côté ». L'examen des rapports de l'autopsie pratiquée alors sur Henriette semble montrer, à la lueur de la médecine actuelle, que Madame est morte d'un ulcère dégénérant en péritonite. Une affection qui peut être naturelle… ou provoquée par l'absorption régulière de petites doses de poison. ■

Les raisons d'un suicide

1671

Vatel est entré dans l'histoire par un geste désespéré et sublime. Pourtant, le retard de la marée, qui manque de ruiner sa réputation et assombrir une fête du Roi-Soleil, n'explique pas seul son suicide.

▲ **Scène de *Vatel*. (Film de Roland Joffé, 2000.)**

C'EST À FRANÇOIS VATEL, CONTRÔLEUR général du prince de Condé, qu'échoit la lourde responsabilité d'organiser – et de réussir – la fête somptueuse que le prince donne en l'honneur de Louis XIV en son château de Chantilly, du 23 au 25 avril 1671.

Tout semble aller pour le mieux, même si quelques rôtis manquent à l'une des vingt-cinq tables royales. Sa Majesté et les 2 000 convives jouissent d'un souper en cinq services d'une admirable finesse avant d'assister à un feu d'artifice de deux heures, peut-être légèrement gâché par un nuage intempestif. C'est demain vendredi, jour maigre, et la cour rassasiée s'endort en rêvant d'un festin d'huîtres et de poissons.

Vatel lui ne dort pas, ulcéré par les rôtis qui ont manqué et le demi-échec de ce feu d'artifice. Se disant perdu d'honneur et victime d'un affront insupportable, au comble de l'anxiété, il arpente toute la nuit les offices dans l'attente d'une exceptionnelle « marée » commandée à tous les ports de la Manche et de la mer du Nord. Mais il ne trouve à l'aube qu'un commis, venu livrer seulement deux convois alors que le malheureux Vatel en attend dix fois plus.

Quand la marée arrive enfin, on cherche Vatel, mais il est trop tard : enfermé dans sa chambre, le maître d'hôtel s'est tué de trois coups d'épée qu'il s'est enfoncés dans le cœur. Son corps est immédiatement inhumé dans un village proche, « on le loua, on loua et blâma son courage », écrit Mme de Sévigné. Grâce à la célèbre épistolière, Vatel est entré dans l'histoire de la gastronomie pour s'être tué plutôt que souffrir le déshonneur d'un repas manqué.

De la difficulté de tenir son rang

Son geste ne manque pas de panache, mais peut-il s'expliquer seulement parce que la marée n'était pas à l'heure ? On se tue plus communément pour un amour contrarié, et c'est d'ailleurs la thèse que d'autres accréditeront. Vatel se serait épris d'une suivante de la reine, que convoiterait également le marquis de Lauzun, et même, dit-on, le roi.

Mais sans doute y a-t-il une explication plus politique à la mort de Vatel. À en croire le récit qu'a fait de l'affaire la Grande Mademoiselle, cousine du roi, qui était à Chantilly, Vatel aurait été vertement sermonné par le prince de Condé dont le caractère emporté est bien connu. Une sévère remontrance qu'un autre témoin a relatée à Bussy-Rabutin. Dès lors, le geste du maître d'hôtel s'expliquerait davantage par le risque de perdre sa place. Et ce n'est pas rien pour François Vatel, né dans une modeste famille de laboureurs picards et parvenu à des fonctions éminentes auprès de deux des plus puissants hommes du royaume : Fouquet puis Condé. Lui qui portait désormais l'habit et l'épée au côté, il n'aurait pas supporté sa disgrâce.

Un valet compromettant ?

DANS L'EXERCICE DE SES FONCTIONS, VATEL BRASSE DES SOMMES COLOSSALES, ce qui lui vaut une confiance absolue, et sans doute n'ignore-t-il rien des secrets financiers de son maître. Il a par le passé éprouvé le poids de cette responsabilité quand, au service de Nicolas Fouquet il avait organisé les somptueuses fêtes de Vaux-le-Vicomte, qui avaient trop ébloui le roi et servi de prétexte à l'arrestation du Surintendant. Vatel avait alors dû s'exiler en Angleterre. N'était-il pas le dépositaire de quelque lourd secret, comme le croient certains qui rapprochent le destin de Vatel de celui du célèbre masque de fer, coupable dit-on d'avoir lui aussi trop bien connu Fouquet ? De là à penser que le suicide du maître d'hôtel – trois coups d'épée ! – est autre chose qu'un geste de désespoir... ■

Des cérémonies éminemment politiques

Grand ordonnateur des plaisirs des princes, Vatel est resté dans la mémoire comme un gastronome hors pair, lui qui pourtant ne s'est jamais trouvé aux fourneaux. Son rôle est tout autre : il est le maître de cérémonie, celui qui prévoit, organise, dirige. Intendant d'une maison princière, il a la responsabilité de tout le personnel, veille à l'approvisionnement en nourriture, en bois de chauffage, en linge, en mobilier, supervise l'éclairage...

C'est une responsabilité énorme en un Grand Siècle qui a fait de l'apparat comme de la politesse l'affirmation de la puissance. Car des journées comme celles organisées à Chantilly sont un moment politique essentiel à l'occasion duquel le prince de Condé, ancien frondeur, tente de retrouver les bonnes grâces du monarque, d'autant plus que, malgré la magnificence de la fête, nul n'est dupe de sa faillite financière. Sur leur succès repose également celui d'une périlleuse diplomatie, alors que Louis XIV prépare la guerre de Hollande dans laquelle il ne veut pas s'engager sans le soutien du grand militaire qu'est Condé, le vainqueur de Rocroi. Le courroux de Condé serait alors à la hauteur de l'échec qu'il entrevoit dans ses négociations et dont Vatel serait tenu pour responsable. ■

▲ **La mort de Vatel par Mme de Sévigné. (Illustration de Gerlier, 1890).**

Le scandale des poisons étouffé

1679-1682

Du 7 avril 1679 au 21 juillet 1682, la « Chambre ardente », créée par Louis XIV, tient 210 audiences, procède à 367 arrestations, condamne 36 personnes à mort. Les affaires de poison éclaboussent des personnalités de très haut rang.

DANS LES ANNÉES 1675-1680, ON compte à Paris quelque 400 « devineresses » qui font commerce d'onguents, d'herbes, de poudres et de philtres. Ces femmes sont parfois des « faiseuses d'anges » – une subtile métaphore pour désigner les avorteuses. Sans revenus fixes, souvent veuves, déclassées, elle vivent d'expédients et s'acoquinent avec des alchimistes ou des herboristes qui leur fournissent des poisons : il n'y a alors aucune réglementation pour la vente de produits toxiques. Le lieutenant de police La Reynie place ses « mouches » (ses indicateurs) dans les quartiers chauds de la capitale, car Paris connaît une épidémie de décès suspects.

Or, le 21 septembre 1677, une lettre anonyme est déposée dans un confessionnal de l'église des Jésuites, rue Saint-Antoine, par une femme qui s'enfuit. Le billet, remis à la police, contient des propos inquiétants : il est question d'une poudre blanche à poser sur « la serviette de qui vous savez » – la police croit comprendre qu'il s'agit de celle du roi. La Reynie prend la menace très au sérieux et ordonne une enquête.

Les coups de filet commencent dans les bas-fonds parisiens. Ils mettent d'abord en cause du menu fretin, petites bourgeoises désireuses de se débarrasser d'un mari gênant ou d'ensorceler un amant, héritiers impatients qui usent de « poudres de succession ». Mais ils dévoilent bientôt des complicités dans l'aristocratie française et jusque dans l'entourage royal... Les rumeurs de messes noires et d'enfants sacrifiés ajoutent encore à l'horreur des crimes, créant une vraie psychose collective.

Devant l'afflux des procédures, le lieutenant de police juge nécessaire de mettre le roi au courant. Louis XIV signe, en mars 1679, des lettres patentes pour constituer une commission spéciale qui siégera à l'Arsenal. Question – c'est-à-dire torture –, aveux, bûcher : ce tribunal de l'Arsenal n'est plus bientôt désigné que sous le nom de « Chambre ardente ».

Des enquêtes trop rapides ?

Catherine Monvoisin, dite la Voisin, est arrêtée en mars 1679. Elle dénonce plusieurs complices, dont des prêtres sacrilèges qui pratiqueraient la magie noire. Ses révélations regroupent celles d'autres empoisonneuses et mettent en cause des clients de la haute société qui ont eu recours à ses offices. La Reynie reste pétrifié d'effroi en entendant les grands noms de France mêlés à cette pègre : Mme de Polignac, la duchesse de Bouillon, la marquise d'Alluye, la com-

◄ **La duchesse de Montespan dont le nom revient à plusieurs reprises dans l'affaire des poisons. (Porcelaine XVIIIe siècle.)**

Elle fait pleurer tout Paris

La marquise de Brinvilliers a le triste privilège d'inaugurer la liste des empoisonneuses. Fille d'un magistrat austère, elle prend pour amant un triste sire, le chevalier de Sainte-Croix. Le magistrat obtient du roi une lettre de cachet contre celui-ci, lettre qui permet d'emprisonner sans jugement un sujet dont la conduite nuirait à la société.

La vengeance d'un amant. Libéré, Sainte-Croix se venge avec l'aide de sa maîtresse : le père de la marquise succombe à l'arsenic (1666), suivi dans la tombe par ses frères (1670). À la mort de Sainte-Croix, une perquisition fait découvrir chez lui une cassette pleine de lettres où la marquise raconte ses crimes. Elle parvient à s'enfuir.

Repentie et brûlée. Condamnée à mort par contumace lors d'un premier procès en 1673, elle est arrêtée en 1676. Le procès traîne plusieurs mois, car le parlement hésite à livrer au public une affaire aussi sordide touchant la noblesse. Condamnée à mort le 16 juillet, la marquise de Brinvilliers est décapitée place de Grève, le lendemain, devant un public immense. Sa conversion, dans les heures qui précèdent l'exécution, fait pleurer tout Paris. ■

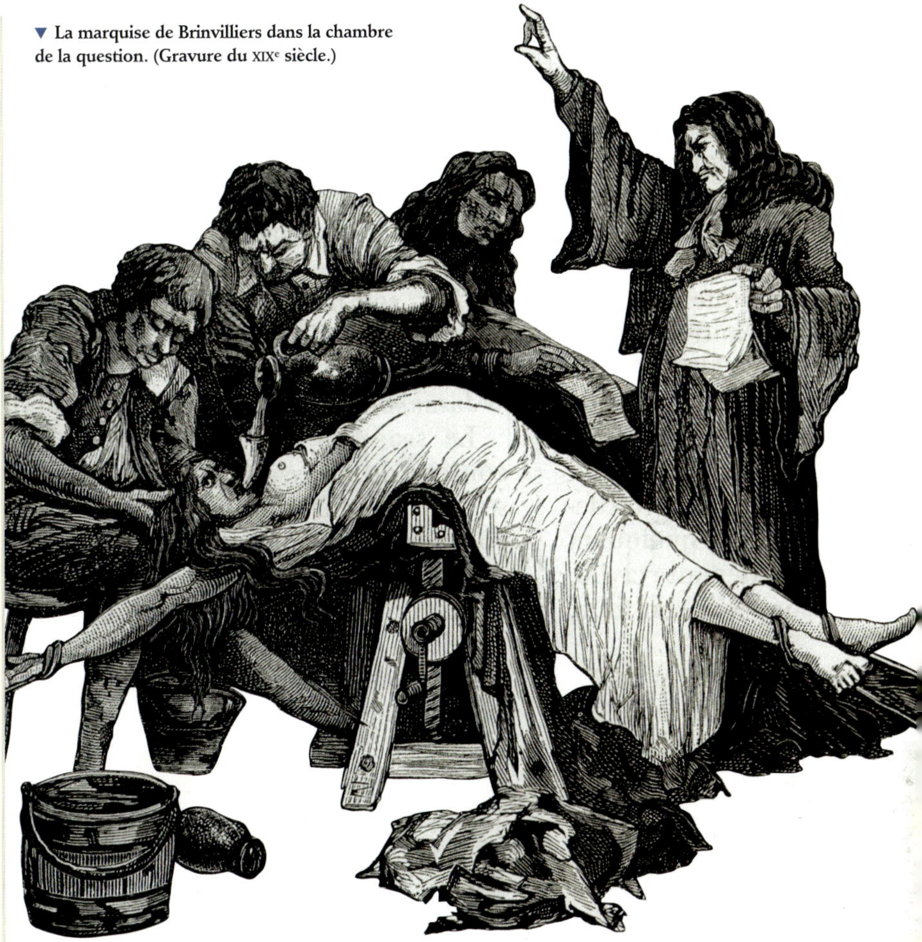

▼ **La marquise de Brinvilliers dans la chambre de la question. (Gravure du XIXe siècle.)**

tesse de Soissons… La Chambre, avant d'expédier les accusés au supplice, enregistre aveux, dénonciations, calomnies, rétractations. L'enquête va trop vite, sur fond de rivalités entre les ministres Louvois et Colbert – on a fait remarquer que les soupçons touchaient beaucoup d'amis de Colbert… Ne prétend-on pas que le maréchal de Luxembourg, glorieux soldat, a signé un pacte avec le diable ? Il est embastillé quatorze mois ; après quoi, l'affaire est étouffée et s'achève par l'inculpation de son intendant ! La duchesse de Bouillon, quant à elle, se moque franchement des enquêteurs, mais sa sœur, Mme de Soissons, est priée par le roi de quitter la France. La Voisin est brûlée en février 1680. Avant de mourir, elle revient sur ses aveux. Le soulagement est de peu de durée : la fille de la Voisin, interrogée à son tour, déclare que la servante de Mme de Montespan, Mlle des Œillets, est venue la trouver afin d'acheter des poudres pour sa maîtresse. Une autre femme, la Filastre, confirme ces dires, ainsi que le prêtre Guibourg : Athénaïs de Montespan, favorite du roi et presque reine, aurait participé à des messes noires et voulu éliminer sa rivale Mlle de Fontanges ! Peut-être même fait-elle partie d'un complot contre le roi.

L'affaire est si grave que Louis XIV, craignant qu'elle s'ébruite, réclame que les procès-verbaux soient dressés sur des feuilles volantes. Puis il suspend la Chambre de l'Arsenal le 18 septembre 1680 et il exige que lui soient remis tous les originaux des « faits particuliers » concernant l'affaire. Seule une version expurgée sera communiquée aux magistrats. Les suspects sont envoyés, par lettres de cachet, finir leurs jours au fin fond de forteresses royales, sauvant ainsi leur vie. Ils ne seront jamais jugés. La Chambre ardente se réunit à nouveau de mai 1681 à juillet 1682, mais le fond de l'affaire lui échappe. Elle condamne encore quelques comparses au bannissement, aux galères, ou tout simplement à l'enrôlement forcé, puis elle est dissoute. Louis XIV croit-il à la culpabilité de Mme de Montespan ? La marquise, en tout cas, qui a cessé depuis longtemps d'être la favorite, demeure encore dix ans à la cour. ■

La négresse de Moret était-elle de sang royal ?

1695

À l'automne 1695, toute la cour assiste à une étrange cérémonie : une jeune Noire prononce ses vœux et entre au couvent des bénédictines de Moret. Louis XIV lui attribue une généreuse pension. Pourquoi une telle attention ?

Fille du roi Philippe IV d'Espagne, Marie-Thérèse d'Autriche épouse Louis XIV en 1660. Depuis toujours, l'infante se sait destinée à un mariage royal. Dès le premier regard, elle se trouve très profondément éprise de son futur mari. Louis XIV, quant à lui, ne fait que suivre le conseil du subtil Mazarin : il épouse l'alliance espagnole et une mère pour ses futurs enfants. Mme de Motteville rapporte qu'en sortant de sa première entrevue avec celle qui va être sa femme, il déclare « à M. le prince de Conti et à M. de Turenne que d'abord la laideur de la coiffure et de l'habit de l'infante l'(a) surpris, mais que l'ayant regardée avec attention, il (a) connu qu'elle avait beaucoup de beauté, et qu'il compre(nd) bien qu'il lui ser(a) facile de l'aimer. » En d'autres termes, le roi se fait une raison devant cette fille boulotte et aux dents déjà gâtées qu'il sait devoir épouser.

Durant les premiers mois du mariage, Louis XIV se révèle un mari attentionné. Mais, très vite, son goût pour les jolies femmes reprend le dessus. Il n'est pas l'homme des passions clandestines, et toute la cour est bientôt au courant de chacune de ses bruyantes liaisons. Mais Marie-Thérèse aime sincèrement le roi, et elle souffre. « Il semblait quelquefois que son cœur voulût sortir de sa place tant il était agité, montrant par cette émotion qu'il ne pouvait être content sans être réuni à celui même dont il se plaignait », raconte la même Mme de Motteville. La reine pleure souvent. Elle a pour lui tenir compagnie quelques dames d'honneur, mais elle reste maussade et n'aime pas les intrigues de la cour. Le turbulent duc de Beaufort, devenu amiral, ramène un jour d'un voyage un jeune esclave noir, un « négrillon » dit-on alors, qu'il offre à la reine pour sa distraction. Le garçon, baptisé Nabo, se révèle vif et plein d'esprit ; rapidement, il séduit et amuse l'entourage de la reine. Une vogue voit le jour, puisqu'on remarque alors que les peintres représentent des négrillons dans les décors de leurs grands portraits.

Mais, un jour de 1664, alors que la reine est enceinte et que la nouvelle vient d'être rendue publique, Nabo meurt subitement.

Un nouveau-né inattendu

La reine vit une grossesse difficile, elle semble inquiète, elle est souvent malade. Le 16 novembre 1664 au matin, elle sent les premières douleurs. L'accouchement est long et difficile, on craint pour la vie de la mère et de l'enfant. Après plusieurs heures,

▶ La religieuse Louise-Marie-Thérèse. (Peinture anonyme du XVIIe siècle.)

DOCUMENT

Témoignages sur la Mauresse

Le difficile accouchement de la reine et l'enfant nouveau-né

« MONSIEUR ME CONTA LA PEINE QUE l'on avait eue sur la maladie de la reine, le monde qu'il y avait lorsque l'on avait porté Notre-Seigneur et comment son premier aumônier s'était évanoui d'affliction, que Monsieur le Prince avait ri et tout le monde ensuite, que la reine avait fait une mine, que la fille dont elle était accouchée ressemblait à un petit Maure que M. de Beaufort avait amené, qui était fort joli et qui était toujours avec la reine, que, quand l'on s'était souvenu que son enfant y pourrait ressembler, on l'avait ôté, mais qu'il n'était plus temps, que la petite fille était horrible, qu'elle ne vivrait pas, que je me gardasse bien de le dire à la reine, vu qu'elle en mourrait. »

Mlle de Montpensier, *Mémoires.*

La thèse d'une fille bâtarde du roi

« ELLE ÉTAIT EXTRÊMEMENT BASANÉE, et d'ailleurs lui ressemblait. Le roi fit présent de vingt mille écus de dot en la plaçant dans ce couvent. L'opinion qu'elle avait de sa naissance lui donnait un orgueil dont ses supérieures se plaignaient. Mme de Maintenon, dans un voyage à Fontainebleau, alla au couvent de Moret et, voulant inspirer plus de modestie à cette religieuse, elle fit ce qu'elle put pour lui ôter l'idée qui nourrissait sa fierté. Madame, lui dit cette personne, la peine que prend une dame de votre élévation de venir exprès me dire que je ne suis pas la fille du roi me persuade que je le suis. »

Voltaire, *le Siècle de Louis XIV.*

Marie-Thérèse est délivrée : c'est une petite fille noire. « Elle accoucha d'une petite fille moresse (c'est-à-dire maure : noire) dont elle pensa mourir », poursuit Mme de Motteville. L'émotion est grande et la médecine du XVIIe siècle tente de fournir des explications : la couleur de la peau vient de la nourriture de la reine pendant sa grossesse, du climat trop froid ou trop chaud, de ce que l'enfant a manqué d'air à sa naissance... Personne, en fait, n'est dupe et personne n'a oublié Nabo. L'enfant, dit-on, est de santé fragile. Elle meurt quarante jours plus tard, le 26 décembre. Patin, médecin et doyen de la faculté, signale dans sa correspondance : « la petite Madame a eu des convulsions et est morte ce matin, elle était fluette et délicate, sans jamais avoir eu de santé. » L'événement est rapporté par plusieurs chroniqueurs ; pourtant, nous ne trouvons pas de récits de témoins directs de la mort de l'enfant.

La religieuse de Moret

Trente ans plus tard, en 1695 (Marie-Thérèse est morte en 1683), Mme de Maintenon présente au couvent des bénédictines de Moret une jeune femme noire, une Maure dit-on à l'époque, pour qu'elle prononce ses vœux solennels et prenne le voile. Toute la cour est conviée à la cérémonie, et, le 15 octobre, la Maure se voit allouer par le roi une pension de 300 livres. Ces dispositions semblent en elles-mêmes exceptionnelles, mais l'attention que la famille royale porte à cette religieuse ne fait qu'amplifier la surprise : Mme de Maintenon, ancienne gouvernante des bâtards royaux et désormais épouse secrète de Louis, se rend souvent à Moret voir la Maure. Le Grand Dauphin Louis, fils du roi, et ses enfants les princes Louis et Philippe, s'y rendent également. Qui est la jeune femme qui suscite tant d'attention ? Celle-ci ne semble elle-même nourrir aucun doute sur son identité. Saint-Simon rapporte « qu'il lui échappa une fois, entendant Monseigneur (le Grand Dauphin) chasser dans la forêt, de dire négligemment : c'est mon frère qui chasse. »

Elle serait donc la sœur, ou demi-sœur, du Grand Dauphin. Manifestement, elle ne peut être la fille du roi et de la reine : par quel miracle serait-elle noire ? Mais elle peut être celle de Louis XIV et d'une Maure. L'hypothèse séduit l'écrivain Voltaire, le même qui imagine de faire du Masque de fer le frère jumeau du roi. En fait, cela est difficile à imaginer : les maîtresses de Louis XIV sont connues, ses enfants répertoriés, et les femmes noires rares dans la France du XVIIe siècle. Alors, la Mauresse peut être la fille de Marie-Thérèse. Dans ce cas, comment ne pas se souvenir de l'enfant née en 1664, et du négrillon vite grandi qui plaisait tant à la reine... ■

▼ Jeune aristocrate et son négrillon portant une corbeille de fruits. (Tableau d'Antoine Coypel, XVIIIe siècle.)

Des guérisons miraculeuses au siècle des Lumières ?

1727

Autour de la tombe d'un diacre, dans le cimetière Saint-Médard de Paris, ont lieu successivement, entre 1727 et 1732, des guérisons « miraculeuses » et des crises de dévotion se traduisant par des convulsions corporelles.

L'HOMME PAR QUI LE SCANDALE arrive, le diacre François de Pâris, est mort en 1727, à l'âge de 37 ans. Sa vie a inspiré un tel respect au petit peuple parisien, auprès duquel il avait choisi de vivre, qu'il est mort, comme on dit, en « odeur de sainteté ». Il a constamment pratiqué l'ascèse et la charité. Or, cet homme à la destinée exemplaire est un membre actif du parti des « appelants », c'est-à-dire un janséniste.

En principe, l'affaire janséniste est close depuis la ferme condamnation de l'« hérésie » par la bulle papale *Unigenitus* (1713). Ce texte, rejetant les grandes thèses sur la grâce et la prédestination propres aux jansénistes, n'a pas réussi à réduire ceux-ci au silence en France. Le jansénisme n'est plus seulement dans ce pays un débat théologique réservé à l'élite : il s'est démocratisé. Le petit peuple des villes ne l'ignore plus, et il vénère, pour son dévouement, le clergé janséniste.

Se constitue alors, sous la Régence, un parti d'évêques, de moines, de prêtres et même de laïcs qui font « appel » du texte d'*Unigenitus* au pape, d'où leur nom d'« appelants ». Plusieurs de ces chefs sont excommuniés ou déposés après les appels de 1717, de 1720 et de 1727. Or, François de Pâris les a tous signés ! Peut-on reconnaître la sainteté de quelqu'un appartenant à un parti condamné par l'Église et par le pouvoir ?

◄ **Convulsionnaire, d'après un dessin de Restout.**

D'abord des « miracles », puis des convulsions

Les premières guérisons « miraculeuses » se produisent autour du tombeau de Pâris dès 1727. Le cimetière devient vite le lieu de rendez-vous d'une foule de candidats à la guérison et de simples spectateurs, de toutes conditions sociales. On vient se coucher sur la pierre tombale pour se faire soigner, on récolte la terre autour du monument pour en faire des baumes ou des emplâtres.

Le 15 juillet 1731 débute une controverse : alors que les jansénistes profitent de la publicité que leur apportent ces miracles, l'arche-

▲ **Miracle autour de la tombe d'un diacre, au cimetière Saint-Médard, le 22 août 1731.**

vêque de Paris affirme, dans un mandement, qu'ils sont faux et que doit cesser ce culte des reliques. Vingt-trois curés parisiens lui adressent alors une requête pour faire reconnaître quatre miracles sur lesquels ils ont un solide dossier de témoignages. Mais les autorités religieuses répondent par le silence.

La nature du phénomène se transforme alors. Les « guérisons » s'opèrent désormais à travers de longues et douloureuses crises de convulsions. Ces accès de tremblements incontrôlés, accompagnés de hurlements et de craquements d'os, impressionnent vivement. Les corps des sujets sont comme possédés, tordus et tirés dans tous les sens par une force mystérieuse qui leur arrache des mouvements désordonnés. Les yeux sont révulsés, la bouche écumante.

L'effet parfois scabreux de ces scènes n'échappe pas à la police du roi : « Ce qu'il y a de plus scandaleux, dit un indicateur, c'est d'y voir des jeunes filles assez jolies et bien faites entre les bras des hommes, qui, en les secourant, peuvent contenter certaines passions, car elles sont deux ou trois heures la gorge et les seins découverts, les jupes basses, les jambes en l'air... » Appelés à juger, les médecins du roi ne voient dans le phénomène qu'imposture. Par peur de troubles, le cimetière est fermé le 29 janvier 1732.

Certains convulsionnaires continuent de se donner en spectacle. Les crises changent de nature : le corps des sujets est pris de violentes contractions qui nouent horriblement les muscles. La convulsion devient une véritable torture. La raideur du corps figure la passion du Christ : le secours des spectateurs, qui piétinent, frappent le convulsionnaire et étirent désespérément ses membres pour essayer de les détendre, est un supplice. Cette souffrance serait le prix que paient les sujets pour démontrer, seuls contre tous, la véracité des « miracles ».

La crucifixion, ultime mortification

On s'éloigne de plus en plus de l'affaire Pâris et les convulsionnaires, emprisonnés, condamnés par le parlement et même par les jansénistes, sont marginalisés et privés d'appui. Désormais, ils exigent d'être traités à coups de barre de fer, d'épée, d'objet tranchant... À partir de 1745, il n'existe plus que quelques communautés clandestines de convulsionnaires. L'indifférence des autorités, du clergé et du public conduit à une dernière surenchère : la crucifixion. Certains s'y adonnent régulièrement. C'est l'épreuve suprême, supposée être l'identification totale au corps du Supplicié Rédempteur.

Enfin, à dater de 1789, on n'entend plus parler des convulsionnaires. ■

DOCUMENT

Le martyre d'une convulsionnaire

« Elle eut ses convulsions et demanda les secours comme à l'ordinaire. Elle se fit aussi tirer les seins : elle était assise sur le carreau, sa robe croisée sous son menton, avec deux demoiselles, une de chaque côté ; celle qui était à droite tirait la mamelle droite. Elles tiraient de toutes leurs forces, et pour leur en donner davantage, on tirait ces deux demoiselles par les épaules, de sorte qu'il y avait quatre personnes occupées à ce secours. Pendant cette opération, sœur Françoise s'écriait : « Tirez fort, arrachez ! » Elle portait ses mains sur sa tête et semblait s'en arracher la peau avec les ongles, elle portait ses mains à moitié fermées sur son ventre et faisait des efforts pour s'arracher les entrailles ; enfin, elle se pressait le cou avec les deux mains comme pour s'étrangler, et alors son front se ridait, ses narines s'ouvraient, elle devenait violette et ses pieds se raidissaient comme si elle eût été pendue. »

Archives nationales.

L'homme peut-il survivre en dehors de la société ?

1731

Cette perspective est entretenue par toute une série de récits et d'observations qui remontent jusqu'aux temps les plus reculés. Un des plus célèbres est, au XVIIIe siècle, celui de l'« Esquimaude » retrouvée dans la campagne française.

En septembre 1731, en France, une fillette d'une dizaine d'années pénètre dans le village de Sogny, non loin de Châlons-sur-Marne. Elle est nu-pieds, vêtue de peaux de bêtes et un morceau de calebasse lui tient lieu de chapeau. Armée d'un gourdin, elle parvient à tuer un chien lancé contre elle par un paysan. Après sa capture, on découvre qu'elle possède des pouces très développés et que sa peau, sous la crasse, est de couleur blanche. Les témoins lui trouvent un type physique proche de celui des Esquimaux.

▲ **Un enfant loup, découvert en 1563 dans les Ardennes, veut se jeter sur ceux qui ont tué la louve. (Gravure de Yan' Dargent, XIXe siècle.)**

Pendant un temps, l'enfant reste muette. Son régime alimentaire se compose alors essentiellement de petits animaux qu'elle attrape et mange crus. Au fil du temps, la fillette finit par apprendre à parler et des détails de sa vie passée sont enfin connus. Ainsi, il apparaît qu'elle a eu pour compagne, au cours de sa vie sauvage, une autre enfant : une négresse, apparemment – à qui elle a brisé le crâne lors d'une dispute.

Or, certains paysans disent avoir en effet entr'aperçu auparavant – et tenté, en vain, de capturer – une fillette noire. L'« Esquimaude » raconte également avoir été recueillie un moment par une femme qui lui a donné des vêtements. Auparavant, il semble qu'elle ait vécu nue.

Peut-on revenir à la « civilisation » sans dommages ?

Par la suite, les « bienfaits » de la civilisation paraissent avoir un effet des plus néfastes sur la jeune fille. Elle éprouve des difficultés à s'accoutumer au régime alimentaire de ceux qui l'ont adoptée. Elle perd ses dents et tombe souvent malade. Des médecins peu inspirés y voient une rébellion de sa nature sauvage et pratiquent à plusieurs reprises des saignées pour affaiblir celle-ci...

La sauvageonne manque alors périr pour de bon, puis tout finit par rentrer dans l'ordre. Elle est placée dans un couvent parisien, sort fréquent des enfants perdus, avant et après elle. Entrée dans la « normalité », on perd dès lors sa trace...

Que la fillette ait réussi à survivre à l'état sauvage dans la campagne française du XVIIIe siècle constitue plus un record d'endurance (accompagné malheureusement d'une détérioration mentale) qu'un vrai mystère.

La véritable énigme : l'origine des deux enfants

La sauvageonne se trouve incapable de dire quoi que ce soit sur sa vie avant son arrivée en France, si tant est qu'elle ait été effectivement d'origine étrangère. Elle ne conserve que le souvenir d'un gros animal vivant dans l'eau, et celui d'avoir traversé la mer par deux fois. L'animal aquatique pourrait constituer une mince preuve supplémentaire de son appartenance à une peuplade d'Esquimaux, ceux-ci étant réputés pour leurs chasses aux cétacés et aux phoques. Sa compagne noire et l'indication d'une double traversée maritime appuient l'idée d'une origine nord-américaine et non nord-européenne.

Peut-être ces deux enfants n'étaient-elles que des « souvenirs » rapportés, puis perdus, par un voyageur français revenu du Nouveau Monde ?...

Quoi qu'il en soit, l'« Esquimaude » retrouvée en Champagne défraie suffisamment la chronique de l'époque pour que le grand naturaliste suédois Carl von Linné décide de l'inclure parmi les neuf spécimens d'*Homo sapiens ferus*, une sous-espèce de l'humanité créée par lui, dans son ouvrage *Systema naturae*, publié en 1758. ■

Quelle est la frontière entre l'inné et l'acquis ?

UN ENFANT, D'ENVIRON 12 ANS, A ÉTÉ VU pour la première fois vers la fin de mars 1797 aux confins orientaux de l'Aveyron. Il habite une « espèce de hutte formée avec des branches et des feuillages » et se nourrit de glands, de racines et de châtaignes. Entièrement nu, muet, fuyant à l'approche des hommes, il n'est définitivement « capturé » que le 8 janvier 1800.

De l'Aveyron à Paris. Transféré à l'hospice civil de Saint-Affrique, il est « hagard et épuisé », mord qui tente de l'approcher, refuse tout vêtement et ignore le lit qu'on place dans sa cellule. Sans aucune pudeur, il satisfait ses besoins naturels là où il se trouve.

Le secrétaire de la Société des observateurs de l'homme, à Paris, fait savoir « qu'il serait bien important pour les progrès des connaissances humaines [...] de constater si la condition de l'homme abandonné à lui-même est tout à fait contraire au développement de l'intelligence » et conseille que l'enfant soit dirigé vers Paris. Le garçon est confié peu après à l'Institut des sourds-muets de Paris. L'aliéniste Philippe Pinel considère qu'il n'y a aucun espoir d'éduquer l'enfant sauvage, idiot – c'est-à-dire handicapé mental – congénital.

Mais le docteur Jean Itard décide de tenter quand même son éducation. Itard applique une méthode qui consiste à faire acquérir à l'enfant des connaissances à mesure qu'il éveillera ses sens.

Une éducation difficile. Il commence par évaluer les principaux composants des troubles dont est atteint le garçon – troubles sensoriels, troubles du langage ou incapacités dues à une absence de motivation. Observant avec acharnement et minutie son patient, il établit une évaluation précise des échecs et des progrès du garçon qui habite chez le docteur. Une gouvernante, madame Guérin, se charge de son entretien. Après une période d'observation, Itard commence par réveiller la sensibilité nerveuse du garçon en lui faisant subir des effets contrastés, notamment en lui donnant des bains chauds.

Itard constate de sensibles progrès de l'ouïe chez l'enfant. Celui-ci réagit très manifestement au son *o* et cette préférence engage son éducateur à lui donner un nom qui se termine par cette voyelle : « Je fis le choix de celui de Victor, ce nom lui est resté, et quand on le prononce à haute voix, il manque rarement de tourner la tête et d'accourir. »

Mais Victor reste pratiquement muet. Privé d'expression verbale, il a recours au langage gestuel. Il exprime ainsi son désir de promenade, son envie de nourriture, l'ennui d'une trop longue visite de curieux qu'il congédie en leur présentant leur chapeau et en les poussant vers la porte.

Un développement limité. À l'issue de la première année consacrée à son éducation, Victor parvient à relier des objets aux dessins qui les représentent et même au mot écrit qui les désigne. Mais il ne prononce toujours que quelques syllabes.

Itard poursuit son œuvre durant 4 années. Mais le développement intellectuel de Victor s'arrête à un certain niveau, il n'accède pas au langage parlé. Son éducation est interrompue au bout de 5 ans. Le jeune homme, par la suite, habite avec la seule madame Guérin dans une maison qui appartient à l'Institut des sourds-muets. Il meurt en 1828, à l'âge de 40 ans. ■

▶ **Photo extraite de *l'Enfant sauvage.* (Film de François Truffaut, 1970.)**

Des rapts d'enfants en plein Paris ?

1750

Le 23 mai, dans le quartier Saint-Roch à Paris, au terme d'une atroce chasse à l'homme, un indicateur de la police est lapidé par une foule de 10 000 personnes. L'homme soupçonné est-il l'auteur d'un de ces enlèvements...

Ce qui paraît à l'origine un banal fait divers, donne naissance à l'une des plus graves révoltes parisiennes qui aient eu lieu entre la Fronde et la Révolution. Depuis plusieurs dizaines d'années, Paris bruisse de rumeurs chaque fois que les disparitions d'enfants du peuple passent un certain seuil : les archers du guet fourniraient les chirurgiens en panne de corps à disséquer, les convois pour la « peuplade » outremer ou, plus sûrement, les armées du Roi. Déjà, sous Louis XIV, des émeutes contre les voleurs d'enfants avaient éclaté, vite réprimées. Mais, au cours du XVIIIe siècle, ces enlèvements prennent une autre dimension et le peuple, jusqu'alors passif, si ce n'est complice, s'émeut et défend ses fils.

▲ **Une manifestation à Lyon contre les rafles d'enfants. (Illustration du XVIIIe siècle.)**

Messes noires et parties fines ?

Le souvenir de l'affaire des Poisons, encore très vivace, est sans cesse rappelé par les manifestants de 1750. En 1682, plusieurs empoisonneuses avouent non seulement avoir vendu des poisons mais aussi avoir organisé des messes noires. De riches clientes achètent des petits enfants enlevés au coin des rues, qui sont sacrifiés au cours de la cérémonie. Leur sang arrose le corps de femmes étendues nues sur un autel. Cette macabre mise en scène est censée sceller leur pacte avec les forces du Diable...

Les rumeurs des débauches de la Régence. Entre 1715 et 1722, les amis de Philippe d'Orléans, les « Roués », célèbres pour leurs turpitudes et comptant de forts grands personnages, sont soupçonnés de rapts d'enfants, utilisés à des fins pédérastiques lors de soupers fins. Les petites victimes ne réapparaissent évidemment pas.

Le mythe des chirurgiens criminels. Au XVIIIe siècle, les chirurgiens relaient les sorcières dans l'imaginaire populaire : de sinistres expériences de vivisection leur sont prêtées. Mais aucune grande affaire ne vient jamais confirmer ces bruits. À tout le moins, des trafics de cadavres d'enfants sont régulièrement mis au jour durant toute l'époque moderne. ■

Des enlèvements arbitraires

À partir du début de l'hiver 1749-1750, la tension s'accroît dans la capitale. De décembre à mai, les hommes du lieutenant général de police Berryer, déguisés en bourgeois et précédés d'une ligne de mouchards, s'abattent sur des troupes d'enfants qui jouent sur les places ou sous les arcades. Ceux-ci sont ceinturés, menottés et jetés à fond de fourgons aux fenêtres aveugles, qui s'ébranlent vers la prison du Grand Châtelet. Dans la nasse, il n'y a pas que des petits va-nu-pieds. Ici, c'est le fils d'un serrurier qui est emmené, là, celui d'une écosseuse de pois. Il arrive que les victimes, âgées de 9 ou 10 ans, partent sous les yeux de leurs parents affolés qui tentent de s'accrocher aux portes des fourgons pour finir par s'attrouper aux guichets des prisons. Les Isles – les Antilles – ou la Louisiane ne suscitant guère de vocations au départ, l'habitude est prise de tirer des « candidats » des prisons et de remplir celles-ci afin de fournir des émigrants. Les enfants sont les victimes idéales. La guerre de la Succession d'Autriche (1740-1748) exige aussi son lot de recrues plus ou moins volontaires. Dès lors, la qualité de vagabond est définie de façon fort extensive et la taille minimale de cinq pieds (1,63 m) requise pour servir dans les armées du Roi peut suffire à se la faire impartir...

Enfants parasites, enfants capturés, enfants gibiers

Il est vrai que le pouvoir monarchique imagine par ces rafles épurer Paris à bon compte de sa faune de « vauriens sans feu ni lieu ». Dans les rues, sur les marchés pullulent de jeunes vagabonds qui volent à la tire et se logent, seuls ou en bandes, sous les porches, dans les arrières cours, entre les ballots entreposés sur les quais... Tous ne vivent pas d'aumône et de chapardage : beaucoup d'enfants seuls exercent de petits métiers, comme celui de commissionnaire, ou perpétuent la spécialité de leur province d'origine, tel le ramonage pour les petits Savoyards. Or, vers le milieu du siècle, deux phénomènes se croisent.

Dans les années 1740, une sévère crise de subsistance précipite vers la capitale des errants et des déserteurs, petite société où se glissent orphelins et apprentis en rupture de ban. D'autre part, en mal de petites proies pour l'armée ou les colonies, la police multiplie les rafles, n'hésitant plus à prendre même les enfants de petits artisans...

Payés à la tête, les policiers perdent toute retenue. Les victimes de cette ponction arbitraire dans une ville toujours très redoutée par Versailles depuis la Fronde sont choisies d'autant plus jeunes qu'elles seront alors sans appuis ni secours.

▶ **Un enfant mendiant agenouillé. (Aquarelle du XIXe siècle.)**

Le peuple de Paris défend sa progéniture

Mais tout ne se passe pas sans esclandre quand des voisins, alertés par les cris des enfants qui résistent aux sergents, prennent ceux-ci à partie et délivrent les jeunes victimes. Un peu partout en ce printemps 1750, la police est submergée et les rafles aboutissent au lynchage des agents. Les exécutions dues à la fureur populaire, comme celle du 23 mai, se multiplient. Désormais, trop d'enfants raflés ne sont pas des orphelins : les petites gens s'indignent de voir leur progéniture, à la vie déjà si précaire et souvent seul secours de leur vieillesse, leur être enlevée autoritairement. Les vieux mythes peuplés de chirurgiens expérimentateurs, de loups-garous ou de princes avides de sang juvénile nourrissent l'imaginaire des insurgés. La troupe doit assurer l'ordre à Paris, notamment lors de la pendaison, en juin 1750, de trois meneurs présumés des troubles, parmi lesquels un petit brocanteur de 16 ans. À cette occasion, l'impopularité de Louis XV atteint un tel sommet que le roi décide, après s'être fait à Paris traiter d'« Hérode » – du nom de l'auteur du massacre des Innocents ! –, la construction d'une route contournant la capitale pour relier Versailles à Compiègne. La voie est bientôt baptisée « le chemin de la révolte ». ■

Damiens, régicide malgré lui ?

1757

Pour qu'une médiocre et douteuse tentative d'assassinat devienne un crime de lèse-majesté, il a fallu que la monarchie tienne en ses fers un régicide providentiel au moment même où elle était attaquée de toutes parts.

Il fait grand froid ce 5 janvier 1757 quand Louis XV, heureusement emmitouflé de plusieurs manteaux, est agressé entre deux gardes par un individu qui lui porte un coup de couteau au flanc. À tout hasard, on confesse le roi, mais les médecins constatent que le coup de canif n'a touché aucun organe. Si le roi perd son sang, c'est moins en raison d'une estafilade bénigne que des saignées administrées par les praticiens...

Les rumeurs de « l'opinion publique »

Immédiatement maîtrisé, l'agresseur s'avère être un certain Robert François Damiens, ancien soldat puis valet, originaire du Pas-de-Calais. Il affirme avoir agi seul, se croyant désigné pour « avertir » son roi et le ramener à ses devoirs envers le peuple qui vit dans la misère. Durant les six semaines de son interrogatoire, il ne varie pas dans ses propos. Ne serait-il donc qu'un simple illuminé, un dévot fanatique ? L'opinion publique n'y croit pas un instant et très vite des rumeurs circulent. En cette période troublée où le roi est profondément impopulaire et le régime en butte à la très virulente fronde des parlementaires comme aux menées des jansénistes, il ne serait pas étonnant d'apprendre que Damiens a été le bras armé d'une conjuration fomentée par les adversaires puissants d'un monarque honni. Le doute est alors à son comble, et déjà on exige la publication des débats du procès, de peur qu'on escamote la vérité et qu'on n'étouffe une affaire d'État. Dans *le Courrier de Lyon*, ces quelques lignes sont éloquentes : « On souhaite ardemment qu'il [Damiens] vive autant qu'il faudra pour lui donner le temps de révéler l'affreux mais l'important mystère de la suggestion qui a suscité sa fureur. »

Robespierre, héritier de Damiens ?

Originaire du Pas-de-Calais, Damiens avait deux frères, Robert et Pierre, qui furent contraints de changer de nom sur ordre de justice. Ils auraient alors eu l'idée de réunir leurs prénoms pour forger le nouveau patronyme de « Roberpierre » ou Robespierre. L'un des deux frères se serait installé à Arras, et y aurait fait souche... Cette légende sera d'autant plus tenace que, jeune avocat natif d'Arras, Robespierre rédigea un mémoire dans lequel il s'élevait contre l'injustice qui vouait à l'opprobre tous les membres de la famille d'un condamné. Pour les ennemis de Robespierre – et il n'en manquait pas – il était tentant de lui attribuer une ascendance maudite de régicide ! ■

▲ **Portrait de Damiens régicide contre Louis XV. (Gravure anonyme du XVIIIe siècle.)**

Un coupable embarrassant

Comment ne pas croire à la conspiration quand on sait que Damiens a été longtemps au service de différents magistrats du Parlement de Paris. Parmi ceux-ci, Séguier, Le Boulanger, Dupré de La Grande et surtout le dangereux de Bèze de Lys, factieux notoire. Dans une lettre adressée au roi par l'entremise d'un homme de la prévôté, Damiens dira que chez ce dernier maître il a souvent entendu des propos véhéments à l'égard du régime, et il donne des noms : tous des jansénistes ! Le Parlement est ébranlé, et tente de minimiser la portée des paroles de Damiens... Un aveu de faiblesse qui pour beaucoup vaut culpabilité.

Les geôliers de Damiens ayant reçu l'ordre de noter le moindre des propos qu'il pourrait échanger avec eux, le prince de Conti en demandera la lecture devant la grande chambre, ce qui lui sera refusé par les magistrats. Ce faisant, ceux-ci ne font qu'accréditer plus encore la thèse de leur possible implication. Qu'a dit Damiens ? Qu'il a agi sans complice ni commanditaire, ce qu'il répète depuis le premier jour, mais également que son geste lui a été toutefois inspiré par les idées des parlementaires et des jansénistes qui furent ses maîtres ; des idées qu'il a fait siennes.

Étouffer l'affaire

Un simple coup de canif s'est donc transformé en une affaire exécrable dont on parle dans tout le royaume ; l'idée du complot est dans tous les esprits et il faut au roi trouver le moyen de faire taire des rumeurs qui ne font qu'affaiblir une autorité déjà ébranlée. Aucune preuve n'établissant clairement l'existence d'une conspiration, le mieux reste de présenter Damiens comme un criminel exalté par quelque idée pernicieuse qui l'aura poussé au régicide. Une victime expiatoire pour dissiper les soupçons d'une possible affaire d'État !

Le 26 mars, la grande chambre du Parlement de Paris reconnaît Damiens coupable « du crime de Lèse-Majesté Divine et Humaine au premier chef ». Le 28, il est conduit au supplice.

Selon les pièces originales du procès, il est « tenaillé aux mamelles, bras, cuisses et gras des jambes, sa main droite tenant en icelle le couteau dont il a commis ledit parricide ». Puis on arrose les plaies de plomb fondu, d'huile et de poix bouillantes. Quatre puis six chevaux ne suffisant pas à l'écarteler, Sanson doit lui cisailler les nerfs des quatre membres avant que les palefrois, tirant à plein collier, ne réussissent enfin. L'épouvantable spectacle attira une foule considérable ; dans l'émotion populaire, on oublia toute idée de complot. ■

▼ **Pour son acte, Damiens fut torturé à mort. (Gravure anonyme du XVIIIe siècle.)**

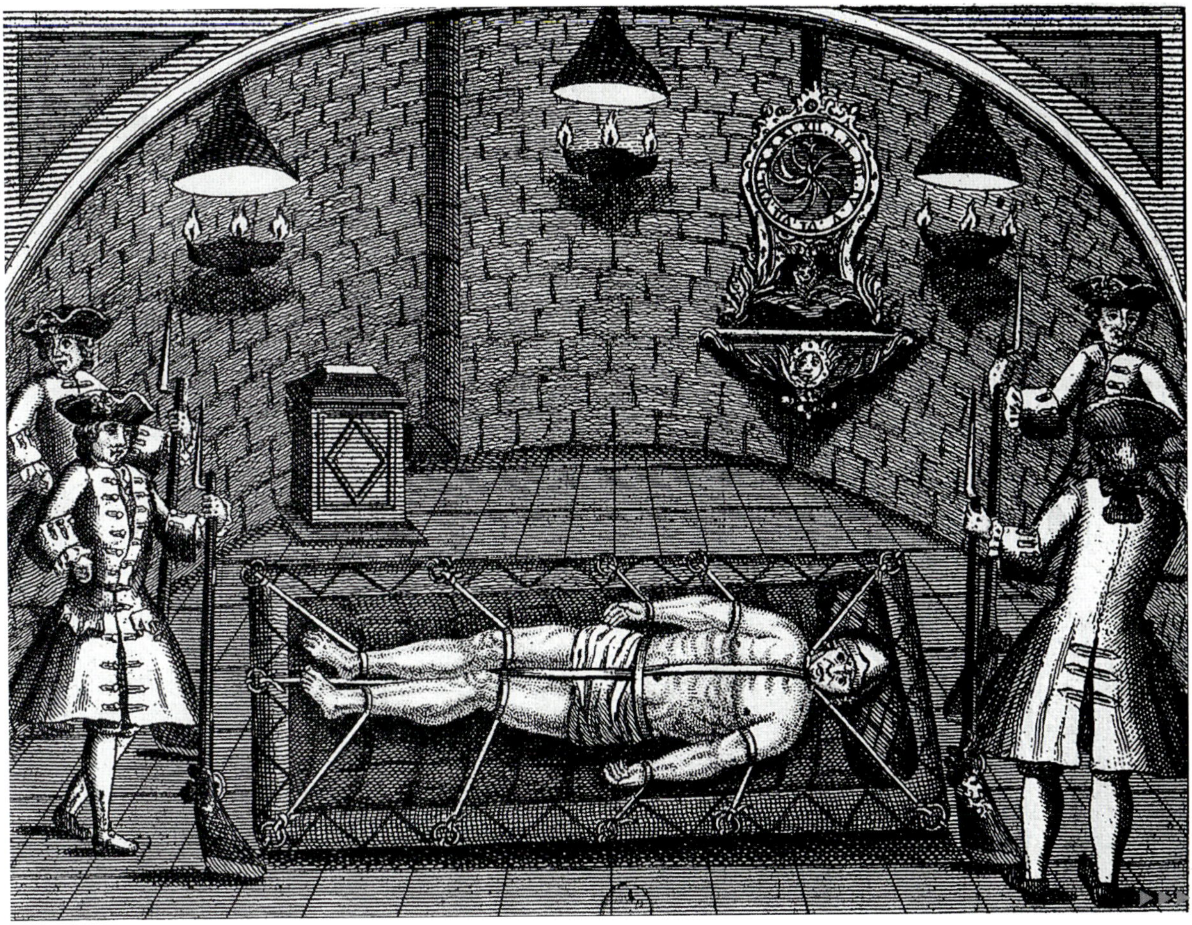

Qui était l'« immortel » comte de Saint-Germain ?

1758

C'est son passage à Paris, entre 1758 et 1760, qui fait connaître l'étonnant comte. Dans les salons de la capitale comme dans les cours d'Europe, des rumeurs folles circulent : il aurait plus de trois mille ans...

Le comte de Saint-Germain est, pour la première fois, mentionné en 1745. Cet homme, qui paraît 50 ans et vit à Londres depuis deux années, est arrêté cette année-là, porteur de lettres favorables aux Stuarts. L'Angleterre se méfie des étrangers et plus particulièrement des Français : Saint-Germain est durant plusieurs semaines assigné à résidence. Il reconnaît alors deux choses : vivre sous un faux nom et « ne vouloir avoir aucun commerce avec les femmes » !

Saint-Germain quitte Londres en 1746. On perd sa trace pendant douze ans. Pour certains, il se retire en Allemagne où il se consacre à ses recherches chimiques et alchimiques. Pour d'autres, il voyage jusqu'en Inde et au Tibet ; aucune preuve de ces périples n'est avancée, mais on constate plus tard, en effet, que le comte a une profonde connaissance de l'Orient.

Il arrive à Paris au début de 1758 et, aussitôt, adresse une requête à Marigny, directeur des Bâtiments du roi. Il demande qu'une maison royale soit mise à sa disposition afin qu'il puisse y installer un laboratoire et une manufacture, promettant en échange à Louis XV « la plus riche et la plus rare découverte qu'on ait faite ». Ouvert à la recherche dans les « arts utiles », Marigny lui attribue le château de Chambord, grande bâtisse désertée. Saint-Germain installe ses assistants, ses ouvriers et son labo-

La véritable identité du comte de Saint-Germain ?

Malgré la douzaine de pseudonymes dont il usa au cours de ses pérégrinations, l'origine de Saint-Germain semble aujourd'hui à peu près connue : il serait l'enfant naturel de la reine d'Espagne Marie-Anne de Neubourg, veuve de Charles II, et d'un noble, le comte de Melgar. Cette parenté expliquerait le train de vie aisé qu'il a toujours mené, son éducation et sa culture. En effet, outre ses connaissances certaines en chimie, Saint-Germain est reconnu par ses contemporains comme un homme de très grand savoir, musicien habile et peintre de qualité.

Sa longévité et sa durable jeunesse peuvent s'expliquer par une nature clémente et, pour une bonne part, par les efforts d'entretien physique de son corps que ne manque pas de faire le comte.

D'après tous les témoins, Saint-Germain appliqua toute sa vie des règles alimentaires strictes, assistant aux dîners mais mangeant peu, ne buvant jamais : il apparaît ainsi comme un précurseur des adeptes de la diététique moderne !

▸ **Le comte de Saint-Germain. (Gravure du XVIIIe siècle.)**

ratoire dans les communs. Pourtant, il est plus souvent à Paris qu'à Chambord et, rapidement, est invité dans les plus fameux salons. Il se fait présenter à la marquise de Pompadour : celle-ci, séduite, l'introduit auprès du roi. Louis XV apprécie immédiatement le brillant personnage qui, très vite, devient l'un de ses familiers. Saint Germain est, en ces circonstances, décrit comme un homme de 40 à 50 ans, alors que plus de dix années ont passé depuis son séjour à Londres !

Aimé de Louis XV, et détesté de Choiseul

Deux anecdotes authentiques sont à l'origine des rumeurs sur les connaissances alchimiques et l'immortalité du comte de Saint-Germain.

Voici la première : Saint-Germain possède une très belle collection de pierres précieuses et prétend un jour devant le roi savoir rectifier les imperfections des diamants. Louis XV lui confie alors un diamant taché. Saint-Germain le rapporte quelques jours plus tard, parfaitement pur. A-t-il usé d'un procédé chimique ou tout simplement fait tailler une pierre identique ? Mystère.

La seconde anecdote intervient lors d'un dîner avec la vieille comtesse de Cergy, qui reconnaît en lui un homme vu à Venise cinquante ans auparavant. Saint-Germain, peut-être simplement amusé, ne détrompe pas la vieille dame : l'histoire fait le tour de Paris.

Mais, si le comte s'est attiré la sympathie du roi, il s'est aliéné le puissant duc de Choiseul, principal ministre de Louis XV, qui lance une campagne pour le discréditer. Choiseul paye un amuseur nommé Gauve pour imiter le comte de Saint-Germain et se faire passer pour lui. Gauve parcourt les salons sous l'identité de Saint-Germain et raconte les histoires les plus invraisemblables : il a bu avec Alexandre le Grand, a fait bombance aux noces de Cana – il connaissait d'ailleurs bien Jésus et lui avait prédit une fin abominable...

Rapidement, la supercherie est dévoilée et Gauve reconnu, mais les histoires se propagent. Contrairement à ce qu'attend Choiseul, le vrai Saint-Germain n'en sort pas ridiculisé, mais grandi, entouré d'une aura mystérieuse ! Dépité, le ministre doit attendre 1760 pour parvenir à se débarrasser de Saint-Germain, en le faisant accuser d'espionnage. Tombé en disgrâce, le comte se réfugie aux Pays-Bas.

▲ **Frontispice de *La Très sainte Trinosophie*, attribuée au comte de Saint-Germain.**

Dans les années suivantes, on le signale en Angleterre, en Italie, en Russie, en Saxe, en Prusse : partout, il cherche à monter des laboratoires pour poursuivre des recherches sur les pigments et les couleurs.

La mort de l'immortel

En 1766, il se met sous la protection du roi de Prusse Frédéric II mais le quitte l'année suivante. Il arrive enfin à Gottrop, sur la Baltique, où il est hébergé par le prince de Hesse. Il y meurt en 1784, âgé de 93 ans selon le prince de Hesse à qui il a fait des confidences. Physiquement, il en paraît pourtant à peine soixante.

Aussitôt la nouvelle connue, nombreux sont ceux qui refusent de croire à la mort du comte. Les témoignages affluent : certains évoquent sa présence à un congrès maçonnique en 1785, on le voit à Venise en 1788, il aurait prévenu Marie-Antoinette de l'imminence d'une révolution l'année suivante, assisté au congrès de Vienne en 1815, un Anglais l'aurait rencontré à Paris sous Louis-Philippe, d'autres auraient croisé sa route en 1905 au Tibet, puis en 1926 à Rome...

Saint-Germain, personnage exceptionnel qui, amusé par les rumeurs, ne les a jamais démenties, reste dans l'histoire car il symbolise le plus vieux rêve de l'homme : l'immortalité. ■

Terreur en Gévaudan

1764

Pendant trois ans en Lozère, une bête sauvage – un loup, pense-t-on alors – a fait plus de cent victimes, atrocement mutilées. Tout pourtant indique qu'il ne pouvait pas s'agir d'un animal, et que la bête était humaine.

Au printemps 1764, une femme est attaquée près de Langogne, en Gévaudan, par une bête que ses bœufs mettent en fuite. Peu de temps après, on retrouve le cadavre d'une jeune fille de 14 ans, Jeanne Boulet, du village des Hubacs, non loin de Langogne. Cette victime est la première d'une longue liste. Selon les témoins, l'animal responsable de l'agression de la bergère et de la mort de la jeune fille n'est pas un loup, mais une énorme bête à grosse tête, aux flancs rougeâtres, avec une raie noire sur le dos et une queue touffue. On parle aussi d'un ours, d'un lynx, d'un animal plus exotique comme une hyène, voire d'un animal fabuleux. L'évêque de Mende, lui, croit discerner dans ces meurtres le bras de Dieu frappant une population pécheresse... Les prières pourtant n'arrêteront pas les crimes.

Trois années de terreur

Les attaques sanglantes se succèdent et plusieurs enfants sont tués. Un garçonnet qui rentre des champs en poussant son troupeau voit soudain la bête se jeter sur lui. Il a le bas-ventre déchiré et meurt dans les minutes qui suivent. Une fillette, qui descend seule vers les pâturages sous le regard de sa mère, est attaquée par l'animal. Sa mère et ses deux frères se précipitent à son secours, mais, lorsqu'ils parviennent sur les lieux, le cadavre est déjà presque méconnaissable : le ventre a été fouillé, la peau du crâne arrachée et en partie rabattue sur le visage. Une

◄ ***La Bête du Gévaudan* qui sème la panique en Lozère. (Gravure de 1765.)**

L'imposture du lieutenant du roi

Pressé d'en finir avec cette affaire embarrassante, Louis XV envoya en Gévaudan son lieutenant des chasses, Antoine de Beauterne. Après plusieurs semaines sans succès, celui-ci décide une vaste battue et se rend sur l'autre rive de l'Allier, le 20 septembre 1765, en une région où la bête n'a fait aucune victime. Dès le lendemain matin, il a tué un loup de 60 kilos ; l'affaire a été promptement menée, et des soi-disant témoins ont été opportunément convoqués pour affirmer qu'il s'agit bien là de la bête. Beauterne prend aussitôt la route de Versailles avec son trophée ; bientôt le roi peut faire taire les railleries... mais pour un temps seulement. Cette chasse pour le moins miraculeuse n'a pas peu contribué à alimenter la thèse de la culpabilité d'un important personnage, car dans les deux mois qui suivirent, la bête ne se manifesta plus. Il y avait donc eu une entente entre les coupables et le lieutenant du roi, trop soucieux de donner satisfaction à son souverain. Cette entente n'a pu se faire qu'entre gens de la même caste. ■

▶ **Stèle de Jean Chastel, l'homme qui a tué la bête du Gévaudan en Haute-Loire.**

véritable psychose s'empare alors des habitants de la région qui ne sortent plus qu'armés de couteaux ou de fourches.

Le capitaine major de Clermont, Duhamel, reçoit l'ordre du gouverneur militaire du Languedoc de donner la chasse, sans grand succès malgré les gratifications offertes aux chasseurs. Les rares journaux de l'époque font état de ces attaques et l'émoi est si grand qu'un régiment de dragons est dépêché sur les lieux. Comme si elle l'avait senti, la bête, après avoir semé la terreur dans le Vivarais et le Gévaudan, gagne l'Aubrac et la Margeride, où elle continue à tuer, laissant sur place de nombreux cadavres déchiquetés et... décapités ! Les battues organisées par les dragons secondés par les villageois ne donnent aucun résultat, pas même la grande traque organisée en février 1765 avec le concours de 73 paroisses du Gévaudan et d'une trentaine d'autres du Rouergue et d'Auvergne. Qui plus est, la bête semble se jouer des soldats quand, après une battue, elle tue et décapite une nouvelle victime sous leurs fenêtres.

Encore des carnages

Deux chasseurs de loups venus de Normandie, Denneval et son fils, se lancent à leur tour à la poursuite de la bête, mais en vain. Le 1er mai 1765 cependant, deux habitants de la région, les frères Martel de la Chaumette, blessent mortellement un gros loup. La bête du Gévaudan est-elle morte ? Le carnage reprend peu après. Devant l'ampleur prise par les événements et, surtout, parce qu'on commence à railler l'impuissance de l'État, Louis XV envoie en Gévaudan le lieutenant de ses chasses, François Antoine, dit Antoine de Beauterne, réputé être le meilleur fusil du royaume.

Après trois mois de chasse, Beauterne tue, en septembre 1765, près de Sainte-Marie-des-Chazes, un loup énorme, dont le corps est empaillé puis emporté à la Cour, où il fait sensation. La dépouille semble avoir été conservée quelque temps au Muséum de Paris, puis on perd sa trace. Il s'agit en fait d'un « montage politique » à tous les sens de l'expression : le loup empaillé a été volontairement « trafiqué » de façon à produire la sensation la plus terrifiante possible, ce qui a permis, au moins à Paris, de faire cesser les attaques contre le pouvoir royal. ▶

Une épidémie de « bêtes »

TOUTE ATTAQUE ANIMALE QUI ÉCHAPPE aux explications rationnelles, c'est-à-dire qui ne relève pas du comportement habituel de l'animal concerné, suscite rapidement des rumeurs puis, souvent, de véritables psychoses. La bête du Gévaudan n'est pas le seul animal à avoir semé la terreur en France et on peut citer à ce propos, la bête d'Évreux (1633-1634), la bête de Brive (1783), la bête du Cézailler (1946-1951). Les plus féroces semblent cependant avoir été la bête de l'Auxerrois et celle du Vivarais. La première surgit en 1731 et le nombre de ses victimes s'élève à 28. Elle est décrite comme un tigre ou, encore, un loup. La bête du Vivarais sévit, quant à elle, de 1809 à 1816, dans le Gard. Elle est décrite elle aussi comme un loup, avec la taille d'un âne au pelage brun, à la crinière noire, de longues oreilles et de grosses mamelles. Son audace est si grande qu'elle pénètre même dans des maisons. Aucune de ces deux bêtes n'a été tuée ou capturée. ■

La fin de la bête

Mais le succès est trop vite célébré : peu après, les tueries reprennent de plus belle. Un jeune noble, le marquis d'Apcher, organise alors de nouvelles battues dans les forêts de son domaine. Là vit avec ses deux fils un vieux garde-chasse, Jean Chastel, dit le « fils de la sorcière ». Chastel a déjà été suspecté, sans qu'il soit possible de trouver des preuves contre lui.

Le 16 mai 1767, une fillette, proche de Chastel, meurt, attaquée par la bête. Sous l'effet de la douleur, le vieil homme change de comportement : il tombe dans une piété absolue et décide d'abattre l'animal. Au cours d'une nouvelle battue, le 19 juin 1767, Chastel tue un loup qui, selon les témoins, manifesta un curieux comportement : au moment où le chasseur l'a mis en joue, l'animal et n'a, semble-t-il, pas cherché à fuir. Cette fois, l'hécatombe s'arrête définitivement. Selon les chiffres officiels, la bête a tué plus d'une centaine de femmes et d'enfants et en a blessé 30 autres au cours des trois ans durant lesquels elle a sévi.

Une bête humaine ?

Les contemporains estiment que les crimes de la fameuse bête sont l'œuvre d'un ou de plusieurs loups géants : celui tué par Antoine de Beauterne, celui abattu par Jean Chastel et celui blessé par les frères Martel. Mais certains font remarquer que les loups solitaires n'ont pas l'habitude d'attaquer l'homme en général, et encore moins de décapiter les cadavres ! Une thèse récente et plus que probable évoque les agissements conjoints d'un homme déguisé en loup pour commettre ces actes, et d'un dresseur qui aurait lancé des animaux sur les habitants voisins. Certains témoins affirment, en effet, avoir vu la bête traverser un cours d'eau debout sur ses pattes postérieures.

C'est, au moment de l'affaire, une opinion très répandue

parmi les paysans, raison pour laquelle la famille Chastel, qui vit entourée de molosses, est fréquemment accusée. Ces molosses sont vraisemblablement des chiens revenus à l'état sauvage, dont l'un était un hybride de chien et de loup, probablement dressé à tuer.

C'est ce que montre l'expertise faite récemment par des scientifiques du Muséum à partir du rapport d'autopsie de l'époque. Cela pourrait expliquer pourquoi l'animal, connaissant son dresseur, a marqué un temps d'arrêt en voyant Chastel s'approcher de lui.

Un nouveau Barbe-Bleue ?

Peu après la mort du père Chastel, sa maison, à Besseyre-Saint-Mary, fut incendiée puis rasée, aspergée ensuite de gros sel bénit... C'est dire si l'homme, qui avec son fils avait été souvent suspecté, faisait encore peur, non seulement à la population mais également à quelques uns qui auraient ainsi voulu faire disparaître toutes traces d'indices. Les Chastel étaient au service de Jean-François-Charles de Morangiès, marquis de Saint-Alban, un aristocrate de haute lignée détesté par la population comme par une partie de ses pairs, et c'est peu après qu'il a engagé Chastel que les crimes de la bête ont commencé. Barbe-Bleue des temps modernes, le marquis n'a-t-il pas assouvi ses perversions morbides en utilisant l'un des fils Chastel, un pauvre garçon demeuré mais connaissant bien les chiens ?

Quant au père Chastel, qui est celui qui a tué le dernier loup, il aurait été complice, mais accablé de chagrin par la mort de la fillette qui lui était proche, il aurait décidé de mettre un terme au carnage. ■

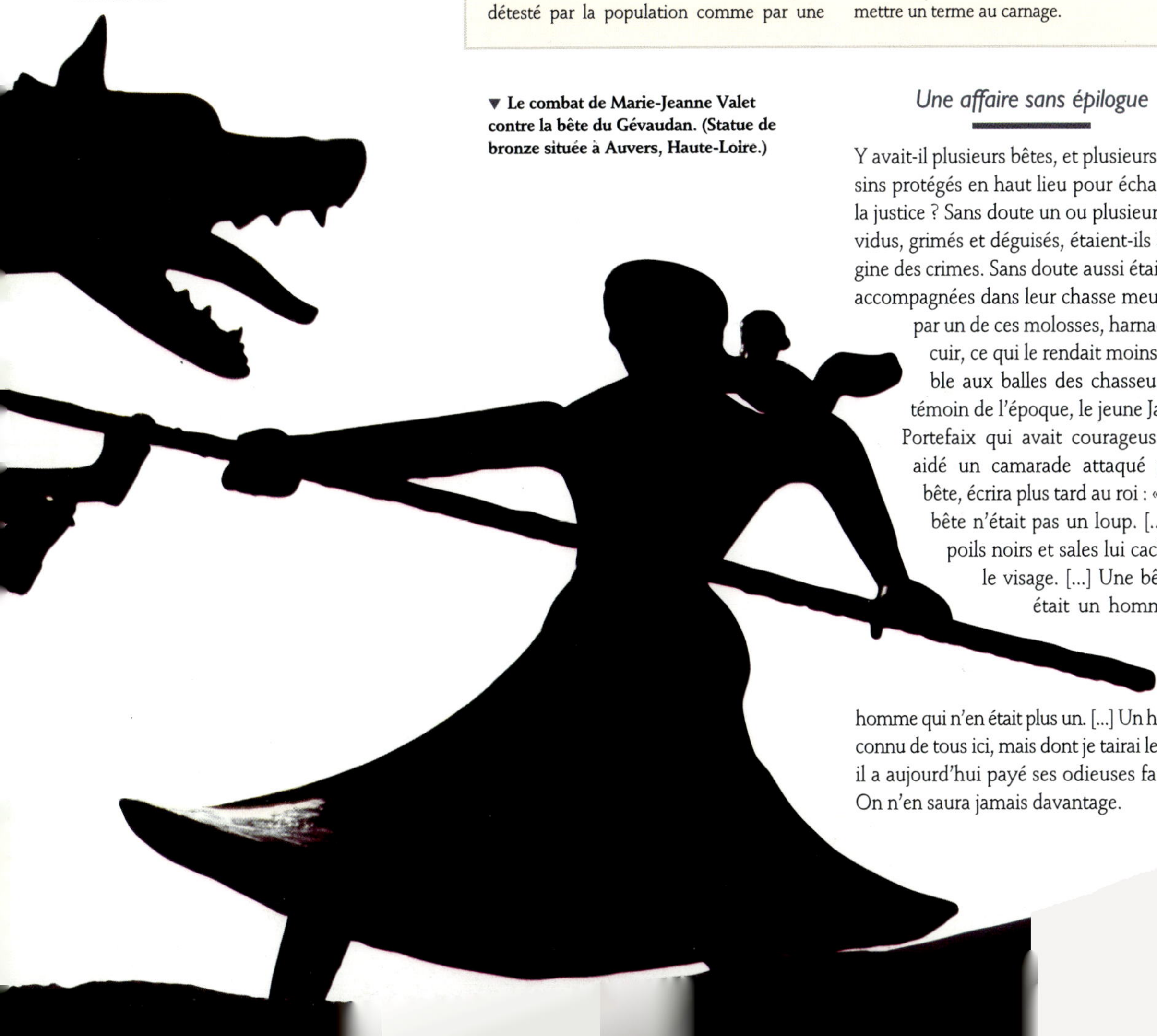

▼ **Le combat de Marie-Jeanne Valet contre la bête du Gévaudan. (Statue de bronze située à Auvers, Haute-Loire.)**

Une affaire sans épilogue

Y avait-il plusieurs bêtes, et plusieurs assassins protégés en haut lieu pour échapper à la justice ? Sans doute un ou plusieurs individus, grimés et déguisés, étaient-ils à l'origine des crimes. Sans doute aussi étaient-ils accompagnées dans leur chasse meurtrière par un de ces molosses, harnaché de cuir, ce qui le rendait moins sensible aux balles des chasseurs. Un témoin de l'époque, le jeune Jacques Portefaix qui avait courageusement aidé un camarade attaqué par la bête, écrira plus tard au roi : « Cette bête n'était pas un loup. [...] Des poils noirs et sales lui cachaient le visage. [...] Une bête qui était un homme, un homme qui n'en était plus un. [...] Un homme connu de tous ici, mais dont je tairai le nom : il a aujourd'hui payé ses odieuses fautes. » On n'en saura jamais davantage. ■

Napoléon, Corse ou Français ?

1769

Napoléon Bonaparte est né dans une patrie qui vient à peine d'échoir à la France dont elle n'accepte pas la tutelle. Il sera tentant pour certains ennemis de l'empereur de faire du « petit caporal corse » un étranger.

En naissant le 15 août 1769, Napoléon était Français. Français de Corse mais né dans une île qui depuis quelques mois était entrée dans le giron du royaume de France. « Saisis d'un trop violent enthousiasme pour la liberté » selon le mot de Voltaire, les Corses s'étaient insurgés contre le joug génois en 1733 avant de se doter en 1755 d'une Constitution qui fera l'admiration de Rousseau. L'illusion de l'indépendance ne durera pas, Gênes cède ses droits sur l'île à la France le 15 mai 1768, et les Corses à nouveau se rebellent contre un nouveau maître qu'ils n'acceptent pas. Le 8 mai 1769, les troupes du roi écrasent l'insurrection nationaliste à Ponte-Novo. Trois mois plus tard naît Napoléon.

« Corse de nation et de caractère ; il ira loin si les circonstances le favorisent » a cru bon d'inscrire sur son livret de l'école militaire royale en 1786 un instructeur du jeune Napoléon Bonaparte, une appréciation prémonitoire sur ses talents, qui ne remet toutefois pas en doute son identité, encore moins sa nationalité. Nul ne songera d'ailleurs par la suite à considérer le général des armées de la Révolution, et moins encore l'empereur des Français, comme étranger à la patrie française. Sauf François-René de Chateaubriand, bien décidé à flétrir la mémoire de Napoléon depuis que l'exécution du duc d'Enghien en 1804 a nourri en lui une haine tenace à son égard. Reprenant les considérations de Jean Eckard exposées en 1826 dans une brochure intitulée *Question d'état-civil et historique, Napoléon était-il né Français ?*, Chateaubriand s'interroge dans le livre XIX de ses *Mémoires d'outre-tombe* : « Bonaparte s'est-il rajeuni d'un an afin de se trouver Français, c'est-à-dire afin que sa naissance ne précédât pas la date de la réunion de la Corse à La France ? ». Car Napoléon serait né le 5 février 1768, ce qui fait de lui le « citoyen d'une patrie douteuse ».

▲ **Entrevue entre le jeune Bonaparte et le patriote corse Pasquale Paoli en 1793. (Tableau anonyme, 1793.)**

Buonaparte l'étranger

Chateaubriand – comme d'autres après lui – l'affirme : l'acte de célébration du mariage de Napoléon Bonaparte avec Joséphine de Beauharnais, inscrit au registre de l'état civil du IIe arrondissement de Paris le 19 ventôse an IV précise que celui-ci est né le 5 février 1768, une date conforme à celle portée sur son acte de naissance. Mais cet acte de naissance a disparu, soustrait à l'état civil en 1810 à la demande de l'empereur. Certains, également convaincus de la dissimulation, croient savoir que Napoléon Bonaparte est né le 5 janvier 1768, qui est en réalité le jour de naissance de son frère Joseph. C'est leur père qui aurait échangé les actes de naissance des deux frères afin de permettre à

Une paternité remise en cause

« D'OÙ VIENNENT MES TALENTS MILITAIRES ? Les Bonaparte étaient avocats ou magistrats. On a prétendu en réalité que je serais issu d'un général. Cette hérédité pourrait tout expliquer ! » Napoléon lui même s'interrogeait sur ses origines, semblant accréditer la rumeur qui désignait le comte de Marbeuf comme son véritable père. Placé à la tête du contingent français arrivé en Corse, Louis-Charles-René de Marbeuf s'était vite attaché la fidélité et l'amitié de Charles Bonaparte qui doit à son protecteur d'être élu député des États de Corse. C'est Marbeuf également qui favorisera l'obtention d'une bourse pour financer les études de Joseph et Napoléon en France. Était-il l'amant de la belle Letizia ? Celle-ci aurait eu toutes les excuses du monde en se vengeant de la sorte des trop nombreuses infidélités de son mari. Mais le comte de Marbeuf, à l'époque de la conception de Napoléon en novembre 1768, se trouve à Ajaccio, tandis que les Bonaparte sont à Corte en pleine zone tenue par les partisans de Paoli. ■

Napoléon de pouvoir entrer à l'école de Brienne après l'âge requis.

Dès lors Napoléon n'est pas, et n'a jamais été Français. Le petit caporal corse a usurpé une nationalité qu'après sa chute et son départ en exil, il est de bon ton de lui dénier. Pour la monarchie restaurée, le reclus de Sainte-Hélène n'est plus qu'un étranger, Corse ou Italien, ou Génois, comme on voudra. Chateaubriand d'ailleurs écrira toujours « Buonaparte » pour mieux marquer l'origine étrangère du nom comme du personnage. Le Sénat, qui a voté la déchéance de Napoléon le 2 avril 1814, proclame le lendemain ses motivations en présentant l'empereur déchu comme un étranger.

« Il n'aimait pas les Français »

Quels meilleurs arguments apporter à cette thèse que les propres écrits de Napoléon « Buonaparte », lequel en 1789 écrivait à son compatriote Pasquale Paoli exilé à Londres : « Je naquis quand la patrie périssait. Trente mille Français vomis sur nos côtes, noyant le trône de la liberté dans des flots de sang, tel fut le spectacle odieux qui vint le premier frapper mes regards ». Dans une autre lettre, adressée aux États de Corse cette même année, il s'emportait : « Messieurs, ce fut par le sang que les Français étaient parvenus à nous gouverner ; ce fut par le sang qu'ils voulurent assurer leur conquête. Le militaire, l'homme de loi, le financier, se réunirent pour nous opprimer, nous mépriser et nous faire avaler à grands traits la coupe de l'ignominie. [...] qu'ils redescendent dans le mépris qu'ils méritent ». Comme Catherine de Médicis, comme Mazarin, autres grands organisateurs de l'État français, Napoléon suscitera suffisamment de passions pour qu'on ne manque pas de lui reprocher ses origines étrangères. ■

▶ **Bonaparte, général en chef de l'armée d'Italie. (Tableau de J.-S. Rouillard, 1836.)**

Charles Geneviève d'Éon, chevalier ou chevalière ?

1771

Au service de Louis XV puis de Louis XVI, le chevalier d'Éon intrigue la cour : est-il un homme ou une femme ? Aujourd'hui encore, Mademoiselle d'Éon, capitaine des dragons, reste une énigme pour l'histoire.

LE 5 OCTOBRE 1728, à Tonnerre, en Bourgogne, le juriste Louis Déon de Beaumont déclare la naissance de son fils Charles Geneviève Louise Auguste Andrée Thimothée. Étranges prénoms pour un garçon : trois sont masculins, et trois féminins. Élève brillant, Charles Geneviève suit à Paris les cours du collège Mazarin, dont il sort diplômé à l'âge de 20 ans. Fidèle à la tradition familiale, il se lance dans des études de droit qui font de lui un jeune avocat au parlement. Parallèlement, c'est un homme actif et sportif : il apprend avec bonheur l'art de l'escrime et devient un cavalier accompli.

Sa tempérance surprend un peu : on ne lui connaît ni fiancée ni maîtresse et il n'est pas coutumier des frasques habituelles aux jeunes hommes. Pourtant, personne alors ne songe à se poser de questions : pour tous, Charles Geneviève d'Éon est un homme.

◀ ▶ **Peinture de Charles Geneviève Louise Auguste Timothée d'Éon de Beaumont habillé en homme et en femme.**

Une bien troublante et bien belle jeune fille

En 1755, le prince de Conti, qui coordonne pour le roi les affaires secrètes, charge le chevalier d'Éon d'une mission délicate en Russie. Il doit prendre contact avec la tsarine Élisabeth, à l'insu de son entourage, et gagner sa confiance. En effet, la France est en mauvais termes avec la Russie et les relations diplomatiques sont rompues : Louis XV a décidé de rétablir la situation.

Charles Geneviève est un fort beau jeune homme, aux traits fins et délicats : le prince de Conti décide, pour sa mission, de le travestir. Il lui fait établir de faux papiers au nom de Mademoiselle Lia de Beaumont, et c'est une jeune fille qui prend la route de Saint-Pétersbourg. La mission est menée à bien d'une façon surprenante, puisque la belle Lia de Beaumont devient une familière de la tsarine Élisabeth au point que celle-ci en fait sa lectrice favorite !

C'est à son retour à Paris que l'on commence à se poser des questions. Charles Geneviève fait une fille trop parfaite pour n'être qu'un travesti, murmure-t-on. Comment un homme déguisé aurait-il pu abuser une femme, alors que son rôle l'amenait à passer beaucoup de temps dans l'intimité de la tsarine ? On remarque à ce moment que le chevalier est imberbe et qu'il semble avoir des formes avantageuses. Sa véritable nature n'est-elle pas féminine ? N'est-ce pas plutôt quand il est habillé en homme qu'il est travesti ?

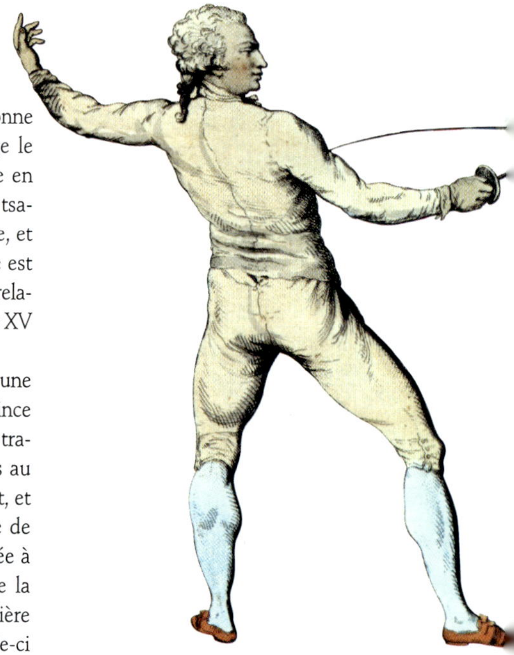

Devant l'Europe confondue, d'Éon reste un mystère

La carrière du chevalier d'Éon se poursuit avec succès : il retourne en Russie, mène à bien plusieurs missions en Europe pour Louis XV, tantôt habillé en homme, tantôt en femme. Il devient capitaine des dragons et reçoit la croix de Saint-Louis pour sa bravoure au combat. Les rumeurs cessent. Seul un homme peut ainsi mener des troupes au combat, pense-t-on ; le souvenir de Jeanne d'Arc est bien oublié !

En 1762, Charles Geneviève est envoyé comme secrétaire d'ambassade à Londres. Là, le chevalier déconcerte : sans que les intrigues politiques l'exigent, il apparaît tantôt en homme tantôt en femme. Sans donner à son entourage aucune explication, il parle parfois au féminin.

Les Londoniens sont surpris par cet(te) étrange Français(e). Des paris s'engagent : pendant plus de vingt ans, de nombreux Anglais misent des sommes énormes sur le sexe de Charles Geneviève. En 1771, leur montant total atteint presque l'incroyable somme de 300 000 livres sterling ! Le chevalier-chevalière se dit exaspéré, mais se garde bien de détromper qui que ce soit.

▲ **Combat entre Mademoiselle la Chevalière d'Éon de Beaumont et Monsieur de Saint-George, le 9 avril 1787 au Carlton House.**

Pressé de clarifier sa situation par un envoyé du roi qui n'est autre que le dramaturge Beaumarchais, Charles Geneviève signe une proclamation où il révèle enfin son sexe. Nous sommes en 1774 ; appuyé par les constatations de plusieurs médecins, il déclare être une femme.

Le roi contraint alors l'ancien chevalier à ne plus jamais se travestir en homme et à conserver son statut féminin jusqu'à sa mort. Les paris sont soldés. Le destin de Charles Geneviève est scellé : il est désormais Mademoiselle d'Éon.

Or, celle-ci ne parvient pas à s'habituer à sa condition. Son sexe l'écarte de l'armée, des affaires, de la diplomatie. L'inaction lui pèse, Louis XV est mort, Louis XVI est sur le trône. Charles Geneviève voit là une occasion de modifier sa situation.

En 1777, elle se rend à Versailles et apparaît à la cour dans son uniforme de capitaine des dragons. Elle supplie Louis XVI, elle veut être libre d'user de nouveau de sa personnalité masculine. Rien n'y fait, le roi et ses ministres Vergennes et Maurepas sont inflexibles : le chevalier a quitté définitivement la scène, il restera Mademoiselle d'Éon.

La vieille dame de Londres est un homme !

Charles Geneviève regagne Londres et se fait petit à petit à l'idée de sa condition féminine. Elle ne cherche plus à endosser de vêtements d'homme. Pendant plus de trente ans, elle mène la vie d'une lady respectable et vieillissante. La Révolution française et l'exécution du roi ne changent rien à ses habitudes : elle est résignée. La vieille dame s'éteint à Londres, dans la misère, le 21 mai 1810, à l'âge de 83 ans. Des médecins puis quinze témoins viennent examiner son corps. C'est celui d'un homme.

Pourquoi un homme ambitieux, actif, dynamique comme Charles Geneviève d'Éon a-t-il accepté alors de passer près de quarante ans de sa vie dans le rôle d'une femme ? Comment se fait-il que des médecins, en 1774, aient déclaré le personnage féminin ? Quelle impérieuse raison d'État a contraint Louis XV, puis Louis XVI, à refuser au chevalier un retour à la vie normale ? Pourquoi, enfin, après la disparition des deux monarques, Éon n'a-t-il pas réintégré sa véritable personnalité ? Questions sans réponses… ■

DOCUMENT

L'avis de Casanova

Casanova décrit ainsi le chevalier d'Éon lors d'un dîner chez l'ambassadeur de France à Londres.

« Ce fut à la table de cet ambassadeur que je connus le chevalier d'Éon, secrétaire d'ambassade qui, dans la suite, fit tant parler l'Europe. Ce chevalier d'Éon était une belle femme qui, avant d'entrer dans la diplomatie, avait été avocat et capitaine des dragons : elle servit Louis XV en soldat valeureux et en négociateur consommé. Malgré son esprit ministériel et ses manières d'homme, je ne fus pas un quart d'heure à le reconnaître pour femme : car sa voix était trop franche pour une voix de castrat, et ses formes trop arrondies pour être d'un homme, sans compter le manque de barbe, qui peut accidentellement être le défaut d'un homme fort bien constitué du reste. »

Casanova, *Mémoires.*

Un collier de diamants ébranle la monarchie

1785

Le 15 août, alors qu'il s'apprête à célébrer la messe devant la cour, le cardinal de Rohan est arrêté et embastillé. Ainsi s'achève une affaire rocambolesque qui entache la réputation de la reine Marie-Antoinette.

Tout a commencé quelques années auparavant. Le cardinal de Rohan, pour avoir porté des jugements forts critiques sur l'impératrice d'Autriche, mère de la reine, s'est attiré une vive antipathie de la part de celle-ci. Dès lors, son objectif est de rentrer en grâce auprès d'elle. Or, le naïf cardinal fait la connaissance d'une aventurière, descendante d'un bâtard d'Henri II, qui se fait appeler Jeanne de La Motte-Valois. Celle-ci, aidée par son mari et par Cagliostro, profite de sa crédulité pour lui faire accroire qu'elle est une intime de la reine, et qu'elle œuvre pour le faire rentrer en grâce.

Une intrigue invraisemblable

Les La Motte poussent l'audace jusqu'à annoncer à Rohan que la reine lui a accordé une entrevue, qui doit avoir lieu le 11 août 1784, à minuit, dans le bosquet de Vénus du parc de Versailles. En fait, le couple a trouvé une petite prostituée, Nicole Leguay, qui présente une forte ressemblance avec Marie-Antoinette ; il l'habille d'une robe de mousseline blanche semblable à celle de la souveraine et la coiffe d'un chapeau à larges bords. Dans l'obscurité, l'illusion est parfaite : quand la fausse reine tend au cardinal de Rohan une rose avant de disparaître dans le parc, l'homme est éperdu de bonheur... Pas un instant, il ne soupçonne que cet invraisemblable rendez-vous est un leurre.

À la suite de cette « entrevue royale », Mme de La Motte se fait verser par le cardinal de fortes sommes « destinées aux bonnes œuvres de la reine ». Après quoi, le hasard permet aux La Motte de tenter un coup d'éclat. Deux joailliers parisiens, Boehmer et Bassenge, ont confectionné une rivière de diamants de 2 300 carats, espérant vendre ce fabuleux bijou à Marie-Antoinette. Mais, devant le prix demandé (un million six cent mille livres), la souveraine a décliné leur offre. Jeanne, alors, conçoit un plan inouï. Elle confie à Rohan que la reine désire acheter ce joyau en cachette de son mari et qu'elle lui demande de servir d'intermédiaire. Sur la foi d'un billet signé « Marie-Antoinette », le cardinal achète à crédit la parure, qu'il remet à un complice de Mme de La Motte. Celle-ci dessertit les diamants et les fait vendre en

▲ **Marie-Antoinette (1755-1793), reine de France. (Peinture de Végée-Lebrun, 1783.)**

Une arrestation spectaculaire

La journée du 15 août est toujours à Versailles une grande fête, car on y célèbre la cérémonie religieuse de l'Assomption et la fête de la reine Marie-Antoinette. Aussi, toute la noblesse est-elle rassemblée pour assister à la messe solennelle que doit célébrer le grand aumônier de France, le cardinal de Rohan. Celui-ci s'apprête à accueillir le couple royal, lorsqu'on l'informe que Louis XVI le demande dans son cabinet. Rohan trouve le roi en compagnie de la reine, du garde des Sceaux Miromesnil et de Breteuil, ministre de la Maison du roi. Louis XVI, en tendant au cardinal la lettre du bijoutier Boehmer qui fait état de l'achat d'un collier de diamants effectué par Rohan soi-disant pour le compte de la reine, lui demande des explications. Effondré, Rohan rédige une déclaration que lui dicte le roi et sort du cabinet. Alors qu'il traverse la galerie des Glaces, au milieu de la foule des courtisans, retentit la voix de Breteuil : « Qu'on arrête monsieur le Cardinal ! »... ■

Angleterre par son mari. Bien entendu, à aucun moment la reine n'a eu connaissance de ces tractations. Lorsque, au jour prévu pour la première échéance du paiement, les joailliers se présentent à Versailles, tout est découvert et Louis XVI, pour venger l'honneur de sa femme, se résout à l'arrestation spectaculaire du grand aumônier.

Le procès du collier ou de la Couronne ?

Mais le roi commet alors une grave erreur : au lieu d'exiler discrètement Rohan dans une province lointaine, il porte l'affaire devant le parlement. Le scandale publiquement déclenché rejaillit sur lui et sur la reine. Mme de La Motte, arrêtée le 16 août, fait une déposition contraire à celle de Rohan. Des factions se forment à la cour : les Rohan, les Condés, les Soubise prennent fait et cause pour le cardinal, qui leur est apparenté. Le clergé ressent aussi l'arrestation du prélat comme une atteinte à son égard. C'est la reine qui a accusé Rohan... mais c'est le procès de la reine qu'on prépare : caricatures, pamphlets, libelles orduriers présentent l'« Autrichienne » comme une débauchée et une voleuse.... Le 22 mai 1786, le procès s'ouvre, devant 64 magistrats de la Grand-Chambre et de la Tournelle. Le 31 mai, le procureur général Joly de Fleury prononce un réquisitoire fort dur où il demande la démission du grand aumônier. Son discours entraîne une tempête de protestations dans l'assistance et de violentes altercations entre les magistrats. Les délibérations des jurés durent seize heures, tandis qu'une foule de plus de 10 000 personnes est massée autour du palais dans l'attente du verdict. À 9 heures du soir, le verdict tombe : à la majorité, le cardinal est « déchargé des plaintes et accusations portées contre lui ». Mme de La Motte est condamnée à être fouettée en public, marquée au fer rouge et emprisonnée à perpétuité à la Salpêtrière. Une ovation accueille le verdict : le cardinal est devenu un héros que le peuple en délire acclame...

À Versailles, c'est la consternation, car le jugement laisse supposer que la reine est impliquée dans l'escroquerie. ■

◀ **Devant le parlement de Paris, Cagliostro pousse à bout la fausse comtesse de La Motte-Valois (31 mai 1786).**

Un franc-maçon à la Bastille

1786

De Rome à Londres, de Madrid à Saint-Pétersbourg, de Paris à Amsterdam, le comte de Cagliostro s'introduit dans toutes les cours d'Europe, séduit, fascine, forme des disciples et s'enrichit !

C'est à Palerme que Giuseppe Balsamo, fils d'un employé de magasin, voit le jour en 1743. Dès son plus jeune âge, le petit Giuseppe est turbulent. Entré au séminaire à douze ans, il se fait renvoyer à la suite de menus larcins. Son père le place alors comme apprenti chez l'apothicaire d'un couvent ; la manipulation des poudres et des onguents est une révélation pour Giuseppe. Il se fait pourtant de nouveau renvoyer après quelques mois.

À Palerme puis à Naples, Giuseppe devient tour à tour peintre pour les touristes, faussaire en tableaux, fabricant de papiers d'identité, proxénète... Il apprend l'art de la prestidigitation et enrichit ses tours par des manipulations chimiques : devenu « mage », il vit en exploitant la crédulité publique.

DOCUMENT

Un portrait de Cagliostro

◄ **Le comte Giuseppe Balsamo.**

Un contemporain en dresse le portrait suivant :

« Il était d'une taille médiocre, assez gros, avait le teint olive, le cou fort court, le visage rond, orné de deux gros yeux à fleur de tête et d'un nez ouvert et retroussé. Il avait tout l'extérieur et l'attirail d'un charlatan, et faisait sensation, surtout sur les dames, dès qu'il entrait dans un salon. Sa coiffure était nouvelle en France ; il avait les cheveux partagés en plusieurs petites cadenettes qui venaient se réunir derrière la tête, et se retroussaient dans la forme de ce qu'on appelait alors un catogan. Il portait ce jour-là un habit à la française gris de fer, galonné en or, une veste écarlate brodée en large point d'Espagne, une culotte rouge, l'épée engagée dans les basques de l'habit, et un chapeau bordé avec une plume blanche... Des manchettes de dentelles, plusieurs bagues de prix et des boucles de souliers assez brillantes pour qu'on les crût de diamants fins. »

Le comte Beugnot, *Mémoires* (publiées en 1866).

Une de ses prestations tourne mal : un client, voyant qu'il a été joué, veut récupérer sa mise et Giuseppe Balsamo doit fuir Naples au plus vite.

À Rome, Giuseppe reprend ses activités habituelles : faux tableaux, quêtes pour des ordres religieux imaginaires et tours de charlatan. En 1768, il épouse une très belle femme, Lorenza Feliciani. Fille d'un petit artisan, intelligente et dévorée d'ambition, elle pousse Giuseppe à ne plus se contenter de ses tours à la sauvette ; elle le baptise comte de Cagliostro. Elle-même devient Séraphina. Ils partent faire fortune en Espagne, où personne ne les connaît. Leur idée est simple : Lorenza-Séraphina, irrésistiblement belle, se glissera dans le lit des puissants pendant que Balsamo-Cagliostro établira dans les salons sa réputation de mage. Le plan réussit parfaitement ; à peine le couple est-il arrivé en Espagne, que Séraphina séduit le vice-roi. Introduit grâce à elle dans la meilleure société, Cagliostro gruge les naïfs.

Expérience satanique

Les deux escrocs passent ensuite en Angleterre, où Séraphina soulage un vieux lord d'une partie de sa fortune pendant que son mari fait « maladroitement » s'évaporer une rivière de diamants dans une expérience satanique qui « échoue ». En France, Séraphina réchauffe le lit du cardinal de Rohan. Très vite, Paris ne parle plus que de la « divine Séraphina » et du merveilleux mage qui l'accompagne. De capitale en capitale, Cagliostro comprend pourtant que ses tours deviennent dangereux et qu'il peut être démasqué. Il a déjà tâté de la paille humide

des cachots londoniens. Il modifie alors le champ de ses activités, s'intéresse à l'alchimie et à l'ésotérisme.

La franc-maçonnerie égyptienne

Se proclamant « Grand Cophte d'Asie et d'Europe », il raconte qu'il est le fils déchu d'un roi de Trébizonde, recueilli tout enfant par le calife de La Mecque et initié aux secrets de la Perse, de l'Islam et de l'Inde. Il aurait ensuite parfait son éducation chez les derviches tourneurs, puis dans une secte égyptienne, avant d'être instruit en alchimie à Damas puis dans les laboratoires secrets des chevaliers de Malte

Dans les années 1770, la franc-maçonnerie connaît un essor formidable. Cagliostro, initié dans une loge traditionnelle, décide de créer sa propre obédience : la maçonnerie égyptienne, caractérisée par une structure hiérarchique rigide. Le succès est foudroyant et l'affaire rapporte gros. Pour la première fois de son existence, Cagliostro semble se passionner réellement pour sa recherche. Avec deux compagnons lyonnais,

▲ Un disciple de Cagliostro conjure les esprits à Dresde en 1713. (Gravure de W. Friedrich.)

Magneval et Saint-Costard, il effectue un travail ésotérique sérieux et profond. C'est là que naît le second Cagliostro : en voulant se documenter en vue d'une nouvelle escroquerie, il s'est pris au jeu et devient un véritable ésotériste ! Ses systèmes symboliques marquent de nombreux disciples, la maçonnerie égyptienne fait école.

La fin de l'aventure

En 1786, Cagliostro est au sommet de sa gloire. Parallèlement à la maçonnerie égyptienne, il n'a pu s'empêcher de reprendre son activité de mage et manifeste son habituel attrait pour les pierres précieuses. De sorte que, lorsqu'éclate l'affaire du Collier, qui compromet la reine Marie-Antoinette, il est accusé d'avoir volé le bijou. Arrêté, il est conduit à la Bastille le 22 août. Dix jours plus tard, il est lavé de tout soupçon. Pourtant, il demeure presque un an à la Bastille, ce qui lui permet de devenir, aux yeux des libéraux, un symbole de l'arbitraire royal. Lorsqu'il sort enfin, fêté par les Parisiens, il est frappé d'un décret d'expulsion : il a deux semaines pour quitter la France. Il retourne à Rome, où Séraphina le trahit. Elle le dénonce au Saint-Office comme « commerçant avec Satan ». Cagliostro est de nouveau jeté en prison ; il y meurt, fou, en 1795. Nul doute qu'il ait été un escroc, mais cela discrédite-t-il ses recherches ésotériques ? Dans bien des lieux, on pratique toujours les rituels de la maçonnerie égyptienne. ■

▶ Embarquement du comte de Cagliostro pour Malte (XVIIIe s.).

la révolution et l'empire

◀ L'attaque du courrier de Lyon en avril 1796. (Supplément illustré du *Petit Journal*, XIXe siècle.)

Avec la tête du roi qui roule dans un panier d'osier, c'est tout un monde qui s'écroule ; des siècles d'Ancien Régime sont abolis sans qu'on sache bien ce qui se prépare. L'incertitude des temps ajoute au tumulte et à l'effervescence d'une période troublée, trop brutale et trop passionnée pour être sereinement observée. Les zones d'ombre alors se multiplient, le doute s'installe face à une histoire qui décidément va trop vite. Survient un petit caporal qui fait d'une Révolution un empire et bouleverse un ordre pas encore établi ! La légende est trop belle, trop soudaine là encore pour que tout ait pu se passer normalement. Bien sûr le couperet fatal de la guillotine et le cliquetis des charges de dragons laissent peu de place au mystère, mais l'histoire s'est trop vite emballée pour ne pas laisser en suspens quelques interrogations sur son cours précipité.

au cœur de la tourmente révolutionnaire

Comment l'équipée de Varennes a-t-elle pu échouer ?

1791

Ce 21 juin vers 20 heures, le citoyen Drouet, maître de poste à Sainte-Menehould, est perplexe. Il vient d'apercevoir dans une berline un visage qu'il croit connaître. Il a alors l'idée de regarder un de ses assignats. C'est le roi, c'est sûr !

La municipalité de Sainte-Menehould décide alors de lancer Drouet avec un de ses collègues, le dragon Guillaume, à la poursuite de la grosse berline jaune qui s'est arrêtée un instant, il y a à peine 3 heures...

La berline est rattrapée à l'entrée de Varennes-en-Argonne, à 23 heures 10. Avec l'aide des patriotes de la ville, une souricière est organisée sous la voûte de l'église Saint-Gengoult. La berline est stoppée, et les fugitifs arrêtés, puis conduits dans la maison du procureur de la commune, l'épicier Sauce. Une heure plus tard, le juge Destrez, dont le mariage avait eu lieu à Versailles et qui avait alors aperçu le roi, le reconnaît officiellement. Toute la famille royale est identifiée. La rocambolesque fuite de roi et de sa famille, qui avait commencé le 20 juin, tard dans la soirée, prenait fin.

À Paris, l'alerte de la disparition de la famille royale a été donnée par le valet de chambre Lemoine vers 8 heures du matin. La Fayette, qui commandait la garde nationale et qui représentait la majorité modérée de la Constituante, lança, trois heures plus tard, des hommes dans toutes les directions pour arrêter le roi. Les fugitifs avaient alors dix heures d'avance. Comment ont-ils pu être rattrapés ?

◄ **Le roi Louis XVI revient, sous escorte, à Paris après sa fuite manquée. (Gravure de 1791.)**

La question religieuse

La question religieuse fut un des facteurs déterminants de la fuite du roi. Bien que de nombreux prêtres aient prêté serment de fidélité à la Constitution, l'ensemble du clergé, premier ordre du royaume – dont les biens avaient été confisqués et la dîme abolie –, restait profondément hostile au nouveau régime. Et lorsque Pie VI condamna, par deux brefs successifs du 10 mars et du 13 avril 1791, la Constitution civile du clergé et la Déclaration des droits de l'homme, il mettait Louis XVI, qui avait dû faire des concessions à l'Assemblée constituante sur ce sujet, en porte à faux, et ouvrait l'un des facteurs de division les plus durables de la Révolution française. ■

Les maladresses du duc de Choiseul

Le roi avait exigé le départ collectif des personnes qui l'entouraient, c'est-à-dire la reine, ses deux enfants, sa sœur, la gouvernante et cinq domestiques, soit onze personnes. La gouvernante jouait le rôle d'une baronne russe, tandis que le roi et la reine passaient pour ses valets de chambre. L'or-

▲ **La famille royale arrêtée et conduite dans la maison du procureur. (Eau-forte de 1791.)**

ganisation de la fuite avait été minutieusement organisée par le comte suédois Axel de Fersen. Plusieurs étapes avaient été prévues jusqu'à Montmédy, petite ville fortifiée, proche du Luxembourg et des Pays-Bas. Le duc de Choiseul, chargé de la protection avec six détachements de cavalerie, devait assurer le bon déroulement de la fuite. Lorsque le convoi atteint Bondy à deux heures du matin, l'équipée royale a déjà deux heures de retard sur l'horaire prévu. Elle en aura quatre lorsqu'elle arrivera à la hauteur du pont de Somme-Vesle, à la sortie de Châlons-sur-Marne, endroit où le duc de Choiseul devait prendre en charge la sécurité de la berline. Mais comment faire patienter des cavaliers qui éveillaient la curiosité d'une population sur le qui-vive, occupée à surveiller avec vigilance les départs inopportuns des émigrés ? Choiseul prend alors une décision qui sera considérée par les historiens comme l'une des principales causes de l'échec de la fuite du roi : il annule l'opération et rejoint Montmédy. Lorsqu'il apprend l'arrestation du roi à Varennes, il se lance dans une course poursuite pour atteindre la ville et libérer le roi. En vain, le convoi royal est reparti pour Paris sous bonne garde.

La vigilance populaire

L'arrestation de Louis XVI met en lumière le zèle révolutionnaire des habitants des provinces françaises, et particulièrement de celles que les émigrés traversent pour rejoindre l'étranger. Depuis la prise de la Bastille, le 14 juillet 1789, et l'abolition des privilèges qui suivit, le partage des biens du clergé et des émigrés entretenait une effervescence révolutionnaire constante. La position de l'Église, réfractaire à tous changements, et le danger du retour des émigrés soutenus par une coalisation étrangère radicalisaient les révolutionnaires, que ce soit à Paris ou en province.

Depuis les journée d'octobre 1789, le roi, placé en résidence surveillée aux Tuileries, restait un otage qui garantissait la paix pour le peuple de Paris, sa fuite représentant une menace directe de guerre. Pour les partisans d'un régime constitutionnel, alors parti modéré majoritaire à la Constituante, représenté par La Fayette, il était une pièce maîtresse indispensable à la Constitution : les constituants firent donc croire à l'enlèvement du roi pour sauvegarder sa légitimité. Mais lorsque ces derniers firent tirer au Champ-de-Mars, le 17 juillet 1791, sur la foule qui réclamait une république, la rupture du peuple avec l'assemblée constituante prônant une monarchie constitutionnelle était consommée. L'échec de la fuite du roi sera le catalyseur des républicains et consacrera la faillite des modérés encore attachés à la monarchie. ■

La fausse bataille de Valmy

1792

Le catéchisme révolutionnaire et républicain a transformé une « simple canonnade » en une glorieuse victoire de la Nation en armes, passant sous silence une soudaine retraite de l'ennemi que rien n'explique.

Sous une pluie battante, l'armée de la Révolution française, commandée par Dumouriez et Kellermann, affronte ce 20 septembre sur la butte de Valmy, près de Chalon-sur-Marne, les armées prussienne et autrichienne, sous les ordres du duc de Brunswick. Après un intense tir d'artillerie, qui fera 300 tués et blessés côté français et 180 du côté adverse, et alors que 90 000 hommes sont engagés dans le conflit, le duc de Brunswick, après avoir observé dans sa lunette les hauteurs de Valmy et fait remarquer à son entourage : « Il y a bien du monde là-haut ! », décide de faire sonner la retraite...

Valmy a lieu deux mois après la proclamation de la patrie en danger. Aussi cette « victoire » va-t-elle faire l'objet d'une intense propagande républicaine, et Danton, ministre de la Justice qui avait soutenu l'affrontement militaire de tout son poids, triomphe avec les Girondins, qui avaient également voulu la guerre. On sait aujourd'hui que Kellermann, décisif par son courage et son audace, avait désobéi à son ministre de la Guerre, Servan – qui ordonnait une retraite sur la Marne de toute l'armée –, et décidé avec Dumouriez d'affronter l'armée ennemie.

Naissance d'un mythe républicain

Mais l'événement majeur de ce conflit se trouve dans la composition de l'armée française elle-même. En effet, pour la première fois au monde, 23 000 volontaires vinrent grossir l'armée régulière, en formant ainsi la première armée populaire qui combattait au cri de « Vive la Nation ! » et en chantant la Marseillaise. Cette intrusion du peuple dans l'armée sera le modèle de toutes les libérations nationalistes futures, le symbole du peuple héroïque en armes sauvant la patrie en danger. Goethe, qui accompagnait l'armée prussienne, nota : « De ce lieu et de ce jour date une nouvelle ère dans l'histoire du monde. » Le mythe littéraire était né et amorçait une brillante carrière, masquant le déroulement même de la bataille.

Pourtant, très vite, la justification de cette brusque retraite allait alimenter un grand nombre d'hypothèses.

▼ **Victoire du général Kellermann à Valmy. (Tableau de J.-B. Mauzaisse, H. Vernet, 1821.)**

Louis XVI, vainqueur de Valmy ?

PARMI LES HYPOTHÈSES AVANCÉES POUR EXPLIquer la retraite en bon ordre des troupes coalisées, certains n'ont pas hésité à prétendre que Louis XVI, depuis sa prison du Temple, aurait écrit au roi de Prusse et à l'empereur d'Autriche son beau-frère, les priant d'épargner sa vie et celle de sa famille en ne marchant pas sur Paris. Les récents massacres de septembre, qui ont vu les sans-culottes se livrer à une véritable curée dans les prisons parisiennes, laissaient en effet craindre le pire. L'initiative de cette intervention opportune reviendrait à trois membres de la Commune de Paris, Pétion, Manuel et Kersaint, lesquels aurait mis le marché entre les mains du roi, lui promettant en contrepartie la vie sauve à lui et sa famille. Dumouriez aurait été tenu informé de l'entreprise, ce qui expliquerait qu'il ne se soit pas soucié de poursuivre les Prussiens dans leur retraite. ■

Autour du duc de Brunswick

C'est surtout la personnalité du duc de Brunswick qui attira l'attention. Il avait épousé la sœur de George III et attendait le mariage de sa fille avec l'héritier du trône d'Angleterre, le prince de Galles, qui accédera à la couronne en 1794, sous le nom de George IV. Or, une victoire facile de la coalition sur les révolutionnaires français aurait mis fin à la guerre sans que la Grande-Bretagne participe au règlement des affaires françaises. Une autre thèse, véhiculée par les nobles émigrés, dénonçait un complot de la franc-maçonnerie : un accord secret aurait été conclu entre Brunswick et Dumouriez, tous les deux francs-maçons, l'entourage de Georges III et quelques Girondins influents. Les émigrés accusaient aussi Danton, franc-maçon notoire, et le pouvoir royal en place, d'avoir acheté la trahison de Brunswick en vendant une partie des diamants de la couronne de France. Enfin, on remit en doute les capacités militaires de celui-ci. Malgré toutes ces explications, l'énigme demeure et le mystère reste entier.

Une erreur stratégique

Les historiens contemporains penchent pour une explication plus stratégique. D'une part, les puissances européennes n'auraient pas pris au sérieux la situation française, et, d'autre part, elles voyaient d'un bon œil la décomposition du Royaume de France, qui restait encore au XVIIIe siècle la plus grande puissance européenne. Déjà, l'Angleterre, maîtresse des mers, avait récupéré ses possessions américaines et l'essentiel de son empire des Indes par le traité de Paris, en 1763. Les autres monarchies continentales, qui n'appréciaient guère la monarchie française, n'étaient pas fâchées de voir la France s'affaiblir d'elle-même dans un conflit dont l'issue paraissait très incertaine. Les émigrés auraient également désinformé les différentes cours sur la situation réelle pour pouvoir récupérer rapidement leurs biens confisqués. Néanmoins, il ne faut pas minimiser l'enthousiasme des volontaires qui allaient prouver à l'Europe leur courage et leur détermination à exporter les valeurs révolutionnaires. ■

▶ **Le général Kellermann. (Tableau, 1835.)**

Théroigne de Méricourt, première égérie du féminisme ?

1792

Courtisane sanguinaire ou « amazone de la Liberté » : qui est vraiment, lors des premières années de la Révolution, le personnage féminin le plus marquant pour l'imagination populaire ?

Née en 1762 à Marcourt d'une famille de paysans aisés des Ardennes belges, Anne Josèphe Terwagne fugue pour échapper aux sévices d'une marâtre tyrannique. Petite et bien faite, taille et mains fines, elle est séduisante avec ses yeux bleus, son teint de pêche et ses cheveux châtains. Elle mène en Europe une existence aventureuse de semi-mondaine, entretenue par de riches amants, mais rêve de chanter et confie sa destinée à un célèbre ténor italien qui lui fait miroiter une carrière artistique pour l'engrosser d'une enfant qui meurt en bas âge de la variole. Elle suit en Italie un castrat qui s'avère être un escroc et la « fait chanter »... en lui dérobant son argent. Rongée par la vérole, elle finit par s'installer à Paris en 1789 et se consacre entièrement à la Révolution.

Elle francise alors son nom pour devenir Théroigne, mais ce sont les royalistes qui l'affublent par dérision du pompeux sobriquet de Méricourt, en référence à son modeste village d'origine étrangère.

◂ **Un club révolutionnaire de femmes.**

Une égérie sanguinaire ?

Son activisme en fait la cible de Suleau, chroniqueur de la feuille royaliste *les Actes des apôtres*, qui l'accuse à tort d'avoir participé aux émeutes sanglantes d'octobre 1789 et d'avoir voulu assassiner la reine. Elle s'enfuit à Liège, mais des émigrés l'y font enlever et elle est emprisonnée en Autriche où elle parvient à prouver son innocence. De retour à Paris, elle prend part à la journée insurrectionnelle du 10 août 1792 et désigne Suleau à la vindicte de la foule, qui le lynche.

Cette image d'hystérique catin de la République la poursuivra, comme en témoigne en 1857 ce « portrait intime » des frères Goncourt : « Un matin l'Histoire et le Peuple descendent dans la rue. Théroigne bondit avec une nouvelle âme. De la courtisane, il est né soudainement un héros et une furie... La foule l'emporte, la poudre la grise, le sang la soûle... Panache rouge, redingote de soie rouge, cette amazone de Rubens, cravache en main, pistolets à la ceinture... c'est la Liégeoise menant à Versailles les piques qui demandent des têtes, et les femelles qui demandent les boyaux de la reine ».

La belle Liégeoise, Amazone de la Liberté

La réalité est tout autre ! Assidue dès 1789 aux travaux de l'Assemblée constituante pour s'instruire, elle gagne l'estime de Sieyès, Barnave et Pétion et crée avec le mathématicien Romme la Société des amis de la loi, qui a pour mission d'informer le peuple du travail législatif des députés. Si elle s'habille volontiers en amazone, « c'est pour avoir l'air d'un homme et fuir ainsi l'humiliation d'être une femme », afin que « les femmes sortent enfin de leur honteuse nullité, où l'ignorance, l'orgueil, et l'injustice des hommes nous tiennent asservies depuis si longtemps ». Acclamée en février 1790 au district des Cordeliers, elle est pourtant humiliée de voir rejeter son adhésion à un club exclusivement masculin. Au cœur de la ferveur qui mobilise la patrie menacée en 1792, elle ose créer le club populaire des femmes armées pour lever des légions d'amazones... et échappe de peu à la vindicte des maris du faubourg Saint-Antoine, excédés de voir leurs femmes quitter les foyers pour courir les assemblées et prétendre se battre au nom de la Révolution. Théroigne est pourtant modérée et c'est sa défense de Brissot, lors de la chute de la Gironde, qui lui vaut d'être dénudée et publiquement flagellée devant les portes de la Convention le 13 mai 1793 par des femmes jacobines de la halle, dites « poissardes » ou « tricoteuses » selon qu'elles passent du travail au spectacle de la guillotine.

▲ **Portrait de Théroigne de Méricourt. (Tableau de la fin du XVIIIe siècle.)**

Sa raison n'y résiste pas et elle est internée en 1794, à la demande de son frère qui la fait officiellement reconnaître folle. Elle meurt à la Salpêtrière en 1817, devenue un cas célèbre de la médecine mentale, et seul Baudelaire lui rendra un hommage sulfureux par une strophe des *Fleurs du mal* : « Théroigne, amante du carnage ».

En fait, Théroigne, révolutionnaire convaincue, s'affirme aussi féministe passionnée et c'est bien ce double engagement qui finit par lui valoir l'opprobre de tous. Élisabeth Roudinesco y voit « une femme mélancolique sous la Révolution » qui sombre dans la folie, de par les antécédents de sa jeunesse névrotique, mais aussi victime d'une terrible contradiction : un effondrement psychique provoqué par l'événement historique que représente l'idéal d'une Révolution des libertés évoluant vers le régime de la Terreur. ■

Pionnières du féminisme

« VOUS AVEZ BRISÉ LE DESPOTISME... ET TOUS les jours vous souffrez que treize millions d'esclaves portent les fers de treize millions de despotes. » Théroigne aurait pu rédiger cette Requête des dames à l'Assemblée nationale datée de 1790. Mais tout autant Olympe de Gouges, auteur d'une *Déclaration des droits de la femme et de la citoyenne*, deuxième femme guillotinée après Marie-Antoinette, ou Claire Lacombe, belle comédienne vêtue en amazone et fondatrice de la Société des républicaines révolutionnaires. Ces féministes, rejetant le seul rôle d'épouses et mères, prétendaient devenir les égales des hommes et participer comme eux de la souveraineté populaire. Par trop d'avant-garde, elles furent longtemps considérées comme de violentes agitées aux mœurs débridées. ■

Louis XVII est-il bien mort en prison ?

1795

Le 8 juin, un cadavre d'enfant est sorti du Temple, à Paris, et emmené clandestinement au cimetière Sainte-Marguerite : orphelin de ses deux parents guillotinés, le mort est connu officiellement sous le nom de Charles Capet.

LOUIS-CHARLES A 7 ANS LORSQUE, LE 13 août 1792, il arrive avec sa sœur et ses parents, Louis XVI et Marie-Antoinette, devant l'imposante prison du Temple. Il est logé avec le roi au deuxième étage ; les femmes sont au troisième. Une vie de famille s'organise, scandée par une promenade quotidienne dans le jardin.

Louis XVI, sur les fonds qui lui ont été alloués, fait acheter des livres et des jeux pour l'enfant, auquel il prodigue personnellement des leçons de géographie et de latin. Cette proximité dure quelques mois : en décembre 1792, père et fils sont séparés.

L'enfant reste avec les femmes de la famille, qui font tout pour adoucir son sort. L'année 1793 est plus difficile pour lui. À la fin du mois de janvier, Louis-Charles est informé du sort de son père, décapité le 21. À cette date-là, il devient, pour les monarchistes, le nouveau roi de France. Puis, au début de juillet, le petit garçon, qui a 8 ans, est mis à l'isolement dans l'ancien appartement de son père, au-dessus de l'étage réservé à sa mère, sa tante et sa sœur. Il ne les reverra plus, mais on lui extorque un témoignage pour nourrir une extravagante accusation d'inceste contre sa mère, guillotinée le 16 octobre.

Désormais, seuls des étrangers s'occupent de l'enfant : il est confié à la garde du savetier Simon et de sa femme, qui viennent s'installer avec lui. Il s'habitue aux Simon, qui lui ménagent l'existence la moins désagréable possible ; des témoins le voient jouer dans le jardin. Mais, le 19 janvier 1794, les Simon doivent quitter le Temple sur ordre du citoyen Chaumette, responsable de la prison.

▶ **C'est un garçonnet malade qui est emprisonné. (Tableau fin XVIIIe.)**

L'atroce réclusion du petit roi

Pendant les six mois qui suivent, Louis-Charles reste seul et on perd sa trace officielle. Commence alors la période d'enfer du jeune garçon. Toutes les issues de sa chambre sont obstruées. La porte est murée jusqu'à mi-hauteur et munie de barreaux de fer : seul un étroit guichet permet de passer la nourriture. L'enfant vit dans la pénombre. Personne ne peut entrer dans la cellule, qui devient vite un cloaque. Deux fois par jour, les gardes viennent constater la présence de l'enfant : une ombre qui ne quitte plus son lit, envahi par la vermine. Le garçonnet reste séquestré dans ces conditions terribles jusqu'à la chute de Robespierre.

Le 28 juillet 1794, jour même de son accession au pouvoir, Barras se rend au Temple et fait ouvrir la cellule. Il trouve un enfant assez grand, livide, amaigri, les articulations gonflées, trop faible pour marcher. Barras désigne un médecin et donne l'ordre de rendre au prisonnier une vie décente. Il est trop tard : le garçonnet est gravement malade et reste prostré dans une apathie silencieuse.

L'enquête scientifique : la preuve par l'ADN

L'historien Philippe Delorme a montré que le cœur d'enfant qui en 1975 a été déposé à la basilique Saint-Denis, après plusieurs décennies d'« odyssée », est bien celui qui fut subtilisé au Temple par le médecin qui procéda à l'autopsie du corps de Louis XVII.

15 décembre 1999. À l'initiative de P. Delorme, un prélèvement est pratiqué sur la relique par les soins du professeur Jean-Jacques Cassiman, généticien de l'université de Louvain, en Belgique.

19 avril 2000. Les séquences d'ADN mitochondrial obtenues à Louvain dans les échantillons du cœur sont corroborées par celles obtenues par le professeur Bernd Brinkmann, directeur de l'Institut de médecine légale de l'université de Münster, en Allemagne.

La conclusion de l'enquête. P. Delorme écrit sur son site Internet : « Ces séquences sont identiques à celles obtenues précédemment à partir des cheveux de Marie-Antoinette et de ses sœurs. En plus, une variante de la séquence de l'ADN du cœur, retrouvée aussi chez les descendants actuels des Habsbourg par les femmes, Anne de Roumanie et son frère André de Bourbon Parme, renforce encore « une parenté plus que probable entre ces différentes personnes ».

Le cœur analysé en avril 2000 est-il bien celui que le docteur Philippe-Jean Pelletan a prélevé sur l'enfant mort au Temple le 8 juin 1795 ? Au terme d'une longue et minutieuse enquête, que je retrace dans *Louis XVII. La Vérité*, confirmée par les résultats de l'ADN, je suis aujourd'hui en mesure de l'affirmer avec certitude. »

8 juin 2004. Le cœur de Louis XVII est transféré dans la crypte de Saint- Denis. ■

Otage de la Convention, enjeu de la guerre

La Convention, qui craint une réaction violente de l'opinion si elle choisit de mettre à mort l'enfant, peut cependant de moins en moins tolérer son existence : n'est-ce pas « à seule fin d'obtenir la libération du souverain détenu » que le roi d'Espagne Charles IV, son cousin, est entré dans la première coalition contre la France ? De leur côté, les chouans arborent sur leurs étendards l'image gracile du jeune otage. Il faut donc que l'enfant meure naturellement... On le laisse tranquillement dépérir. La tactique réussit : l'enfant, comme son frère aîné, succombe à la tuberculose le 8 juin 1795.

Les Conventionnels craignent presque autant l'aura du petit roi mort que le prestige dont il jouissait de son vivant. Aussi organise-t-on des obsèques très discrètes, destinées à être ignorées de tous. Plutôt que d'avouer la mort du fils de Louis XVI, la République naissante veut plonger son nom et sa personne dans l'oubli, en tenant sa sépulture secrète. Elle ignore, ce faisant, que le mystère crée une ambiguïté fort dangereuse. Puisque nul n'a vu le cadavre du garçon, toutes les hypothèses sont plausibles : l'enfant vit-il encore ? Et le corps emporté est-il celui d'un autre garçon ou bien la République a-t-elle commis le crime horrible d'assassinat d'un enfant ?

Quand affluent les prétendants

Pendant un demi-siècle, périodiquement, de nombreux imposteurs se manifestent, prétendant au trône de France au nom du garçon disparu. Les plus chanceux de ces usurpateurs – ils sont, au total, près d'une quarantaine –, tels Richemont ou Naundorff, se font recevoir dans les aristocratiques salons du faubourg Saint-Germain, une fois la monarchie restaurée.

Aucun, cependant, ne peut apporter la preuve qu'il a été l'enfant du Temple. ■

▼ **Exhumation des restes de Louis XVII en 1876.**

Qui a attaqué le courrier de Lyon ?

1796

À la suite d'un exceptionnel concours de circonstances, un honorable bourgeois est accusé d'avoir participé à l'attaque de la malle-poste Paris-Lyon. Malgré ses dénégations, Joseph Lesurques est condamné et guillotiné.

Le 28 avril 1796 (9 floréal), on a retrouvé, non loin de Melun, une malle-poste transportant sept millions d'assignats destinés à l'armée d'Italie vidée de son chargement et les cadavres lacérés du postillon et du courrier. Il n'y avait, en revanche, nulle trace du seul voyageur monté à Paris dans la malle-poste, un dénommé Laborde, marchand de vins de son état. Les différentes enquêtes faites dans la région de Melun et à Paris même permettent bientôt à la police de mettre la main sur des hommes connus d'elle pour actes de brigandage : Couriol, Richard, Bruer et Bernard. Un hasard permet au juge Daubanton d'arrêter deux autres individus que des témoins ont aussi reconnus : il s'agit de Guénot et du fameux Lesurques.

◂ **Pancarte de l'« Auberge du Courrier » où des témoins affirment avoir vu Joseph Lesurques. (XIXe siècle.)**

Un hasard extraordinaire

Au moment où Couriol a été arrêté, il se trouvait dans une maison où Guénot était également de passage. Prudente, la police a pris les papiers de Guénot, pour vérification, en même temps qu'elle se saisissait de Couriol. Or, le 11 mai 1796, Guénot doit se rendre au Palais de Justice de Paris pour récupérer ses documents. En chemin, il rencontre une de ses connaissances, Joseph Lesurques, honnête rentier et bon père de famille. Celui-ci décide de l'accompagner dans sa démarche.

Alors que les deux hommes attendent dans l'antichambre du juge, les jeunes servantes d'une auberge de Montgeron, venues là pour témoigner dans l'affaire du courrier de Lyon, s'écrient qu'elles les reconnaissent, qu'ils appartiennent l'un et l'autre à la bande qui s'est trouvée dans leur auberge la veille de l'affaire. Immédiatement appréhendés, Lesurques et Guénot sont confrontés aux autres bandits. Guénot est reconnu par eux... mais Lesurques aussi : non que les bandits prétendent que ce dernier les ait aidés à attaquer la malle-poste (ce qu'eux-mêmes nient avoir fait) ; mais il se trouve que, par un nouveau et formidable hasard, Lesurques a été convié autrefois à manger chez Richard, et que Couriol s'y trouvait ! Il n'en faut pas plus pour convaincre Daubanton que Lesurques est un des responsables de l'attaque.

Des audiences accablantes

Lesurques clame que tout cela est un horrible malentendu. Le procès, qui se déroule en août, va sûrement lui permettre de prouver son innocence. Le premier jour des audiences, on fait comparaître les témoins : huit d'entre eux affirment avoir vu Lesurques à l'auberge de Montgeron, neuf sont catégoriques sur la présence de Couriol. Guénot, Bruer et Bernard ont contre eux deux témoignages. À l'inverse, Bernard n'est formellement reconnu par personne. La deuxième journée est consacrée à la défense. Un bijoutier du Palais-Royal, Joseph Legrand, atteste la présence de Lesurques dans sa boutique le 8 floréal pour un achat. L'alibi est irréfutable, d'autant plus que Legrand présente son livre de compte qui mentionne, à la date du 8 floréal, l'achat d'une cuillère par le citoyen Lesurques. Plusieurs personnes viennent aussi affirmer que Lesurques était bien au Palais-Royal le jour où on l'accuse de s'être trouvé à l'auberge de Montgeron. Malheureusement, Daubanton remarque que, sur le livre de compte de Legrand, il y a une rature qui rend la date illisible… Pour le juge, Legrand et les autres témoins à décharge ont été achetés par Lesurques qui n'a donc plus d'alibi. Le troisième jour du procès, Legrand revient sur sa déposition. Aussi, lorsque l'accusateur public prononce son réquisitoire, il charge particulièrement Lesurques, qui n'a pas hésité à suborner des témoins.

À la quatrième audience, les jurés se retirent pour délibérer. Couriol, Lesurques, Bernard et Richard sont reconnus coupables et condamnés à mort, Guénot et Bruer sont mis hors de cause. Au moment de quitter la salle d'audience, Couriol crie que Lesurques est étranger à l'attaque de la malle-poste et que les témoins ont été abusés par sa ressemblance étonnante avec le véritable coupable, absent : un dénommé Dubosc. Cette démarche s'avère inutile. Le 9 brumaire, Couriol, Lesurques et Bernard sont guillotinés. Couriol affirme sur l'échafaud : « Lesurques est innocent ! »

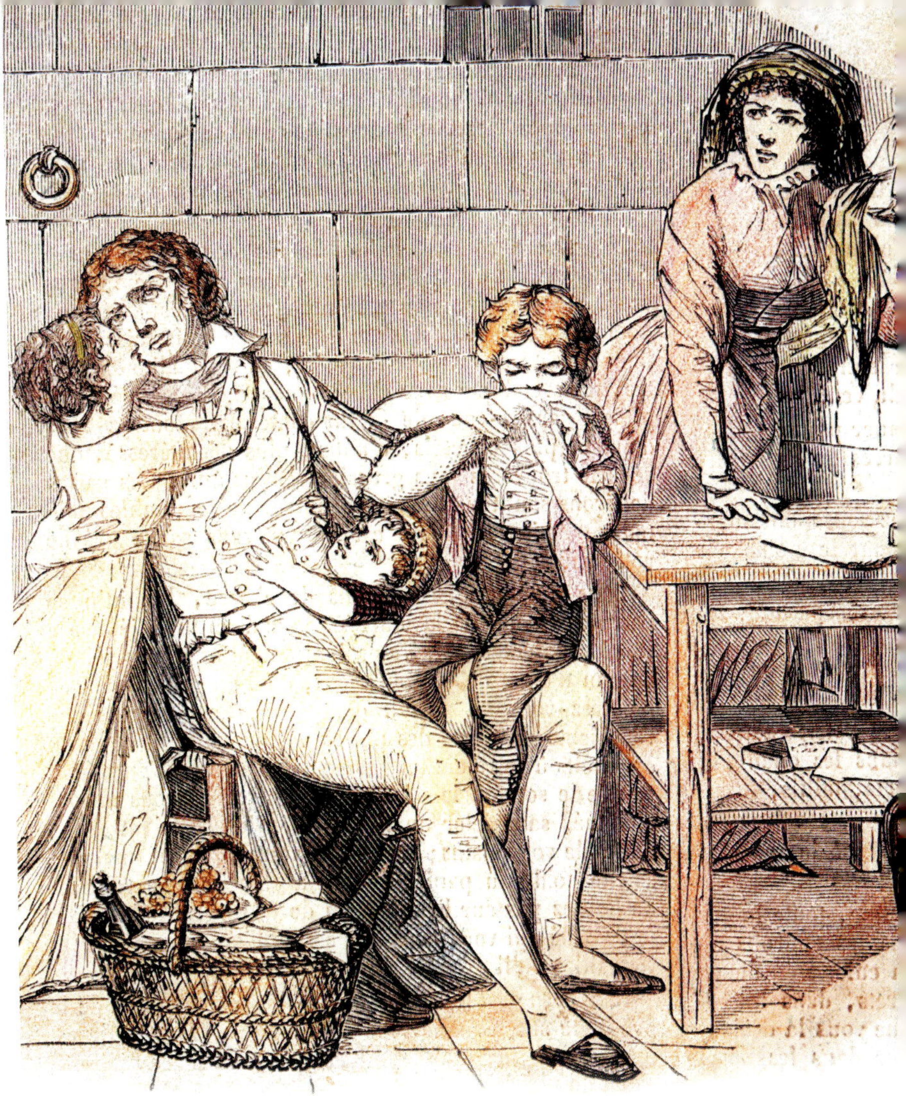

▲ **Joseph Lesurques fait ses adieux à sa femme et ses enfants avant d'être guillotiné. (Gravure du XIXe siècle.)**

DOCUMENT

La dernière lettre à sa femme

« Ma bonne amie,

Quand tu liras cette lettre, je n'existerai plus : un fer cruel aura tranché le fil de mes jours qui devraient être tous à toi et que je t'avais consacré avec tant de plaisir, mais telle est la destinée qu'on ne peut fuir en aucun cas : je devais être assassiné juridiquement. Ah ! j'ai suivi mon sort avec constance et un courage digne d'un homme tel que moi. Puis-je espérer que tu en agiras de même ? Plus d'un motif t'y engage. Ta vie n'est point à toi, tu la dois tout entière à tes enfants et à ton époux, s'il te fut cher. C'est le seul vœu que je puisse former. Je te dis un éternel adieu, et compte que mon dernier soupir sera pour toi et mes malheureux enfants. »

Cité par G. Olivier, *l'Affaire du courrier de Lyon*, Arthaud, Paris.

Le vrai coupable jugé

L'exécution des condamnés n'a pas plus tôt eu lieu que le juge Daubanton commence à éprouver des doutes. Il reprend l'enquête et retrouve le mystérieux passager de la malle-poste, le soi-disant Laborde, dont le nom véritable est Durochat. L'homme avoue sa participation à l'attaque du courrier et donne le nom de ses complices, deux petits voyous, Roussi et Vidal, Couriol et… Dubosc.

Retrouvé, arrêté et jugé, Dubosc nie formellement toute participation à l'affaire. Les témoins, revenus une seconde fois à la barre, n'osent plus se prononcer. Mais un coup de théâtre se produit : Daubanton a demandé qu'à chaque séance du tribunal se trouve le buste de Lesurques. Le président ordonne de prendre la perruque blonde qui coiffe ce buste et de la poser sur la tête de Dubosc dont la chevelure est brune. À la vue de cet homme devenu blond, la plupart des témoins n'ont plus d'hésitation : c'est bien Dubosc, et non Lesurques, qu'ils ont vu à Montgeron. À son tour, Dubosc est donc guillotiné. ■

Napoléon franc-maçon ?

1798

Pour la plupart de ses contemporains, l'affiliation de Napoléon à l'Ordre ne fait aucun doute. Depuis sa chute, la question divise historiens et érudits.

« De purs enfantillages bons pour amuser les badauds ». C'est Constant, valet de chambre et fidèle serviteur de l'Empereur, qui aurait rapporté ces propos attribués à l'Empereur et concernant les francs-maçons.

Un autre témoignage peut sembler plus digne de foi parce que plus mesuré et émanant du docteur O'Meara, médecin de Napoléon à Sainte-Hélène et à qui l'Empereur aurait dit : « C'est un tas d'imbéciles qui s'assemblent pour faire bonne chère, et exécuter quelques folies ridicules. Néanmoins, ils font quelques bonnes actions. Ils ont aidé dans la Révolution et récemment encore à diminuer la puissance du pape et l'influence du clergé. » Si Napoléon tourne ainsi en dérision les rituels maçonniques, la boutade qui lui est prêtée laisse pourtant entendre que les maçons ont pu lui être utiles.

S'agit-il dans les deux cas de propos tenus par l'Empereur, ont-ils été déformés ou purement inventés par les témoins ?

Enfin, dernière assertion sérieuse utilisée par ceux qui nient l'affiliation de Napoléon, aucune « planche tracée », c'est-à-dire aucun procès-verbal, n'a jamais été découverte pour en apporter une preuve écrite et décisive. Selon l'historien François Collaveri, l'argument n'a aucun poids, car l'on peut en dire autant pour d'innombrables et incontestables initiés civils et militaires... qui ont préféré la discrétion, notamment pendant la Révolution.

Sa famille et son entourage aux premières loges !

Charles Bonaparte, le père de Napoléon, fut incontestablement franc-maçon comme en témoigne le procès-verbal de l'initiation de Jérôme, son fils cadet. L'aîné des frères, Joseph, est initié en 1793 par la loge de la Parfaite Sincérité de Marseille et deviendra grand maître du Grand Orient de France. Aucun doute non plus pour Lucien, qui signera certaines circulaires en qualité de ministre de l'Intérieur avec les deux barres parallèles qui témoignent de son affiliation selon le code maçonnique, et encore moins pour Louis qui sera grand maître adjoint du Grand Orient. De même pour sa sœur Caroline, épouse de Murat... qui sera la grande maîtresse des loges du royaume des Deux-Siciles. Quand à son épouse Joséphine, elle fut initiée à Strasbourg comme son premier mari Alexandre de Beauharnais.

Au-delà de l'entourage familial, la plupart des dignitaires du régime font partie de l'Ordre, à commencer par Cambacérès. Archichancelier et deuxième personnage de l'État, il est non seulement dignitaire du Grand Orient, mais se veut surtout le protecteur de la franc-maçonnerie dont il est garant pour ce qui concerne la fidélité au régime. Ainsi déclarait-il en 1812 : « Si l'État était en danger, j'appellerais autour de ma personne tous les enfants de la Veuve (les frères en langage franc-maçon) et, avec ce bataillon sacré, en marchant aux frontières, je prouverais au monde entier que l'Empereur n'a pas de plus fidèles sujets que les Maçons français ». Enfin, d'Augereau à Soult, 18 des 26 maréchaux de l'armée impériale sont

▲ **Initiation au grade de maître. Les francs-maçons miment le meurtre d'Hiram (architecte de Salomon dont se réclame la maçonnerie).**

affiliés à une obédience, de même que 400 généraux. Imagine-t-on Napoléon compter sur autant d'« imbéciles » tout juste capables de « purs enfantillages » pour asseoir son pouvoir ?

La franc-maçonnerie

Société de pensée créée à Londres en 1717, la franc-maçonnerie moderne a pour objectif de regrouper les hommes de « haute valeur morale et philosophique » se réclamant des principes de liberté et de tolérance. La maçonnerie s'implante à Paris en 1725 et recrute d'abord parmi une partie de la noblesse « éclairée » par l'esprit des Lumières et surtout au sein de l'armée et de la bourgeoisie d'affaires. À la fin de l'Ancien Régime, 50 000 à 100 000 maçons animent 830 « ateliers », mais l'Ordre se fait discret sous la Terreur, notamment après la décapitation du grand maître du Grand Orient, le duc d'Orléans, Philippe Égalité. La franc-maçonnerie renaît sous l'Empire pour en devenir l'un des piliers idéologiques et passe de 664 à 1 219 loges entre 1806 et 1812. ■

La franc-maçonnerie acclame le plus illustre de ses frères

L'Empereur ordonne en 1804 l'intégration de la Grande Loge générale écossaise de France au Grand Orient de France. Cambacérès exerce le véritable pouvoir et les maçons de toutes les loges de l'Empire fêtent le « Génie de tous les temps » et le « Napoléon de tous les rites » pour leur véritable « Maître ».

La même année, le Grand Orient rédige à l'usage des loges un *Régulateur du maçon* pour codifier la bonne ordonnance des cérémonies. Prévue pour clore les banquets, la première des sept « santés d'obligation » est dédiée à Sa Majesté Impériale et son auguste famille. Pour lever toute ambiguïté, les initiales S M sont suivies des trois points disposés en triangle, symbole qui désigne l'affiliation d'un membre selon le rituel de la ponctuation maçonnique. Napoléon fut probablement initié en Égypte lors de la grande expédition de 1798. Au-delà de ses convictions personnelles, l'Empereur a bien compris toute l'influence de la franc-maçonnerie dans la société de l'époque et il s'est donné les moyens de la contrôler étroitement. Il n'a d'ailleurs jamais interdit aux loges de le revendiquer officiellement comme un « frère ». ■

◄◄▲ **Ensemble d'insignes maçonniques dont une étoile à neuf branches entourant un N. (XIXe siècle).**

Un bagnard au service de la police ?

1811

En nommant chef de la police de sûreté Eugène François Vidocq, un repris de justice, la police officielle se doute-t-elle qu'elle mettait à son service un homme qui allait révolutionner les enquêtes criminelles ?

◀ **Portrait de François Vidocq, aventurier français reconverti en chef de la police.**

La nomination d'un bagnard à la tête d'une brigade de sûreté parallèle à la police officielle et financée par des fonds secrets ne semble pas aller de soi. Pourquoi une telle audace ? La fin du XVIIIe siècle et le début du XIXe siècle sont marqués par d'intenses turbulences sociales. Des polices concurrentes s'affrontent au détriment de l'ordre public. Lorsqu'il est nommé, Vidocq est un « homme de terrain ». Il connaît bien les bas-fonds de Paris et les prisons. Il domine le langage, les méthodes et les habitudes de la grande criminalité, qu'il a côtoyée dans les bagnes, le milieu de la pègre, avec ses solidarités, ses codes et ses lieux de rencontre. De plus, il possède des capacités exceptionnelles d'investigation et d'observation, le goût du secret, l'art du travestissement, une ténacité à toute épreuve.

Une personnalité hors du commun

Eugène François Vidocq est né à Arras le 24 juillet 1775. C'est un enfant turbulent, adolescent violent. Son père, maître boulanger, le fait incarcérer à 15 ans aux Baudets, la prison d'Arras, l'accusant de lui avoir soutiré de l'argent, puis il le force à s'engager dans l'armée. Vidocq est déjà une force de la nature, il est surnommé par ses voisins « Vautrin », ce qui signifie sanglier. En 1792, il participe aux batailles de Valmy et de Jemmapes. L'année suivante, il est exclu de l'armée pour indiscipline et duels illicites, et reprend sa vie dissolue. En 1794, il est incarcéré pour la seconde fois à Arras, sur une fausse déclaration d'un rival amoureux. Après un mariage forcé, il devient épicier.

Très vite, il déserte la vie conjugale et s'engage dans la fameuse « armée roulante », composée de 2 000 faux officiers qui pillent les autochtones, en Belgique et en Hollande. De retour peu après à Paris, il est condamné à 3 mois de prison, à la suite d'une violente altercation avec un officier qui lui disputait sa belle.

Menacé de cour d'assises, donc passible des galères pour une ancienne affaire de faux en écritures publiques, il s'évade, déguisé en officier. Commence alors une suite

▲ Dans la forêt de Sénart, Vidocq arrête des brigands qui attaquaient la diligence.

d'arrestations et d'évasions – plus d'une dizaine – toutes plus rocambolesques les unes que les autres. Entre-temps, Vidocq essaie de monter des affaires commerciales sous des faux noms, fréquente la pègre.

En 1796, il est condamné à 8 ans de travaux forcés pour un faux en écritures publiques, accusation qu'il niera toujours. En 1809, il propose ses services à la police en échange de son amnistie. Il est écroué, mais cette fois pour remplir une mission de « mouton », c'est-à-dire d'indicateur. En 1811, il s'évade avec la complicité du préfet de police et devient chef de la brigade de sûreté générale. ▶

Pierre Coignard, un adversaire digne de lui

En 1805, Pierre Coignard s'évade du bagne et passe en Espagne, alors en pleine guerre. Il s'engage dans l'armée française. Il se déclare lieutenant-colonel après avoir dérobé des registres de matricules. Il usurpe ensuite l'identité d'un émigré décédé, le comte de Sainte-Hélène, en n'hésitant pas à cambrioler les archives militaires pour faire disparaître tous les papiers compromettants. Au retour des Bourbons, il devient royaliste et se fait passer pour un descendant d'un ancien compagnon de croisade de Saint Louis. Il est introduit à la cour et, lorsque Louis XVIII s'exile à Gand, il fait partie de l'escorte qui l'accompagne, puis devient un de ses proches. Après Waterloo, et la restauration de la royauté, il est nommé par le roi lieutenant-général de la garde royale. C'est alors qu'il s'installe dans un grand hôtel parisien et y mène grand train.

Ayant de grands besoins d'argent, il se fait octroyer des pensions de différents ministères et de nombreuses décorations (Légion d'honneur, croix de Saint-Louis, etc.). Hélas pour lui, l'une de celles-ci, l'ordre d'Alcantara, distinction exceptionnelle de la royauté espagnole, qu'il revendique avec ostentation, est dénoncée par les autorités espagnoles.

Vidocq tient enfin une première preuve pour confondre le comte de Sainte-Hélène et commencer sa traque, qui conduira à l'arrestation de l'usurpateur. ■

▲ **L'acteur Gérard Depardieu sur le tournage de *Vidocq*. (Film de Pitof, 2001.)**

Des méthodes musclées

Les résultats dépassent très vite les prévisions. On dénombre plus de 1 000 arrestations chaque année. La « bande à Vidocq » ne tarde pas s'imposer. Ce dernier s'acquitte avec aisance des dossiers « délicats » qui lui sont confiés. Les préfets qui l'ont dirigé, Pasquier, Anglès, Parisot, l'ont toujours soutenu contre les mauvais coups que lui portaient les polices « officielles ». Pourtant, ses méthodes sont rudes. Plus soucieux d'efficacité que de légalité, Vidocq, qui possède son propre réseau d'indicateurs et qui a engagé d'anciens forçats à son service, n'hésite pas à piéger les malfrats et à les arrêter lui-même, souvent de manière brutale, en ayant recours à des subterfuges traditionnels – la traque, l'interrogatoire – ou plus originaux, tel le travestissement. Aucun criminel n'échappe à ses enquêtes : faux-monnayeurs, faussaires, cambrioleurs ainsi qu'escrocs se voient menacer de potence ou du bagne.

L'arrestation mouvementée du comte de Pontis

Après le retour des Bourbons sur le trône de France, le comte de Pontis de Sainte-Hélène, nommé par Louis XVIII chef de la garde royale, mène grand train. Aussi, lorsque Vidocq demande son arrestation pour usurpation d'identité et de décorations, il crée un scandale à la Préfecture et dans l'entourage du roi. Très vite, on lui demande d'abandonner le dossier. Sûr d'avoir reconnu en lui Pierre Coignard, un ancien bagnard évadé, condamné à 14 ans de fer en 1800, Vidocq persiste. Une confrontation entre Coignard et l'un de ses anciens compagnons de bagne, Darius, qui identifie celui-ci grâce à une cicatrice décrite avec précision, confirme ses soupçons. À nouveau, les conclusions de son enquête sont refusées, au motif de la non-validité du témoignage d'un ancien forçat. Mais Vidocq persévère et découvre le pot aux roses : le comte de Pontis de Sainte-Hélène, alias Coignard, vit du produit de cambriolages organisés chez les grands qu'il côtoie. Vidocq trouve sa planque, ficèle un nouveau dossier et l'envoie au ministère de la Guerre. Coignard s'échappe. Mais cette fois, la presse s'empare du scandale, et l'ordre de son arrestation est donné. Déguisé en fort des Halles, Vidocq arrête Coignard en possession de nombreux bijoux volés. Dès lors, sa renommée ne cessera de croître ; il deviendra une célébrité recherchée ; il se lancera dans une œuvre littéraire aussi prolifique et mouvementée que sa vie.

Des succès de plus en plus gênants

Ses activités débordent le cadre parisien. Ainsi, en 1819, il met fin aux exactions d'une bande organisée de voleurs qui terrorisaient depuis 40 ans le pays de Santerre, près d'Amiens. Pour cela, il se déguise en colporteur et réussit à être admis dans leur bande ; il fait même l'admiration des voleurs après plusieurs vols qu'il a commis pour leur compte. Bien accepté, il attend le moment le plus favorable pour organiser une souricière avec la police et réussit à arrêter tous les malfaiteurs.

Régulièrement, des diligences étaient attaquées et pillées par des voleurs. L'affaire de la forêt de Sénart, en région parisienne, passe souvent pour un des chefs-d'œuvre de Vidocq. À la suite de révélations reçues à la préfecture, Vidocq apprend que la malle-poste de Lyon-Paris, qui contient une importante somme d'argent, va être attaquée par une bande de malfaiteurs activement recherchés par la police. Il n'hésite pas à monter dans la diligence avec ses agents et à aller à la rencontre des brigands. Cette confrontation sera digne des meilleurs scènes d'un bon western. Après un affrontement au corps à corps et un échange fourni de coups de feu, Vidocq et ses hommes réussissent à arrêter tous les malfaiteurs. Cette scène contribuera à sa renommée, d'autant plus qu'une estampe populaire largement diffusée sous la monarchie de Juillet l'immortalisera.

En 1824, l'arrestation du financier Ouvrard, fournisseur des armées sous le premier Empire, accroît encore sa popularité. Mais, parallèlement, dans les instances du pouvoir, on le trouve encombrant. Ne possède-t-il pas de nombreux dossiers mettant en cause des personnalités ? On le somme de faire appel à des collaborateurs sans tache. Il refuse et démissionne en 1827. Rappelé brièvement en 1831, il quitte définitivement la police un an plus tard.

Le père de la recherche criminelle moderne

Vidocq est considéré comme le modernisateur de la recherche criminelle. Il établit, le premier, un fichier des repris de justice et, en regroupant ainsi des informations, il contribua à faire arrêter de nombreux criminels. Il développa également l'utilisation des analyses d'empreintes pour identifier les auteurs de crimes ou de vols. Il déposa même un brevet d'invention pour une encre indélébile et un papier vergé inaltérable pour lutter contre la profusion de faux papiers en période de troubles... : rappelons qu'il débuta sous la Révolution, connut le Directoire, le Consulat, l'Empire, la Restauration de Louis XVIII, celle de Charles X, la révolution de 1830, la Restauration de Louis-Philippe, la IIe République et pour finir le second Empire !

Mais c'est surtout l'utilisation des déguisements et le développement de nouveaux moyens de surveillance qui retiendront l'attention de ses contemporains. Enfin, en 1832, Vidocq crée le « Bureau de renseignements dans l'intérêt du commerce », l'une des premières officines de police privée créées dans le monde. ■

▶ **Couverture d'un ouvrage attribué à François Vidocq.**

Une postérité littéraire peu banale

Ses *Mémoires*, en 4 volumes – dont le premier sort dès 1828 – deviennent vite un best-seller. Le monde qu'il y révèle fascine ses lecteurs et ses aventures vont alimenter les plus grands écrivains de son siècle. On retrouve Vidocq sous les traits de plusieurs personnages : Vautrin dans *le Père Goriot* et *Splendeurs et misères des courtisanes* de Balzac ; Jean Valjan dans *les Misérables* d'Hugo ; Jackal dans *les Mohicans de Paris* d'Alexandre Dumas. Quant aux *Mystères de Paris,* d'Eugène Sue, ils en sont directement inspirés... Traduits en anglais dès 1834, ces *Mémoires* en traversant l'Atlantique seront à l'origine de la création de la littérature policière en influençant l'initiateur du genre, l'Américain Edgar Allan Poe. ■

Waterloo, le retard tragique et suspect de Grouchy

1815

« Soudain joyeux, il dit Grouchy ! C'était Blücher ; l'espoir changea de camp, le combat changea d'âme »... Qui d'un Napoléon indécis ou d'un Grouchy obstiné porte la responsabilité de la déroute de Waterloo ?

Depuis son retour de l'île d'Elbe le 1er mars 1815, Napoléon a reconstitué une armée de 125 000 hommes qu'il lance à marche forcée à la rencontre de la coalition anglo-prussienne. Son intention est de frapper vite afin d'empêcher la jonction des deux armées, de les réduire l'une et l'autre séparément. Wellington concentre ses 100 000 hommes autour de Bruxelles, Blücher ses 120 000 Prussiens entre Namur et Dinant. Le 15 juin, l'armée française parvient à franchir la Meuse et la Sambre, Napoléon choisit d'attaquer dès le lendemain les Prussiens, au village de Ligny. Au soir du 16 juin, la victoire est totale sur des Prussiens en pleine déroute, Blücher est même blessé, Napoléon croit alors que le succès lui sera bientôt acquis.

De son côté, Ney a tenté sans succès d'enfoncer le dispositif anglais, et au soir du 16 juin la situation reste indécise malgré la retraite des Prussiens. Napoléon estime qu'il leur faudra aux moins trois jours pour se regrouper après leur défaite de Ligny, mais s'il veut définitivement séparer les deux corps d'armée anglais et prussien, il n'a d'autre solution que poursuivre ces derniers pour les éloigner le plus possible de Wellington. Ce sera la mission de Grouchy avec ses 33 000 hommes, mais l'ordre ne lui en est donné que tard.

Ce qu'ignore l'empereur, c'est que Blücher est loin d'être défait, et c'est en bon ordre qu'il s'est replié avec son armée sur Wavre pour y retrouver les 80 000 hommes de Bülow. Vite réorganisés, les Prussiens font route aussitôt pour rejoindre Wellington, quelques troupes restant à Wavre pour tromper Grouchy. Un tiers de l'armée française s'éloigne donc du dispositif central pour poursuivre un ennemi qui en fait se dérobe. Grouchy ne s'aperçoit pas de la manœuvre.

▼ **Charge de cavalerie à Waterloo. (Aquarelle d'H. Alken, XVIIIe siècle.)**

Le seul traître de Waterloo

Louis-Auguste-Victor de Ghaisne, comte de Bourmont et général de Napoléon, abandonne sa division le 15 juin 1815 pour informer Wellington des plans de l'Empereur et rejoindre Louis XVIII à Gand. Il contribue aussi comme témoin à charge à la condamnation à mort du maréchal Ney, le « brave des braves ». Pour services rendus, il deviendra pair de France en 1823 (a-t-il croisé Grouchy dans l'exercice de cette dignité ?), grand-croix de la Légion d'honneur en 1825, ministre de la Guerre de Charles X en 1830 puis brillant Commandant de l'expédition française en Algérie en 1830... avant de conspirer avec la duchesse de Berry, d'être condamné à mort par contumace, de servir Dom Miguel au Portugal puis don Carlos en Espagne et de bénéficier enfin d'une amnistie pour profiter d'une paisible retraite, fruit d'une carrière sinueuse... édulcorée pour une large partie par l'histoire. ■

Marcher au canon ?

Le 18 juin, la bataille s'engage, et les attaques françaises ne parviennent pas à percer le front adverse au centre alors que le général Bülow menace le flanc droit de Napoléon. Le retour immédiat de Grouchy serait opportun pour le prendre en tenaille, et des estafettes sont dépêchées pour lui ordonner de rallier l'armée principale : « Ne perdez pas un instant pour vous rapprocher de nous, nous joindre, et pour écraser Bülow que vous prendrez en flagrant délit. » Avant même d'avoir reçu ces nouveaux ordres, Grouchy a bien entendu la canonnade de Waterloo, ses adjoints l'exhortent à « marcher au canon », c'est-à-dire à rejoindre le champ de bataille principal. Mais Grouchy, persuadé qu'il pousse toujours devant lui l'essentiel de l'armée prussienne, ne s'en remet qu'aux seuls ordres reçus – les premiers –, et au règlement, qui prévoit que « marcher au canon » est un devoir impératif, sauf pour les unités qui ont reçu d'autres consignes. Le général Gérard insiste, propose de se diriger vers le champ de bataille avec ses 13 500 hommes, mais Grouchy refuse, estimant que « ce serait une faute grave que de fractionner [ses] troupes ». Le sort de la bataille se joue, Grouchy le sait-il quand il s'entête à ne pas porter secours à Napoléon ?

« C'était Blücher »

À Waterloo la bataille fait rage et demeure longtemps imprécise. Tous les espoirs reposent sur le retour de Grouchy qui ne revient pas. Et pour cause : il est 17 heures quand il reçoit enfin le 1er message l'enjoignant de rallier le champ de bataille. Malgré les charges de la cavalerie de Ney, la situation est bientôt désespérée. On croit voir enfin apparaître Grouchy, mais ce sont les Prussiens de Blücher qui arrivent... Napoléon fait donner la jeune Garde, puis la vieille Garde ; Cambronne répond « merde ! » à l'Anglais ; pour l'empereur, Waterloo est un « rêve écroulé ».

La défaite est trop amère pour qu'on ne désigne pas un coupable. Grouchy a manqué à Waterloo, il sera ce bouc émissaire. Fidèle parmi les fidèles depuis les campagnes d'Italie, héroïque à Eylau, à Wagram, en Russie où il commandait « l'escadron sacré » qui protégeait l'Empereur, l'histoire désormais couvre d'opprobre ce soldat trop obéissant aux ordres pour ne pas sembler suspect d'obstination criminelle. Pire, ne l'a-t-on pas vu se hâter lentement dans sa poursuite des Prussiens, « musardant » presque, comme s'il avait compris que tout était joué désormais et qu'il valait mieux jouer une autre carte ? ■

▶ **Grouchy. (Tableau de J.-S. Rouillard, XIXe siècle.)**

Exécuté, le maréchal Ney vit encore

1815

Héros de l'épopée napoléonienne, le maréchal Ney est fusillé après la bataille de Waterloo. Mais pour que vive la légende, des rumeurs affirment que son exécution n'était en fait qu'un simulacre.

En 1819, un homme s'installe à Cherew, en Caroline du Nord. Il s'appelle Peter Stewart Ney. Il parle anglais, allemand et écossais, dit ne pas pouvoir parler français, se tient au courant des nouvelles venues d'Europe, reçoit de mystérieuses lettres, lit beaucoup, surtout des livres consacrés à l'épopée napoléonienne, qu'il annote en y rectifiant de nombreuses erreurs de détail. Sur ses activités, les témoignages sont contradictoires. Certains le disent simple instituteur. D'autres, en revanche, insistent sur sa grande culture : cavalier, escrimeur et tireur hors pair, il peint aussi, écrit des poèmes, enseigne les langues vivantes et mortes. Peu avant sa mort, qui survient le 15 novembre 1846, l'énigmatique Peter Stewart révèle à des proches sa « véritable identité » : il est le maréchal Ney, fusillé à Paris le 7 décembre 1815.

Le « Brave des braves »

Trente ans après la chute de l'Aigle, personne n'a oublié les faits d'armes de ce soldat de légende. La Révolution avait ouvert à cet homme d'origine modeste une carrière d'officier, sa témérité a fait le reste. Général en 1796, Michel Ney est promu maréchal en 1804. N'hésitant pas à se battre à la tête de ses hommes, il enferme les Autrichiens dans Ulm, précipite l'affrontement à Iéna, bloque les Russes à Friedland, commande l'arrière-garde qui protège la retraite de Russie, ce qui lui vaut le titre de prince de la Moskova.

À la défaite, il change de camp et devient pair de France sous la Ire Restauration. Quand Napoléon revient de l'île d'Elbe, il promet à Louis XVIII de le lui amener « dans une cage de fer », mais finalement se rallie à l'empereur… Enfin, il est à Waterloo où il mène de furieuses charges de cavalerie, espérant peut-être se faire tuer.

« Droit au cœur ! »

Ney devine qu'il n'échappera pas à la terreur blanche qui s'abat sur la France. Il consent à s'exiler en Amérique, Fouché lui remet pour cela un faux passeport, mais les frontières et les ports sont fermés, aussi se réfugie-t-il dans le Lot, chez ses beaux-parents. Un préfet l'y débusque, alors même que Louis XVIII se serait passé d'un tel prisonnier. Condamné à mort par la Chambre des pairs, Ney est fusillé avenue de l'Observatoire et non à la barrière de Grenelle, ce qui réduit les risques d'incidents en même temps que le nombre de témoins.

▶ Portrait de Michel Ney, maréchal de France (1804-1815). (Tableau de Meynier, 1806.)

▲ **Exécution du maréchal Ney, le 7 décembre 1815, avenue de l'Observatoire. Il refusa de se faire bander les yeux. (Tableau de Dubourg, 1816.)**

DOCUMENT

L'exécution du maréchal Ney

« Le maréchal alla se placer lui-même devant le peloton d'exécution. Ce peloton, composé d'hommes revêtus de l'uniforme de vétérans, était commandé par un officier qui fit offrir au prince de la Moskova de lui bander les yeux. « Ignorez-vous, répondit le maréchal, que, depuis vingt-cinq ans, j'ai l'habitude de regarder en face les boulets et les balles ? » Puis il ajouta : « Je proteste, devant Dieu et la Patrie, contre le jugement qui me condamne ! J'en appelle aux hommes, à la postérité, à Dieu ! Vive la France ! »

(...) Le comte de Rochechouart, s'adressant au chef du peloton, lui dit à haute voix : « Faites votre devoir ! »

Le maréchal ôta aussitôt son chapeau de la main gauche, et, posant la main droite sur la poitrine, il s'écria d'une voix forte : « Soldats, droit au cœur ». Il tomba immédiatement, frappé de six balles à la poitrine, de trois à la tête et au cou et d'une balle dans le bras. »

Récit rapporté par *le Grand Dictionnaire Universel du XIXe siècle*, de Pierre Larousse.

On laisse au condamné les mains libres ; il commande lui-même le feu, se frappe la poitrine et crie « Soldats, droit au cœur ! ». Au lieu de s'affaisser plié en deux, agité de soubresauts, il tombe d'un bloc, sans cri ni frémissement. On lui épargne le coup de grâce ; aucun médecin ne vérifie le décès. Le corps est emmené dans un hôpital et enterré au cimetière du Père-Lachaise, à la sauvette, en l'absence même de son épouse.

Des coïncidences troublantes

Immédiatement, d'étranges bruits circulent : Ney n'a pas été tué. Les royalistes, furieux de ces rumeurs, font publier le récit de l'exécution. Mais, en 1827, une maîtresse du maréchal, sous le nom d'Ida Saint-Elme, publie ses *Mémoires*, dans lesquels elle soutient que le peloton d'exécution aurait tiré à blanc. Ney aurait utilisé une vessie pleine d'un liquide rouge, il y avait des complices à l'hôpital, et le cercueil du Père-Lachaise contient des cailloux ou un autre cadavre.

Peter Stewart Ney aurait donc dit vrai ? Était-il le « brave des braves » qui aurait échappé au peloton ? Certains le pensent, et des coïncidences troublantes ne laissent pas indifférent : le père du maréchal s'appelait Pierre, et le patronyme Stewart (Stuart), par consonance écossaise, rappelle les origines de sa mère. Peter avait l'âge qu'aurait eu l'ancien héros des combats napoléoniens, et les mêmes cheveux roux rabattus sur la gauche pour cacher une cicatrice. En confessant sa prétendue identité, il avait tracé de la femme du maréchal un portrait si précis qu'il fallait qu'il l'ait au moins rencontrée. À sa mort, on découvrit à son bras la trace d'une blessure profonde semblable à celle reçue par Ney, en 1795, à Mayence. Et les graphologues qui, bien plus tard, compareront les écritures, les trouveront étrangement similaires... ■

Un crime mystérieux dans l'Aveyron

1817-1818

Le 20 mars 1817, les eaux de l'Aveyron rejettent le cadavre d'un homme égorgé, qui est reconnu comme étant Antoine Bernardin Fualdès, ancien magistrat domicilié à Rodez.

Le jour même, la canne de la victime ainsi qu'un mouchoir ayant manifestement servi de bâillon sont retrouvés dans un quartier populaire de Rodez, rue des Hebdomadiers, non loin d'une maison de très mauvaise réputation tenue par le ménage Bancal. À l'étage logent un ancien soldat, Collard, et sa maîtresse, Anne Benoist. Le juge Teulat, chargé de l'instruction, ne tarde pas à recueillir de nombreux indices.

Tout d'abord, il établit que Fualdès est sorti de chez lui le 19 mars au soir en emportant des papiers. Par ailleurs, les habitants de la rue des Hebdomadiers se rappellent que, dans la nuit du 19 au 20, un vielleux et un joueur d'orgue de Barbarie n'ont cessé de jouer des rengaines devant la maison Bancal : on peut supposer que ce vacarme inhabituel était destiné à couvrir les cris de quelqu'un. Très vite, Teulat a la conviction que Fualdès a été attiré et assassiné dans la maison Bancal. En effectuant dans celle-ci des perquisitions, les policiers trouvent des linges ensanglantés et la veste de Fualdès.

Le couple Bancal, Collard, Anne Benoist et plusieurs familiers de la maison sont aussitôt incarcérés. La petite Magdeleine Bancal, âgée de neuf ans, raconte, en échange de bonbons, que, cachée dans un coin de la cuisine, elle a assisté au meurtre : en présence de nombreux hommes et de mystérieuses femmes voilées, un homme était étendu sur la table et, malgré ses supplications, a été égorgé par Collard. Les femmes ont recueilli dans une bassine le sang qui jaillissait et l'ont donné aux cochons. Puis le corps a été emporté. Personne n'a l'idée de soupçonner l'enfant d'une quelconque affabulation. Le mobile est rapidement trouvé : le 18 mars, Fualdès a vendu un domaine et a reçu 26 000 francs.

Par ailleurs, le filleul de Fualdès, Bastide, et son beau-frère Jausion, notables de Rodez, sont couverts de dettes. Teulat reconstitue sans peine le scénario : Bastide et Jausion ont attiré Fualdès dans un traquenard, l'on dépouillé de son argent et l'on fait égorger par leurs complices de la maison Bancal. Mais de nombreuses zones d'ombre subsistent dans le scénario reconstitué par Teulat.

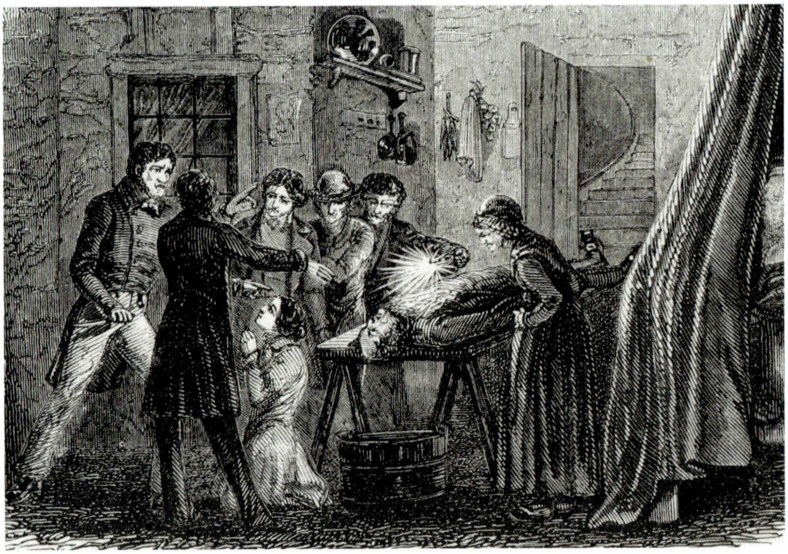

▲ **Clarisse Manzon devant le cadavre de Fualdès. (Gravure du XIXe siècle.)**

Le procès de Rodez

Toute la France se passionne alors pour l'« affaire », dans laquelle les journaux commencent à trouver des implications politiques, échafaudant de fantastiques hypothèses – la moins improbable étant qu'il s'agirait d'une vengeance royaliste vis-à-vis du fidèle de la République puis de l'Empire qu'est Fualdès. À la veille du début du procès, un coup de théâtre vient rendre les choses encore plus mystérieuses. Une jeune femme, Clarisse Manzon, fille du propre président de la cour prévôtale et menant, pour l'époque, une vie fort libérée, raconte à son amant que, pendant la nuit du 19 mars, elle se trouvait dans la maison Bancal pour un rendez-vous galant et a assisté au meurtre de Fualdès.

Le fait ayant été rapporté au juge Teulat, celui-ci convoque Clarisse. Jusqu'à l'ouverture des audiences, Clarisse Manzon, surnommée par la presse « Madame Mensonge », ne cesse de faire des déclarations contradictoires et devient la véritable vedette de l'affaire. Le procès de Rodez commence enfin le 18 août. Pour la première fois dans l'histoire de la justice française, des journalistes sont admis pour faire les comptes rendus des séances. Quelque 320 témoins sont cités à comparaître, mais l'assistance n'attend en fait que Clarisse Manzon, qui se présente à la barre le 22 août. Vêtue de noir et voilée de blanc, la jeune femme se livre alors à une mise en scène spectaculaire : tout en tenant des propos exaltés et incohérents, elle ne cesse de s'évanouir chaque fois qu'on lui pose une question précise, ce qui impressionne fortement le public et probablement aussi les juges. Le verdict du 12 septembre condamne à mort Bastide, Jausion, la femme Bancal (son mari est mort en prison le 15 mai), Collard et Bach, et les autres inculpés aux travaux forcés.

Dans ce procès, qui s'est déroulé dans des conditions fort confuses, les avocats des condamnés n'ont pas de peine à trouver un vice de forme, et l'arrêt des juges de Rodez est annulé le 9 octobre par la Cour de cassation. L'affaire est renvoyée aux assises d'Albi qui confirme pour l'essentiel le premier verdict. Mais trop d'absurdités, trop d'aveux suivis de rétractations, probablement aussi trop de pressions secrètes rendent inexplicable le meurtre du magistrat aveyronnais. La plupart des témoins avouent ensuite avoir menti lors de leur déposition. Alors, qui a tué Fualdès et pourquoi ? ■

Le procès d'Albi

Le second procès, à Albi, qui commence le 23 mars 1818, est encore plus embrouillé que celui de Rodez. Une nouvelle fois, la belle Clarisse se donne en spectacle, alternant crises de larmes, évanouissements et déclarations théâtrales. On arrive cependant à lui faire confirmer qu'elle se trouvait bien dans la maison Bancal au moment de la mort de Fualdès. Le verdict de la cour d'Albi ne change rien à celui prononcé par les juges de Rodez : Bastide, Jausion et Collard sont guillotinés le 3 juin sur la grande place de Rodez. Jusqu'à leur mort, ils protestent de leur innocence. La femme Bancal et Bach voient leur peine commuée en détention perpétuelle. Quant à Clarisse, elle est bien entendu acquittée. ■

▼ *L'Enlèvement de Fualdès*. **(Dessin à la plume de Théodore Géricault, après 1817.)**

Napoléon a-t-il été empoisonné à l'arsenic ?

1821

En 1821, Napoléon Ier meurt à Sainte-Hélène, des suites d'un ulcère à l'estomac. Cent quarante ans plus tard, un dentiste suédois, le docteur Forshufvud, publie Napoléon a-t-il été empoisonné ? *Ouvrage qui passe d'abord inaperçu.*

Mais, quand le département de médecine légale de Glasgow examine cinq échantillons de cheveux de l'Empereur, transmis par des personnes différentes, tous comportent des quantités non négligeables d'arsenic.

Au printemps de 1965, après le *Sunday Telegraph*, qui se fait le premier l'écho d'expériences ayant utilisé jusqu'au réacteur nucléaire de Harlow, *France-Soir* et *le Journal du dimanche* s'emparent de l'affaire. L'opinion s'émeut.

◄ ***Napoléon sur son lit de mort.*** **(Peinture d'Horace Vernet, 1821.)**

Une pincée d'arsenic

Les rapports d'autopsie parlaient d'une large ulcération de l'estomac ayant dégénéré en un cancer. Forshufvud, en 1961, oublie l'ulcère, qui n'est pas la cause directe du décès, et se concentre sur le cancer pour l'écarter promptement. Une tumeur maligne aurait fait maigrir considérablement sa victime, or la couche de graisse, sur le ventre du cadavre de Napoléon, avait encore près de cinq centimètres. En revanche, il arrive que les victimes d'une intoxication arsenicale lente prennent du poids ; à faible dose, le poison a longtemps été utilisé comme stimulant. De plus, un médecin anglais souligne la quasi-absence de poils sur le corps de l'Empereur, ce qui peut être aussi un symptôme d'un empoisonnement à l'arsenic ; tout comme le bon état de conservation du corps en 1840, lorsqu'il est exhumé pour être ramené en France – il est vrai que ses entrailles avaient été retirées et qu'il avait subi un début d'embaumement.

Fort de ces maigres indices, le dentiste suédois attribue à l'arsenic tous les problèmes de santé de Napoléon : une crise étrange, proche de l'épilepsie, en 1805, quelques semaines avant Austerlitz ; des douleurs d'estomac, des angoisses et un larmoiement abondant en 1809 ; une toux sèche et une migraine épouvantable, en 1812, lors de la bataille de la Moskova ; de ►

Une partie de Cluedo à Longwood

La thèse de l'empoisonnement de Napoléon n'en finit plus de rebondir. Gérard Gengembre relate dans *Napoléon. La vie, la légende* (Larousse) comment l'historien Ben Weider (qui, en 1978, avait déjà publié deux ouvrages avec Sten Forshufvud) a récemment relancé le débat.

« L'un des plus sûrs signes de la popularité est l'existence d'une polémique ou d'une controverse. En 1969, Georges Restif de La Bretonne sommait les perfides Anglais de nous rendre le corps de Napoléon, auquel on aurait substitué celui d'un domestique qui reposerait indûment aux Invalides.

En 2000, la querelle concernant la mort de l'Empereur a resurgi. En 1982, Ben Weider et David Hapgood avaient lancé dans la mare leur pavé, *l'Assassinat de Napoléon*. Il s'agit en fait d'un serpent de mer qui refait surface. [...] En 1999, le Canadien Ben Weider, président de la Société napoléonienne internationale de Montréal, publie la synthèse des divers travaux sur ce sujet [l'empoisonnement], avec les résultats des analyses effectuées par le FBI sur les cheveux de l'Empereur *(Napoléon est-il mort empoisonné ?)*.

Le coupable ? Montholon.

Le commanditaire ? Hudson Lowe, agissant pour le compte de lord Bathurst, secrétaire d'État à la Guerre et aux Colonies, mandaté par le gouvernement anglais.

Le complice ? Le comte d'Artois.

Le mobile de Montholon ? La jalousie d'abord, Napoléon étant, à Sainte-Hélène, l'amant de la belle Albine, comtesse de Montholon, qui donnera le jour, en 1818, à une petite Joséphine. La cupidité ensuite. La politique enfin, son beau-père étant ami personnel du comte d'Artois.

Le moyen ? L'intoxication à l'arsenic, de janvier 1816 à mars 1821, afin d'affaiblir l'organisme. À partir de mars 1821, Montholon ajoute des amandes amères au sirop d'orgeat de Napoléon, à qui l'on administre du calomel, lequel, associé à l'acide prussique, produit du cyanure de mercure.

Cyanure ou cancer de l'estomac ? Certes, un tel cancer entraîne un amaigrissement prononcé, alors que Napoléon est mort fort enrobé, et, lors de l'exhumation, le corps était bien conservé, comme sous l'effet de l'arsenic, qui, comme on le sait, conserve. Enfin, les cheveux présentent une forte dose de poison. Également représentée du côté français par René Maury [...], la thèse « empoisonniste » est combattue depuis 1962, notamment dans les colonnes de la *Revue du Souvenir napoléonien* ainsi que dans l'article de Jacques Macé « Empoisonnement de Napoléon » du *Dictionnaire Napoléon*.

Cancer ou ulcère ? La médecine du temps ne fait pas toujours la différence et parle de squirre. L'analyse des cheveux n'est pas probante. La culpabilité et les mobiles de Montholon sont loin d'être établis. Match nul donc pour le moment, avec cependant un indice : les meilleurs historiens spécialistes réfutent la thèse « empoisonniste ».

Reste que la mort de Napoléon, comme celle de John Fitzgerald Kennedy, continue de fasciner. ■

▶ **Napoléon en tenue d'intérieur à Sainte-Hélène. (Tableau de Charles Steuben.)**

▲ **Exhumation du tombeau de Napoléon à Sainte-Hélène, le 15 octobre 1840. (Lithographie de Vayron.)**

DOCUMENT

L'autopsie de l'Empereur

« J'ai observé que l'adhérence de la face concave du lobe gauche du foie formait un trou du diamètre d'environ trois lignes (soit 6,75 mm) dans la face antérieure de l'estomac, près de son extrémité droite.

Ayant ouvert l'estomac derrière sa grande courbure, j'ai observé qu'il était rempli en partie d'une substance liquide noirâtre, d'une odeur piquante et désagréable.

Ayant ôté ledit liquide, j'ai observé un ulcère cancéreux fort étendu qui occupait spécialement la partie supérieure de la face interne de l'estomac et s'étendait de l'orifice du cardia jusqu'à environ un pouce du pylore.

Sur le bord de cet ulcère vers le pylore, j'ai reconnu le trou ci-dessus produit par la corrosion ulcéreuse des parois de l'estomac.

Les parois ulcéreuses de l'estomac étaient considérablement gonflées et endurcies... »

Extraits du rapport du médecin François Antommarchi.

nouveaux maux d'estomac en 1813 ; de l'eczéma à l'île d'Elbe ; une somnolence et des difficultés urinaires à Waterloo et les multiples malaises qui ponctuent son dernier exil, jusqu'à la maladie finale...

Certes, à chaque fois, le détail des troubles peut faire penser à un empoisonnement, mais bien d'autres explications sont possibles. Et pourquoi la main mystérieuse qui tuait lentement l'Empereur ne lui aurait-elle pas administré une dose mortelle, pour en finir une fois pour toutes ?

Une réaction chimique aux effets mortels

Forshufvud, de plus, revient aux conclusions de l'autopsie, qui signalent que l'estomac de Napoléon était plein d'une sorte de marc de café. Il conclut à une hémorragie mortelle, liée à la corrosion de toute la paroi stomacale, caractéristique de tous les empoisonnements au mercure. Il suppose donc qu'après des années d'intoxication à l'arsenic, l'assassin est passé à un autre poison. Il s'agirait très précisément du cyanure de mercure, produit en effet redoutable, formé dans l'estomac même du malade par la rencontre entre un médicament, le calomel, prescrit à fortes doses dans l'espoir de lui dégager les intestins, et une boisson effectivement consommée par l'Empereur, un sirop d'orgeat à base d'amandes amères. Faute d'orgeat et d'amandes amères, du simple sel de cuisine aurait pu produire la même réaction.

À qui profite le crime ?

Il ne reste plus qu'à trouver un coupable, et un mobile. Les Anglais n'avaient guère accès à leur prisonnier, peu de ses compagnons sont restés avec lui du début à la fin. Le grand maréchal Bertrand est unanimement mis hors de cause. Reste le général Montholon, qui aurait suivi Napoléon pour fuir ses créanciers, pour servir aussi d'agent à la monarchie française restaurée, laquelle ne pouvait se sentir tranquille tant que Napoléon vivait, et pour se faire coucher sur un intéressant testament. D'ailleurs, dans les dernières semaines, les maux de l'Empereur se calment quand il rédige ses dernières volontés, comme si l'arsenic lui était pour un temps épargné.

L'ennui, c'est que Montholon n'a jamais abjuré son bonapartisme. Suivant le neveu, après l'oncle, dans leurs heures les plus noires, il a même été, plus tard, le compagnon de captivité du futur Napoléon III. De plus, il n'a pas approché l'Empereur avant 1815 et ne peut donc être le mystérieux empoisonneur qui sévissait alors depuis dix ans.

L'explication la plus simple ne serait-elle pas la meilleure ?

Dans ces conditions, pourquoi voir partout des mains criminelles, des complots, des meurtres ? La vie de Napoléon, ses chevauchées, ses habitudes alimentaires qui n'étaient en rien conformes aux préceptes de la diététique actuelle, tout a pu user l'organisme de l'Empereur. Le climat de Sainte-Hélène, où les températures varient souvent de plus de dix degrés d'un endroit à l'autre, ne pouvait guère rétablir sa santé. La médecine du XIXe siècle était à peine moins tâtonnante que celle du temps de Molière.

L'ulcère allait tuer Napoléon, le mal était ancien ; il explique sans doute un tic bien connu, la main glissée entre deux boutons du gilet, comme pour réchauffer l'estomac. La conjonction entre un purgatif dangereux et du sirop d'orgeat n'a fait que précipiter une fin inéluctable.

Laissons le mot de la fin à Jacques Charbonnier qui, sur le site Internet de l'Accademia Corsa, écrit : « Il semble donc établi que le dentiste suédois appartient à ces plumitifs qui tirent les profits du pauvre en balayant les miettes de la mémoire des hommes illustres. Leur récolte, dès qu'il s'agit de Napoléon, est d'autant plus abondante que l'Empereur a consacré les dernières années de sa vie à sa propre propagande.

Genre dans lequel, si l'on s'en réfère à Jacques Bainville, il "est devenu maître" car "l'œuvre de Sainte-Hélène a réussi". Réussite qui, longtemps après la mort de Napoléon, permet encore à des êtres aspirant à une notoriété de mauvais aloi, de tirer parti des ultimes vicissitudes de son destin. » ■

Pourquoi y avait-il de l'arsenic dans les cheveux de l'Empereur ?

L'objection du « poison » demande à être prise en considération. Trop de mèches – et parvenues à nous par trop de voies – interdisent de penser à une erreur. Les méthodes d'analyse employées sont à la pointe de la modernité.

Pourtant, Alain Decaux a proposé une solution, qui semble en tout point satisfaisante. On sait que l'arsenic, à petites doses, était prescrit comme stimulant. Les nécessités de sa vie trépidante ont pu contraindre Napoléon à en user, à en abuser, quitte à en subir parfois les effets secondaires. C'est cet arsenic que les scientifiques ont mis en évidence...

C'est simple, trop peut-être, mais plus convaincant que des hypothèses exigeant de nombreux poisons, et de nombreux empoisonneurs. ■

◄ Grotte à Lourdes (Pyrénées-Atlantiques) où la Vierge Marie est apparue à Bernadette Soubirous. (Gravure sur bois, 1895.)

Durant le siècle de Claude Bernard et de Pasteur, l'ignorance recule face aux conquêtes de la science. On se berce de l'illusion de la voir bientôt remédier à tous les maux, dissipant les inquiétudes que suscitait ce qui ne s'expliquait pas encore. Le sentiment religieux est ébranlé par le combat des républicains qui tentent d'affranchir la société de la tutelle de l'Église. Et pourtant, les progrès de la laïcité auront pour corollaire un regain de ferveur religieuse, alors que ceux de la science ne font qu'ouvrir de nouveaux champs d'interrogations. Mais dans une société moderne prise en main par l'État, c'est sur le terrain politique que surgissent les principales inconnues. Parce qu'il ne croit plus guère aux vieilles superstitions, le citoyen n'entend pas s'en laisser compter, suscitant le doute face à ce qu'on veut lui faire croire...

le temps de la science et des apparitions

L'assassinat d'un pamphlétaire

1825

Étrange mort que celle d'un écrivain qui avait souvent vilipendé les magistrats et s'était fait haïr des puissants. Les coupables ? Peut-être de simples domestiques, que l'on s'empresse d'innocenter...

Le 10 avril 1825, l'écrivain Paul-Louis Courier est retrouvé mort, abattu de deux coups de fusil de chasse dans sa propriété de Véretz, en Touraine. Sa popularité était alors au zénith et le pamphlétaire ne manquait pas d'ennemis parmi « tout ce qui s'appelle en France courtisans, serviteurs, flatteurs, adulateurs, complaisants, flagorneurs et autres gens vivant de bassesses et d'intrigues », et qu'il n'aura eu de cesse d'éreinter dans ses écrits. La justice conclut hâtivement au drame conjugal et au crime crapuleux, sans réellement chercher à élucider le meurtre d'un esprit trop libre qu'elle avait souvent persécuté.

Né Courier de Mérée, en 1772, dans une famille de propriétaires vinicoles, Paul-Louis Courier renonce à la particule et se destine à la carrière militaire. Après dix-sept années de service, il quitte l'armée pour lui préférer sa véritable passion : la langue grecque. L'Italie devient sa seconde patrie, Paris, son port d'attache et les bibliothèques, ses secondes demeures. C'est précisément en Italie, en 1809, que se produit un incident qui deviendra fameux dans les annales bibliophiliques. Étudiant des manuscrits à la bibliothèque San Lorenzo de Florence, il découvre dix pages inédites de *Daphnis et Chloé*, roman de Longus ; en les copiant, il fait deux taches d'encre sur les pages et refuse de fournir sa copie du texte. On l'accuse de vol, ce à quoi il répond par un pamphlet dont la violence du ton rappelle la plume de Voltaire.

L'ennui conjugal

De retour à Paris en 1812, il étudie énormément, traduit beaucoup, fréquente les cercles littéraires et rencontre l'helléniste Clavier, juge à la Cour de justice criminelle de la Seine, membre de l'Institut, qui est à l'origine de son engouement pour les travaux philologiques. En 1814 Courier, âgé de 42 ans, épouse l'aînée des deux filles de Clavier, âgée de 19 ans, Mlle Herminie. Ce mariage de convenance, dès le début, prend une pente malheureuse. Courier, incapable de supporter la vie conjugale, fugue pour reprendre ses voyages et ses aventures, puis revient au foyer et finit par s'installer à la Chavonnière, où il exploite un bois. Laissant progressivement l'intendance à sa femme, Courier va se livrer avec ferveur et enthousiasme à son activité littéraire, en habitant souvent à Paris. C'est ainsi que démarre une nouvelle carrière couronnée de nombreux et brillants succès.

La plume comme une arme

En politique, Courier est un libéral. Méfiant vis-à-vis de l'Empire et des Bourbons, il est amené à soutenir les Orléanistes qui, pour beaucoup de bourgeois, apparaissent comme la seule alternative politique possible. Pour défendre les victimes de son village des méfaits d'un préfet et d'un maire ultraroyalistes, il rédige son premier pamphlet politique, *Pétition aux deux chambres*, où habilement, il relie les événements de son village à ceux qui agitaient la France sous la Terreur blanche. Son pamphlet a un retentissement considérable à Paris, et il devient le défenseur attitré des libéraux et des humbles. Désormais, il usera du pamphlet pour manifester son mécontentement, avec la même vivacité, le même esprit caustique. Ainsi son échec à l'élection à l'Académie des in-

▲ ▶ **Le bon et loyal député de 1819. Le ministère blousé. (Caricatures relatives aux élections de 1819.)**

▲ **Le désespoir des Ultras ou la comète de 1819. (Caricature relative aux élections qui eurent lieu en 1819.)**

scriptions et des belles-lettres donne-t-il lieu à une raillerie des académiciens dans sa *Lettre à Messieurs de l'Académie des inscriptions et belles-lettres* restée célèbre. Puis les pamphlets politiques contre la Restauration, qui essayait de détruire l'œuvre de la Révolution, et contre le clergé se multiplient. Ils culminent avec *le Pamphlet des pamphlets* en 1824, qui le conduit en prison. Dès lors ses écrits connaissent un vif succès.

▶ **Paul-Louis Courier. (Tableau du XIXe siècle.)**

Un drame domestique

Découvrant qu'à la Chavonnière sa femme, désordonnée et dépensière, est tombée sous la dépendance de deux jeunes valets, les frères Dubois, Courier renvoie l'un d'eux et reprend en main le domaine. Après que Mme Courier a mis au monde un « gros garçon », il décide de vendre le domaine et d'éloigner sa femme, au grand dam des domestiques qui vivaient fort bien des largesses de celle-ci. Après le renvoi de son garde forestier, Frémont, son ancien homme de confiance, les domestiques organisent un traquenard dans la forêt, où ils assassinent Courier d'un coup de fusil. Les juges, qu'il avait tant poursuivis de sa haine dans ses pamphlets, trouveront le moyen d'innocenter les présumés coupables. ■

Un grand écrivain méconnu

Si Viollet-le-Duc admet que les pamphlets de Courier sont « piquants et vifs », il leur préfère ses travaux sur la langue grecque, « plus sérieux et plus durables ». Or, aujourd'hui, la renommée littéraire de Courier est établie sur les premiers. « Peu de matière, beaucoup d'art », énonçait-il.

De fait, il rédigeait toujours minutieusement ses textes. Son style doit beaucoup à sa connaissance parfaite de la langue et de la littérature grecques et des vieux parlers des prosateurs français des XVe et XVIe siècles. Il en ressort une langue faite de clarté, de précision, de justesse de l'expression et de pittoresque dû à l'emploi de locutions empruntées au monde rural ; une langue opposée à l'éloquence, genre qui a également fleuri sous la Restauration, mais au Parlement. ■

Louis-Philippe aurait-il dû ne jamais régner ?

1830

En octobre 1773, la duchesse de Chartres, épouse du duc Philippe d'Orléans, met au monde Louis-Philippe, futur roi des Français. Cinquante ans plus tard, une aristocrate d'origine italienne prétend être la seule héritière de la branche Orléans.

Au mois de juillet 1823, une mystérieuse baronne de Sternberg entame en France une série de démarches pour tenter d'établir qu'elle est la fille de Philippe d'Orléans. Ce prince, célèbre pour s'être rallié à la Révolution, est le père de l'homme sur qui reposent les espoirs de la maison d'Orléans, branche cadette des Bourbons : Louis-Philippe.

Or, dans les années 1820, ce dernier s'impose comme candidat possible au trône, incarnant l'opposition libérale au régime de la Restauration.

Les allégations de la baronne mettent en cause la légitimité d'une des figures les plus élevées de l'aristocratie, et d'un homme qui joue, de plus, un rôle essentiel dans le jeu politique français de l'époque. Or, elles sont telles qu'il est impossible de les rejeter sans un examen sérieux.

La baronne n'a en effet rien d'une aventurière. Elle est née en Italie, en avril 1773, d'origine très modeste : son père légal est gardien de prison. Mais elle est belle et douée pour la musique et le théâtre. Un vieil aristocrate anglais, lord Newborough, la remarque à ses débuts sur les planches et l'épouse. Maria-Stella part vivre en Angleterre, où son époux ne tarde pas à mourir, la laissant à la tête d'une immense fortune. Remariée à un noble russe, elle devient la baronne de Sternberg.

En 1820, survient un événement essentiel : son père, Lorenzo Chiappini, meurt en lui laissant une lettre où il avoue qu'il n'est pas son vrai père ! Il déclare avoir échangé, moyennant finances, le garçon que sa femme venait de mettre au monde contre la fille d'un personnage de haute naissance de passage dans sa ville, et dont il ne révèle pas l'identité.

▼ **Portrait présumé de Louise de Bourbon, duchesse de Chartres. (Miniature de Jean-Baptiste Le Tellier.)**

« Échangerais fille contre héritier mâle »

De retour dans sa ville natale de Modigliana, Maria-Stella finit, après de longues recherches, par reconstituer les événements censés s'être déroulés en 1773. À cette époque, la comtesse Borghi, châtelaine du lieu, accueille dans son palais un couple de Français qui se font appeler le comte et la comtesse de Joinville. Ledit comte entre en relation avec Chiappini, qui travaille dans la prison jouxtant le palais.

Prétextant qu'il a impérativement besoin d'un héritier mâle pour toucher un héritage, le comte lui propose l'incroyable marché : si l'enfant qui va naître de la comtesse est une fille, et celui de l'Italien un garçon, les nouveau-nés seront échangés. Le geôlier ne fait pas de difficultés, tout scrupule évanoui devant l'argent qu'on lui offre. Ainsi, la petite Maria-Stella est déclarée à l'état civil au nom du gardien de prison, alors que ses véritables parents sont les deux aristocrates français.

▶ Louis-Philippe enfant. (Tableau du XIXe siècle.)

Une avalanche de témoins pour rectifier un état civil

Son enquête achevée, Maria-Stella entame un procès en rectification d'état civil devant le tribunal ecclésiastique de Faenza. Elle y fait défiler une impressionnante quantité de témoins, parents des Chiappini, hommes de loi, domestiques, religieux, ayant, de manière directe ou détournée, eu vent de l'affaire et confirmant sa version des faits. Elle obtient enfin gain de cause le 29 mai 1824 : le jugement du tribunal ordonne qu'on corrige son acte de naissance en l'y portant fille des époux de Joinville.

Mais Maria-Stella ne s'arrête pas là et se convainc rapidement que l'étrange comte de Joinville et le duc Philippe d'Orléans sont une seule et même personne : revenu en France avec un enfant mâle, le duc aurait assuré ainsi les droits de la branche cadette, qui, autrement, n'aurait pu prétendre au trône. Cela revient à dire que Louis-Philippe est un usurpateur et n'a aucun droit à ses titres.

L'épreuve des faits

Il semble aujourd'hui qu'on puisse penser qu'il y a effectivement eu substitution d'enfants nouveau-nés à Modigliana, en 1773. Mais cela ne signifie pas que Philippe d'Orléans ait été Joinville, pour la bonne raison que le futur Louis-Philippe était en France, en avril 1773, dans le ventre de sa mère..., et non en Italie !

Surtout, il est absolument certain que Louis-Philippe est né en octobre, et pas en avril : comment mettre en doute, en effet, une naissance princière, dont des dizaines de gens ont été les témoins, ou comment penser qu'un enfant de 6 mois aurait pu être, à cette occasion, présenté à l'entourage comme un nouveau-né ? ■

Des présomptions, mais pas de preuves définitives

À partir de 1823, la baronne entreprend alors des recherches en France pour explorer cette piste, à laquelle elle semble croire sincèrement. Elle se fonde pour cela sur plusieurs faits troublants. D'abord, le titre pris par celui qui serait son vrai père, de Joinville, appartient à la famille Orléans, et à elle seule. Ensuite, il est avéré que Philippe d'Orléans a voyagé à plusieurs reprises sous ce nom avec son épouse, pour s'assurer un relatif anonymat. Enfin, la confrontation entre les descriptions du comte de Joinville livrées par les témoins et les portraits, ainsi que le caractère de Philippe, montrent des points communs troublants.

Mais tout cela s'avère-t-il suffisant ? La baronne, en tout cas, s'en contente et, jusqu'à sa mort, en 1843, elle ne cesse de proclamer à qui veut l'entendre qu'elle est la seule héritière légitime de la branche Orléans. Elle avait d'ailleurs un certain nombre de partisans et ne fut pas la seule prisonnière de ses chimères. ■

Un meurtre a-t-il été maquillé en suicide ?

1830

Le duc de Bourbon – père du duc d'Enghien exécuté sur les ordres de Bonaparte en 1804 – est retrouvé mort dans son château de Saint-Leu. Peut-il s'être pendu lui-même, alors qu'il a perdu l'usage d'un bras et trois doigts de l'autre main ?

Le 27 août 1830, le valet de chambre de Louis Henri Joseph, prince de Condé et duc de Bourbon, frappe à la porte de son maître et trouve la chambre à coucher fermée, le verrou tiré de l'intérieur. Très inquiet, il fait défoncer la cloison et, accompagné du médecin personnel du duc, découvre le vieux prince pendu à l'espagnolette d'une fenêtre au moyen de deux mouchoirs attachés ensembles...

Au premier regard, les deux témoins concluent à un suicide, la porte étant fermée de l'intérieur. Pourtant, les circonstances sont plus que suspectes : il est impossible au duc de lever le bras gauche, en raison d'une fracture de la clavicule datant de 1816, et il lui manque trois doigts à la main droite. Les premières personnes dépêchées par le roi Louis-Philippe, dont le colonel de Rumigny, agent de confiance du souverain et chef de sa police particulière, expriment dès le premier jour leurs doutes concernant cette mort étrange. Officiellement pourtant, la version reste celle du suicide, confirmée après autopsie par les médecins légistes.

Mais, si la version du suicide satisfait les autorités gouvernementales, elle semble suspecte à l'opinion publique. Très vite, la thèse de l'assassinat est avancée, et une demande de complément d'instruction est déposée au parquet de Pontoise par le prince Louis de Rohan, héritier potentiel du prince de Condé. Monsieur de la Huproye, le magistrat chargé de l'affaire, a la conviction que le duc n'a pu se suicider. Mais on lui retire les moyens de mener son enquête jusqu'au bout : au moment où il veut dévoiler ses conclusions au grand jour, il est remplacé par M. Brière-Valigny, homme beaucoup plus souple.

◂ Sophie Dawes, baronne de Feuchères, aurait-t-elle tué le vieux duc ? (Tableau du XIXe siècle.)

À qui profite le crime ?

Si c'est bien d'assassinat qu'il faut parler, quelle personne impliquée dans l'affaire est assez puissante pour que la justice soit bâillonnée ? Faut-il chercher dans les plus hautes sphères du pouvoir celui ou ceux qui ont intérêt, en 1830, à la mort du duc de Bourbon ?

Le duc de Bourbon a, depuis 1811, une maîtresse, Sophie Dawes, une servante anglaise à qui il a fait épouser un aristocrate français pour qu'elle acquière son titre de noblesse. Désormais baronne de Feuchères, elle est officiellement installée avec son amant au château de Saint-Leu, dont le duc a hérité à son retour d'exil, en 1815. Bourbon a 32 ans de plus que sa maîtresse. Resté sans héritier direct depuis la mort de son fils unique, il est à la tête d'une immense fortune.

La baronne de Feuchères, en droit d'espérer un héritage considérable après la mort du duc, craint pourtant l'avidité des héritiers naturels de celui-ci, ses plus proches parents, les Rohan. Elle sait que le duc a rédigé un testament où il lui lègue une somme considérable, mais sa plus grande crainte est qu'il ne le modifie en faveur, par exemple, du comte de Bordeaux, petit-fils de Charles X, en exil avec son grand-père.

Une disparition qui arrange bien du monde

Un décès rapide du duc, déjà, arrangerait Sophie, en évitant que les dispositions testamentaires ne soient changées. Elle trouve un allié inespéré en la personne du roi lui-même. En effet, Louis-Philippe, dès avant de monter sur le trône, rêve de voir la branche Orléans hériter de la fortune de son cousin, le duc de Bourbon. Pour ce faire, il intéresse sans doute la baronne de Feuchères, qui fait tout pour que le vieux prince lègue la part de la fortune qu'elle ne peut recueillir au duc d'Aumale, fils de Louis-Philippe. Et elle parvient à ses fins : mis à part douze millions qui reviennent à Sophie, le duc d'Aumale est déclaré héritier universel.

Mais les motivations du roi ne sont pas seulement d'ordre financier. Des facteurs politiques interviennent également car le vieux duc n'a pas admis le changement de régime de juillet 1830. Il refuse en effet de figurer à la nouvelle Chambre des pairs et pense même rejoindre Charles X à l'étranger.

Pour Louis-Philippe, ce départ serait une véritable gifle. Le roi et la courtisane ont donc intérêt à la mort du duc.

L'installation de la nouvelle monarchie

De 1814 à 1830, Louis XVIII et Charles X se succèdent à la tête de la France. Ce sont des Bourbons, les frères de Louis XVI. Louis-Philippe, lui, est un Orléans. À la tête du parti ultraroyaliste durant le règne de Louis XVIII, Charles X devient roi à la mort de celui-ci en 1824. Il mène une politique conservatrice et multiplie les maladresses, s'aliénant le soutien des libéraux et des ultras. À ces maladresses s'ajoute une mauvaise conjoncture économique. Aux troubles, le roi répond par la rigidité, nommant des ministres très conservateurs et édictant des ordonnances qui mettent fin à la liberté de la presse et de réunion. Éclatent alors les « Trois Glorieuses » (27-28-29 juillet 1830). Sous la pression de la rue, Charles X abdique en faveur de son petit-fils, le duc de Bordeaux ; mais cette décision ne satisfait pas les révolutionnaires. Les derniers Bourbons sont contraints à l'exil, laissant définitivement la place à la branche cadette des Orléans. Le 9 août, Louis-Philippe est reconnu « roi des Français ». ■

▲ **Louis de Bourbon, dernier prince de Condé, en uniforme de général. (Tableau du XIXe siècle.)**

Un accident dans les feux de l'amour ?

Une chose est sûre : le duc n'a pu, physiquement, se pendre lui-même. Une autre hypothèse est plausible : que Sophie ait tué son amant par amour ! Il arrive que des hommes physiquement diminués ou vieillis recourent à une strangulation poussée jusqu'à une extrême limite pour stimuler leurs sens et retrouver ce que la nature leur refuse en raison de leur faiblesse ou de leur âge. Le duc n'ayant plus l'ardeur de ses 20 ans, la baronne a pu pratiquer ce procédé et ne pas arrêter son geste à temps...

Dans cette éventualité, elle aurait fait preuve d'un sang froid étonnant : plutôt que d'appeler de l'aide, elle serait sortie sans encombre de la chambre en tirant le verrou de l'extérieur au moyen d'un lacet. Aucune trace de violence n'apparaissant sur le corps du duc, elle a pu très bien camoufler l'accident en suicide. ■

Apparitions ou hallucinations dans la grotte de Lourdes ?

1858

Le 11 février, cherchant du bois avec sa sœur et une amie, Bernadette Soubirous se dirige vers la grotte de Massabielle, à côté de Lourdes. Soudain, au creux du rocher, elle voit une « lumière »...

MINÉE PAR L'ASTHME ET LA TUBERculose, cette fillette de 14 ans en paraît 12. Enfant d'un meunier ruiné, elle n'a jamais appris assez de catéchisme pour faire sa première communion. Pourtant, ce jour-là, une « belle dame » vêtue de blanc, tenant un chapelet, lui apparaît.

Le 14, l'enfant revient, jette de l'eau bénite pour vérifier que ce n'est pas un piège du diable. Du 18 février au 4 mars, l'apparition se renouvelle presque chaque jour, puis trois fois encore, à la fin du mois de mars, en avril et en juillet. Souvent muette, elle délivre pourtant, en patois, un message de résignation et de pénitence, invite Bernadette à boire l'eau de la grotte, à se laver avec, demande qu'on vienne sur le lieu en procession, qu'on y construise une chapelle. Le 25 mars, elle dit être l'*Immaculada Concepcion* : le dogme n'a été proclamé que 4 ans plus tôt par Pie IX.

▸ **Bernadette Soubirous est à l'origine des nombreux « miracles » de Lourdes.**

Premier miracle

En ville, Bernadette parle. Elle est seule à voir la « belle dame », mais plus de 1 000 personnes la suivent le 28 février, et peut-être 8 000 le 4 mars. Le 1er mars, une certaine Catherine Latapie voit guérir sa main, après l'avoir trempée dans l'eau de la grotte : c'est le premier miracle. Mais, c'est surtout la référence à l'Immaculée Conception qui convainc les autorités religieuses : la pauvre enfant ne peut avoir inventé cette appellation, qu'elle ne comprend pas.

Modeste et désintéressée, Bernadette ne ment pas. Elle ne tire aucune gloire d'une célébrité qui devient vite nationale, fuit même les visiteurs, manifeste la plus grande humilité. Elle passe loin de Lourdes, dans un couvent de Nevers, les 13 dernières années de sa vie, et meurt en 1879, à l'âge de 35 ans. Dès 1862, l'évêque de Tarbes, dont dépend Lourdes, reconnaît l'authenticité des apparitions. Bien avant, la police, qui avait d'abord fermé la grotte, la rouvre, sur ordre de Napoléon III lui-même.

Le culte de Marie

Le XIXe siècle français, héritier de 1789, est marqué par le rationalisme et la déchristianisation. Mais, il voit aussi de grands efforts de reconquête catholique. Un clergé d'origine plus populaire, et plus proche de la sensibilité romaine, insiste sur les bénédictions, les processions, la dévotion aux saints et surtout à la Vierge Marie.

En 1854, Pie IX fait un dogme de la tradition qui veut que la mère du Christ a été conçue en étant préservée du péché originel : c'est l'Immaculée Conception. De nouveaux sanctuaires sont dédiés à la Vierge : Fourvières à Lyon, Notre-Dame de la Garde à Marseille. Mais l'élément majeur de ce culte marial, ce sont les apparitions : le miracle est une preuve en faveur de la foi.

La Vierge s'adressant à des jeunes filles ou à des enfants, issus souvent de milieux très modestes, parlant plus patois que français, témoigne d'un nouveau public pour l'Église de France - un public féminin, populaire, voire marginalisé -, en un temps où les allées du pouvoir se ferment à son influence. ■

▲ **Carte postale souvenir du jubilé (1858-1908) de la vision de la Vierge à Lourdes .**

Un pèlerinage organisé, des guérisons miraculeuses

Au-delà de ce que Bernadette a vu, il y a les miracles. Trente-deux guérisons ont lieu en 1859 ; 7 sont inexplicables par la médecine du temps. Et cela justifie l'importance que prend le pèlerinage, facilité par le chemin de fer qui atteint Lourdes le 19 mai 1866 et bientôt pris en main par les membres de la congrégation des Assomptionnistes, qui organisent en 1874 le premier pèlerinage national des malades. Dès lors, le succès de Lourdes ne se dément plus, le million de visiteurs annuel est atteint en 1908, et leur nombre quadruple dans la suite du siècle.

L'Église ne se hâte pas de reconnaître les guérisons inexplicables, craignant les supercheries. Surtout, elle se préoccupe de plus en plus de développer une foi plus intérieure, moins attachée au spectaculaire. Aussi impose-t-elle un triple contrôle (qui sera réellement pointilleux à partir de 1946).

Sur place, le Bureau médical examine les 30 à 50 cas déclarés chaque année. Il juge la réalité du mal, le caractère définitif de la guérison ; souvent, l'enquête tourne court, bien des médecins traitants répugnant à témoigner. Ensuite, une fois par an, un Comité international médical trie à Paris les dossiers transmis par le Bureau. Enfin, les évêques des diocèses des « miraculés » recensés enquêtent, suivant la procédure des procès en canonisation.

Ce triple filtre explique que, sur plus de 5 000 cas, l'Église ne reconnaît à présent qu'une soixantaine de véritables « miracles » : les premiers, en 1858-1859, puis ceux qui ont fait l'objet d'enquêtes sérieuses de 1907 à 1913, et depuis l'année 1947.

Guérisons « spontanées »

Malgré l'examen rigoureux auxquels ils ont été soumis, les miracles « officiels » restent suspects aux yeux de certains : on peut toujours invoquer le simple choc émotionnel ou le phénomène psychosomatique bien que la guérison des maladies fonctionnelles ou psychiques n'est jamais reconnue comme miraculeuse.

Mais il faut savoir qu'il arrive aussi parfois que des guérisons inexplicables de malades considérés comme « condamnés » par la médecine aient lieu dans un cadre qui n'a rien de religieux, ne serait-ce qu'à l'hôpital – et que les malades soient croyants ou incroyants. L'origine de ces guérisons « spontanées » est sans doute à rechercher dans les secrets de la physiologie et de la psychologie humaine.

« La religion en bouteille »

Entre les rationalistes sceptiques et les fidèles convaincus de la réalité du miracle, s'instaure le plus souvent un dialogue de sourds. D'autant que le spectacle qu'offre Lourdes, mélange de mercantilisme et d'exaltation, peut exaspérer. Quinze ans après les apparitions, Pierre Larousse ironise déjà sur « cette façon de mettre la religion en bouteille, cette lucrative exploitation des miracles »... ■

Un Français, roi de Patagonie ?

1860

Comment un avoué du Périgord est-il parvenu, seul et sans un sou, à se faire proclamer roi d'Araucanie et de Patagonie pour offrir une seconde « Nouvelle France » à Napoléon III ?

FILS D'UNE FAMILLE DE HOBEREAUX RUINÉS dont les ancêtres gaulois auraient créé la ville de Tonneins, Antoine de Tounens, né en 1825, est toute sa vie l'homme d'un rêve… qui deviendra réalité ! Il cherche son royaume dès le collège en consultant les atlas et jette son dévolu sur le territoire des Indiens Araucans et Patagons au sud du Chili et de l'Argentine. Pourquoi ne libérerait-il pas ces quelque 200 000 Indiens de la domination du Chili et n'en deviendrait-il pas le roi ? Les Araucans ne se sont jamais pliés ni à l'ordre espagnol ni aux autorités chiliennes.

Farouchement indépendants, ils n'oublient pas que leurs ancêtres furent les seuls Indiens à infliger une sévère défaite aux conquistadors en 1553 alors que les puissants royaumes aztèque et inca s'étaient inclinés. Depuis, ils contrôlent un immense territoire au sud du fleuve Bio-Bio, entre le Pacifique et la cordillère des Andes. Contrée rebelle et inaccessible… sauf pour Antoine qui vend son étude d'avoué pour s'embarquer vers le Chili puis entre en 1860 au cœur du territoire araucan afin de rencontrer le chef in-

▼ **Les Indiens de Patagonie. (Lithographie extraite du *Costume Ancien et Moderne* de J. Ferrario, XIXe siècle.)**

« Le roi est mort, vive le roi »

Orélie Antoine Ier a eu plusieurs successeurs sur son trône : Achille Ier (Gustave Achille Laviarde), Antoine II (le docteur Antoine Cros), sa fille et son petit-fils... Il conserve même encore quelques fidèles sujets, à l'instigation du romancier Jean Raspail, qui s'est intronisé consul général de Patagonie en France. Il a débarqué le 1er juin 1984 sur l'île britannique des Minquiers (entre Jersey et Saint-Malo) avec quelques héroïques fusiliers-marins pour prendre possession de l'archipel le plus septentrional du royaume patagon et protester contre l'occupation britannique des Malouines (Falkland), territoire inaliénable du royaume de Patagonie. Le canular a fait la une du *Times* ! ■

dien Quilapàn qui domine les tribus belliqueuses de la cordillère. Réussissant à se faire passer pour le « Sauveur » des Araucans, l'avoué leur promet des armes et se fait nommer Orélie Antoine Ier, roi d'une Araucanie et d'une Patagonie dotées d'une Constitution, ce dont il informe le président de la République du Chili. Il fait aussi publier par le Périgord une souscription nationale pour soutenir le nouvel État, prévoyant de créer une ligne de vapeurs Bordeaux-Araucanie et une marine de guerre pour défendre l'intégrité du royaume, tout en faisant miroiter à la France les promesses de cette colonie australe, fertile et riche en minéraux précieux, susceptible d'accueillir de 20 à 30 millions de citoyens !

Araucans et Patagons ont-ils choisi leur roi ?

Orélie a su convaincre les chefs des principales tribus de se fédérer sous l'autorité de sa monarchie constitutionnelle pour résister aux autorités chiliennes et argentines. Il règne sur les Mapuches, Huilliches, Puelches, Pampas, Moluches, Tehuelches, Onas, Alakaloufes et Yagans, soit les principales tribus d'Araucanie et de Patagonie, au risque de provoquer une guerre entre le Chili et l'Argentine qui se disputent les frontières australes : les chefs indiens ne lui ont-ils pas promis 30 000 guerriers ?

Sûr de sa légitimité, il fait preuve d'un courage et d'une obstination admirables. Emprisonné neuf mois dans une geôle chilienne, condamné à mort puis gracié pour folie, il est rapatrié en France en 1862. Il édite un *Appel à la Nation française*, lance une souscription afin de financer l'émergence d'une colonie et ne collecte qu'indifférence ou sarcasmes... Mais un aventurier, Planchu, finance le retour de Tounens et de quelques fidèles en 1869 sur les côtes argentines, d'où ils rejoignent le royaume au terme d'un long raid : cinq ans après, le chef indien Lemuano reconnaît son roi. Tounens promet à nouveau des armes qui, selon lui, doivent être livrées par le *D'Entrecasteaux*. En fait le navire français croise bien le long des côtes des Araucans, mais pour de tout autres motifs...

Les Chiliens mettent à prix la tête d'Orélie, qui échappe à plusieurs tentatives d'assassinat avant de revenir en France en 1871. Il y fonde l'ordre royal de la couronne d'acier dont Quilapàn et Lemuano sont des dignitaires, mais aussi le poète François Coppée, et un bulletin qui offre un *Épître d'amour* aux demoiselles à marier prêtes à s'expatrier, sans oublier la création d'une *Société de la Nouvelle France* dont les titres en Bourse vont s'écrouler aussi vite que des châteaux en Patagonie.

Le roi est mort !

Ruiné, il repart en Argentine en 1874 sous la fausse identité de Juan Pratt (dont le fils Hugo fera des étincelles un siècle plus tard), est immédiatement reconnu et arrêté, une fois de plus rapatrié.

Discrédité en France, il revient à Buenos Aires en 1876 pour se présenter comme un immigrant, simple cultivateur en quête de quelques hectares qui assiste à la vente aux enchères par lots de l'immense royaume de ses chers sujets indiens, qui ont fini par devoir se soumettre.

Opéré d'une occlusion intestinale, il survit par miracle et rentre à Bordeaux pour consacrer ses dernières forces à une ultime souscription patronnée par l'archevêque avant de s'éteindre en 1878 à Tourtoirac, non sans avoir demandé au curé de proclamer selon la tradition : « Le roi est mort » ! ■

▲ **Orélie Antoine Ier, l'homme qui voulait être roi d'Araucanie et de Patagonie.**

Bazaine, traître à la patrie ?

1870

Glorieux soldat capitulant honteusement sans combattre à Metz, Bazaine est-il un maréchal resté fidèle à Napoléon III, un félon passé à la solde des Allemands, ou bien une victime expiatoire de la débâcle ?

Le 6 octobre 1873 s'ouvre à Trianon le procès du « maréchal-traître » Bazaine. Pour l'opinion publique, il est le grand responsable de la défaite face aux Prussiens, lui qui s'est laissé enfermer dans la citadelle de Metz avec 100 000 hommes sans chercher à en sortir, et qui a capitulé sans même combattre. Pour Gambetta, il est le militaire qui paiera pour tous ces officiers dont la lâcheté et l'incompétence criminelle ont perdu la France. Après deux mois d'audience, François Achille Bazaine est condamné à mort avec dégradation militaire par un conseil de guerre qui s'empresse aussitôt de demander sa grâce au président de la République. Mais de quoi accuse-t-on réellement ce militaire, soldat du rang devenu maréchal ?

◂ Portrait d'Achille Bazaine (1811-1888), maréchal de France. (Tableau de Jean Adolphe Beauce, 1867.)

Piètre soldat… ou ambitieux intrigant ?

Quand en 1870 le général Leboeuf déclare qu'« il ne manque pas un bouton de guêtre à l'armée », c'est une armée française bien mal préparée qui s'apprête à entrer en guerre contre la Prusse. Et de fait, les revers se multiplient, conduisant à la capitulation de Sedan. Mais la guerre n'est pas finie, car à Paris la République est proclamée, et cette dernière, à l'image de Léon Gambetta, est bien déterminée à poursuivre le combat. Tous les espoirs se fondent donc sur le « glorieux Bazaine », enfermé dans Metz avec son armée.

Celui-ci pourtant a mené jusqu'à cette date une guerre calamiteuse. Commandant du IIIe corps d'armée, il commet dès le 6 août une faute en ignorant les demandes de renfort du général Frossard, qu'il laisse se faire écraser. La défaite de Forbach-Spicheren provoque la débâcle d'une armée dont la plupart des soldats n'ont pas tiré un coup de fusil. Malgré cette incurie, il est promu le 12 août commandant en chef de l'armée du Rhin. À la tête de 180 000 hommes, 40 000 chevaux et 500 pièces d'artillerie, Bazaine dispose de trois routes pour se replier vers Verdun, mais il n'en retient qu'une, celle de Gravelotte, embourbant son armée sur 25 km et transformant en une pagaille indescriptible ce qui aurait dû être une retraite en bon ordre. Le maréchal a si bien manœuvré qu'il se retrouve encerclé à Metz avec son armée le 19 août… Irrésolu, il ne tentera rien pour faire sa jonction avec l'armée de Mac-Mahon, qui se fait surprendre à Sedan.

▲ **Avec toute son armée, le maréchal Bazaine capitule à Metz le 27 octobre. (Lithographie allemande.)**

C'est à Metz que Bazaine apprend la déchéance de l'Empire, et la nomination d'un gouvernement de Défense nationale, chargé avec Gambetta de décréter la levée en masse pour sauver la République. La référence à l'état d'esprit de 1792 révulse ce militaire, qui se refuse à reconnaître le nouveau régime, cette « folie criminelle ». La République lui apparaît un ennemi bien pire que le Prussien. Commencent alors de sombres tractations avec l'état-major de Bismarck, Bazaine caressant l'espoir de rétablir le pouvoir impérial à Paris. En fait, l'état-major prussien a si bien compris sa médiocrité intellectuelle, son absence de légitimité politique et son incompétence militaire, qu'il l'entretient dans l'illusion d'une négociation… en attendant la reddition de la principale armée française qui s'épuise dans la boue et le froid autour de Metz. Quand Bazaine comprend enfin, au terme de trois mois de siège, que toute négociation préservant son intérêt est illusoire, il capitule le 27 octobre 1870.

Un traître vendu à l'ennemi ?

Au duc d'Aumale qui préside le conseil de guerre et le questionne sur ces négociations avec l'ennemi menées au détriment de ses devoirs de militaire, Bazaine déclare : « Oui, j'admets parfaitement que ces devoirs soient stricts quand il y a un gouvernement légal, quand on relève d'un pouvoir reconnu par le pays, mais non pas quand on est en face d'un pouvoir insurrectionnel. » Fidèle à l'Empire donc, mais traître à la République ? L'opinion publique, elle, a déjà tranché, et les rumeurs vont bon train. Bazaine aurait perçu de l'argent de l'ennemi pour déposer les armes. Pire : nombres d'officiers seraient complices, on en veut pour preuve sa trop facile évasion, en 1874, de sa prison du fort de l'île Sainte-Marguerite. ■

Une infamie posthume

Bouc émissaire expiant l'incurie du commandement, Bazaine connut le triste privilège de voir son nom substantivé, qui restera longtemps synonyme de félonie. Les manuels scolaires donnaient le ton : « Hélas ! La trahison de Bazaine achevait son œuvre exécrable. Sans avoir combattu, le traître livra Metz à l'ennemi ! En ruinant la Patrie, le misérable rendaient inutiles les efforts audacieux de la défense nationale. » Dans les cours d'école, on se vante de connaître « l'homme qui allait tuer Bazaine ». En 1898, Charles Baïhaut, ancien ministre et seul député incarcéré après le retentissant scandale du Panama, confie à son journal : « Je n'étais plus moi, j'étais… Bazaine. – Oui, Bazaine : ce qu'il y a de plus vil, le traître envers sa patrie. Les passants me jetaient des injures, les gamins des pierres. » Après la Libération, les communistes l'associeront encore à Pétain, un autre maréchal, quant à de Gaulle, il ne sera guère plus tendre en stigmatisant en Bazaine « la volonté d'inertie et l'incapacité sournoise ». ■

La monarchie aurait-elle pu être rétablie ce jour-là ?

1873

Ce 19 novembre, un étrange spectacle se déroule dans la cour de Versailles, devant la statue de Louis XIV : le comte de Chambord, Henri V, songeur, attend. Sera-t-il roi de France dans quelques heures ?

Depuis le 17 février 1871, Adolphe Thiers a pris la direction du pays. Il est devenu chef de gouvernement après l'armistice avec la Prusse et l'élection d'une Assemblée nationale à majorité monarchique, le 8 février 1871, qui se réunit d'abord à Bordeaux puis à Versailles. Sa chute, en mai 1873, ouvre enfin la possibilité d'une restauration directe de la monarchie.

Le maréchal Mac-Mahon devient président de la République le 24 mai 1873. Cet ancien militaire auréolé de nombreuses victoires, qui a dirigé personnellement la terrible répression contre les Communards, présente pour les conservateurs de tous poils de nombreux avantages. Il symbolise la force et l'ordre, et est très populaire. Mais pour ceux qui veulent restaurer la monarchie, il représente un moindre mal, une étape provisoire pour l'avènement d'Henri V au trône.

Quel prétendant ?

En fait, les monarchistes, même s'ils s'accordent dans leur lutte contre les républicains, sont profondément divisés. Les légitimistes soutiennent le comte de Chambord, Henri V, qui vit en exil à Frohsdorf, près de Vienne ; et les orléanistes, forts de leur expérience de la seconde Restauration, le comte de Paris. Les légitimistes militent pour une restauration immédiate, alors que les orléanistes manœuvrent pour un moyen

▶ **Les Quatre prétendants à la couronne de France. (Caricature du XIXe siècle.)**

Le regard de Flaubert

Flaubert, proche des orléanistes, commente à sa manière le retour d'une monarchie légitimiste après la « fusion » des deux prétendants royalistes, dans une lettre du 7 septembre 1873 qu'il envoie à Mme Roger des Genettes : « Dans quatre mois, jouirons-nous d'Henri V ? Je ne le crois pas (bien que cela soit tellement idiot que cela se pourrait). La fusion m'a l'air coulée et nous restons en république par la force des choses. Est-ce grotesque ! Une forme de gouvernement, dont on ne veut pas, dont le nom même est presque défendu et qui persiste malgré tout. » ■

terme, leur prétendant étant plus jeune qu'Henri V, sans descendance directe. Il ne faut pas oublier non plus les bonapartistes, qui ne désespèrent pas de reprendre le pouvoir. Les négociations secrètes vont bon train entre les prétendants et les parlementaires favorables à la monarchie. Aussi, dès que l'on apprend la rencontre des deux prétendants, le 5 août 1873, les royalistes sont certains du rétablissement de la royauté.

L'obstacle du drapeau tricolore

Mais un détail semble cristalliser le débat. Le comte de Chambord refuse de cautionner le drapeau tricolore, symbole pour lui de l'horreur révolutionnaire, et défend le drapeau blanc à fleur de lys. Il fait imprimer dans la presse sa position, dans laquelle il déclare : « Français, Henri V ne peut abandonner le drapeau d'Henri IV. » Mac-Mahon et l'ensemble des parlementaires défendent le drapeau tricolore. Cet entêtement du comte de Chambord apparaît pour beaucoup, et en particulier pour les orléanistes, comme une abdication et relance les polémiques. En fait, la couleur du drapeau masque deux conceptions diamétralement opposées du pouvoir exécutif, l'une est personnelle, l'autre est parlementaire.

Le septennat prorogé

Aussi l'enjeu du scrutin du 19 novembre 1873 est-il crucial. Si le septennat est repoussé, Henri V, qui est en France incognito depuis quelques jours, se présentera devant l'Assemblée nationale pour y être acclamé et commencer son règne. Par une courte majorité de 60 voix (378 contre 310), alors que globalement cette assemblée comprenait 400 monarchistes et environ 300 républicains, Mac-Mahon est nommé pour 7 ans à la tête de la République. Les exigences du comte de Chambord ont-elles à jamais écarté la possibilité d'une restauration de la monarchie ? Pas vraiment, car c'était sans compter sur l'apparition d'hommes d'État républicains de grande envergure, comme Thiers, Gambetta ou Jules Grévy, qui vont rendre crédible une république fragile, et gérer tous les acquis de la Révolution et les progrès économiques du second Empire, en installant un parlementarisme qui prendra peu à peu le pas sur les préjugés politiques de l'Ancien Régime.

Les élections qui suivront porteront les républicains au pouvoir. Même le Sénat, nouvelle institution, passera dans la majorité républicaine en 1879. Pourtant, jusqu'à la mort du comte de Chambord, en 1883, les monarchistes essaieront de rétablir la royauté. Le 16 mai 1877, la dissolution de la Chambre des députés, à forte majorité républicaine, par Mac-Mahon, pour rétablir un régime de droite favorable à une restauration monarchique, apparaît comme un coup de force trop tardif. La monarchie divisée n'a-t-elle pas su, en 1873, prendre sa chance ? ■

▲ **Mac-Mahon maréchal de France et homme politique français. (Peinture du XIXe siècle.)**

Le trésor d'un curé de campagne

1885

Un jeune prêtre est nommé à Rennes-le-Château près de Toulouse. Ses revenus sont fort modestes mais, quelques années plus tard, il dilapide sans compter une immense fortune. Aurait-il trouvé un trésor ?

QUAND IL ARRIVE DANS SA NOUVELLE cure de Rennes-le-Château, Bérenger Saunière a trente-trois ans. Jeune homme au physique agréable et au caractère volontaire, il vit d'autant plus chichement que son traitement a été suspendu à la suite de prises de position politiques ; il doit alors compter sur les dons de ses ouailles pour vivre. Mais le prêtre a de l'ambition pour sa paroisse et entreprend dès 1886 la réfection de l'église.

Très vite il se murmure à Rennes-le-Château que le jeune prêtre aurait fait d'étranges découvertes lors de ses travaux. En déplaçant une des dalles de l'autel, il aurait mis au jour une cavité à l'intérieur de laquelle se trouvaient des bijoux wisigoths et carolingiens, ainsi que des parchemins du XVIIIe siècle portant des indications correspondant à certaines inscriptions relevées sur le cimetière tout proche. À Paris, où il se rend pour faire traduire ces parchemins qui feraient références à Dagobert, roi mérovingien, et à Sion (Jérusalem), il passe, sans que l'on sache pourquoi, une grande partie de son temps au Louvre, et achète trois reproductions de tableaux : *les Bergers d'Arcadie* de Nicolas Poussin, *le Portrait de saint Antoine* de David Teniers et *le Portrait du pape Célestin V*. À son retour, les fouilles reprennent de plus belle, et les rumeurs aussi. On voit l'abbé Saunière arpenter de longs jours la campagne pour rapporter chaque fois une besace pleine de cailloux.

Hypothèses pour un trésor

PRÈS DE 200 LIVRES ONT ÉTÉ INSPIRÉS PAR la « découverte » de l'abbé Saunière, et ils proposent des versions très variées de l'origine et de la nature du trésor. L'une d'elles fait référence à un trésor appartenant aux cathares, très présents dans cette région. Après la chute de leur fief, Montségur, en 1244, leurs richesses transportées secrètement hors du château auraient été ensevelies à Rennes-le-Château. D'autres y voient le trésor de guerre (présumé) du roi Dagobert, déposé vers 660 dans l'ancien comté de Razès, auquel le petit village appartenait.

L'une des versions les plus courantes est celle du trésor des Templiers. Il aurait été enterré à Rennes-le-Château vers 1314, après la mort du dernier grand maître de l'Ordre, Jacques de Molay. Partant de récits de Wolfram von Eschenbach, surnommé le « templier souabe », où celui-ci explique que l'histoire du Saint-Graal se déroule dans le sud de la Gaule et non en Bretagne, certains ont déduit que c'est ce trésor que découvrit Saunière. Enfin, quelques uns cherchent encore à Rennes-le-Château... l'acte de mariage de Jésus et de Marie-Madeleine ! ■

Une fortune subite

Le jeune curé a-t-il trouvé un trésor, comme beaucoup l'affirment ? Il n'en parle à personne sauf, peut-être, à sa servante Marie Denarnaud, mais tout montre qu'il est devenu riche : du jour au lendemain, il se fait construire une villa Renaissance et un jardin d'hiver, achète des terrains et réaménage complètement l'église à ses frais. Son train de vie dispendieux attire l'attention du village et il doit se justifier auprès de son supérieur, auquel il prétend que cet argent pro-

▶ L'abbé Saunière a emporté le secret de sa fortune dans sa tombe, ouvrant la voie à toutes les conjectures.

vient de personnes fortunées qui lui commandent des messes mais dont il ne peut dévoiler l'identité. L'évêque n'est pas dupe et le suspend de ses fonctions sous l'accusation de trafic de messes.

Jusqu'à sa mort qui survient en 1917, l'abbé Saunière mènera grand train en compagnie de Marie Denarnaud, sans jamais rien dévoiler de son secret. La fidèle Marie hérite du domaine. Trop vaste à entretenir, elle le vend à un dénommé Noël Corbu, et décède à son tour en 1953, emportant avec elle le secret.

Cependant la légende de Rennes-le-Château a pris corps, et s'enfle si bien qu'une multitude de chercheurs de trésors envahissent le village et ses alentours, espérant découvrir l'origine de la richesse de l'abbé. Sans succès pour l'instant, bien que de nombreuses hypothèses aient été avancées.

Le trésor de Jérusalem ?

L'une d'elles fait référence au « trésor perdu de Jérusalem » que le prêtre aurait retrouvé. En l'an 70 en effet, les Romains, emmenés par leur futur empereur Titus, s'emparent de Jérusalem après l'échec de la révolte des Juifs et pillent le Temple, construit par Salomon. Les richesses dérobées sont exposées à Rome, puis volées en 410 par le roi Wisigoth Alaric, lors du sac de la ville. Ce trésor aurait contenu, entre autres, l'arche d'Alliance, la Table d'or du pain sacré, des trompettes d'argent, et le menorah, le chandelier à sept branches fait d'or et pesant 34kg.

Or, à la fin du Ve siècle, les Wisigoths ont conquis une grande partie de l'Europe occidentale et construit places fortes, dont certaines dans la région de Rennes-le-Château. L'abbé Saunière ne pouvait ignorer que l'église du village avait été érigée en 1509 sur un ancien édifice wisigoth, ce que confirme la découverte des bas-reliefs sous l'autel. Enfin, un dicton a cours depuis longtemps dans le village : « Alaric e Alaricou es la fortuna de tres reis » (Entre la montagne Alaric et le mont Alaricou, il y a la fortune de trois rois). ■

▸ Le diable du bénitier de l'église de Rennes-le-Château. (Photographie de Cartier.)

le XXe siècle

◀ Le corps de Stavisky, après son suicide dans sa villa de Chamonix. (Photographie, 1934.)

La politique est désormais le lieu des « nouveaux mystères de l'histoire » qui font la part belle au complot, tramé par les puissants. Au sein de réseaux occultes, dans la discrétion feutrée des officines de la République, résurgence des « cabinets noirs » de l'Ancien Régime, on s'activerait à étouffer la vérité, au besoin par le crime quand ce n'est pas le crime lui-même qu'on veut taire obstinément. Voilà venu le temps des « affaires », qui sont nécessairement des affaires d'État. Mais personne ne veut plus être dupe ! Une certitude est désormais solidement ancrée dans les esprits : « on ne nous dit rien, on nous cache tout »... Chacun en est persuadé, à tel point que cette inébranlable conviction semble devenue le meilleur obstacle au dévoilement de la vérité qu'on ne veut plus croire simple. L'incrédulité est devenue la nouvelle crédulité...

dans le secret des affaires d'État

La mort de Zola, accident ou assassinat ?

1902

Objet de la haine des nationalistes antisémites, l'écrivain meurt dans des circonstances troublantes, mais pendant plus de cinquante ans, rien ne viendra remettre en cause la thèse de l'accident...

« Un fait divers naturaliste : Zola asphyxié. » Telle est la manchette scabreuse de *la Libre Parole* pour saluer au nom des antidreyfusards la disparition de l'écrivain, et les éditorialistes de la presse « patriote » jubilent en accréditant la thèse d'un suicide pour mieux salir la mémoire de Zola, par allusion à sa liaison adultérine avec Jeanne Rozerot.

Émile Zola est mort dans la nuit du 28 au 29 septembre 1902, en son appartement parisien de la rue de Bruxelles, d'une intoxication à l'oxyde de carbone provoquée par une cheminée défectueuse, conclut une enquête rapidement menée. Des experts tentent une reconstitution en allumant les 8 et 11 octobre des feux dans la chambre de Zola, dans les mêmes conditions et avec les mêmes combustibles, fenêtres closes et en présence de cochons d'Inde. 24 heures après, ils constatent que les cobayes sont vivants et la concentration de carbone infime. La justice conclut pourtant à l'accident... en toute invraisemblance.

Ni les amis de Zola ni son épouse Alexandrine, qui a survécu de justesse à l'intoxication, ne contestent la thèse de l'accident.

Croire à cette conclusion permet à Alexandrine d'assumer son rôle de veuve légitime (elle nouera plus tard des liens affectueux avec Jeanne et ses deux enfants à qui elle permettra de porter le nom de Zola), plutôt que d'affronter une campagne haineuse. La raison d'État incite les pouvoirs publics à classer le dossier pour ne pas ranimer un climat de guerre civile en instruisant une enquête judiciaire qui mènerait aux milieux antidreyfusards.

Tout porte en effet à redouter les conséquences d'une enquête sérieuse !

Mais qui est Monsieur X ?

Né en 1874 à Saint-Quentin, Henri Buronfosse exerce à Paris la profession de fumiste. Membre de la Ligue des patriotes au moment de l'affaire Dreyfus, il fréquente notamment Marcel Habert, homme de main de Paul Déroulède, et Jules Guérin, fondateur de la Ligue antisémite, deux activistes violemment antidreyfusards. Informé du retour de Zola de Médan, Buronfosse profite des travaux de réfection d'une toiture mitoyenne pour repérer la cheminée de l'écrivain, la boucher et la dégager juste avant la découverte du corps.

Il n'a probablement pas agi seul puisqu'il emploie le « nous » dans sa confession, mais saurons-nous un jour s'il a commis cet acte de sa propre initiative ou s'il n'était que l'exécutant d'un commanditaire ? ■

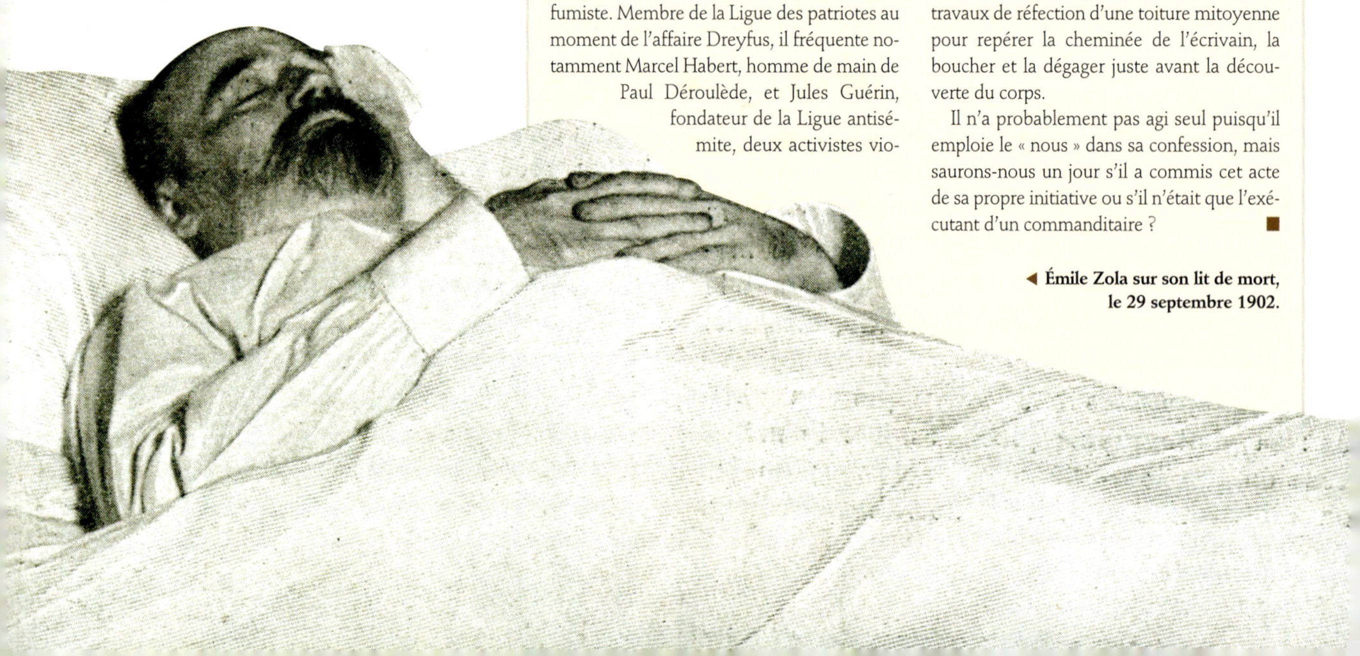

◄ Émile Zola sur son lit de mort, le 29 septembre 1902.

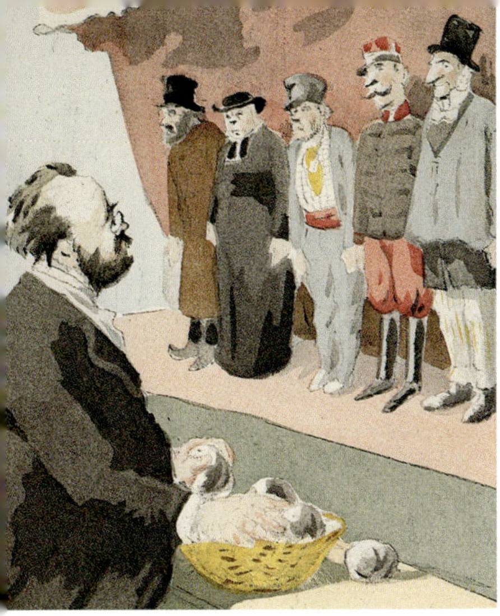

◄ **Zola devant la représentation de « ses haines ». (Aquarelle de A. Lebourgeois.)**

« Étripez-le », clame un éditorial de la Croix en 1898 !

Pourfendeur dans toute l'épopée des *Rougon-Macquart* de l'hypocrisie et de la vénalité des classes possédantes, de l'obscurantisme religieux et de l'injustice sociale, défenseur des opprimés, Zola passe déjà pour un auteur sulfureux auprès des partisans de l'ordre moral et social. Son œuvre dérange tant que l'Académie française rejettera dix-neuf fois la candidature de Zola ! Mais la publication de « J'accuse » dans *l'Aurore* du 13 janvier 1898, pour défendre la cause du capitaine Alfred Dreyfus, met le feu aux poudres et fait de Zola la bête noire des nationalistes antisémites : Zola le « métèque » (son père est d'origine italienne), « ce cochon de Zola, pornographe et vidangeur » soutient un Juif apatride. La Ligue des patriotes de Paul Déroulède et la presse antisémite entretiendront pendant des années un climat de haine passionnelle et d'appel au meurtre contre Zola. En guise d'oraison funèbre, Henri Rochefort écrit dans *l'Intransigeant* : « Les imposteurs du dreyfusisme imagineront des cheminées qui fument, mais ils n'avoueront sous aucun prétexte que l'auteur de «J'accuse» s'est suicidé par dégoût de les avoir trop fréquentés. Il faut nous attendre à ce qu'on nous mette sur la conscience le cadavre de cet ennemi... Ce qui est certain, c'est que nous ne saurons jamais la vérité sur la mort de Zola. »

Sur ce dernier point, il faudra attendre trois quarts de siècle pour lui donner tort !

Pierre Hacquin rencontre en 1925, au sein d'une Fédération des comités républicains, un certain M. X. Ces deux anciens combattants sympathisent et discutent régulièrement au fil des trajets en train qu'ils font de la gare du Nord à Sarcelles où ils habitent. Homme de centre droit, Hacquin ne partage pas les idées de M. X, farouchement antidreyfusard, haineux de Zola et des Juifs. Alors qu'ils évoquent l'écrivain un soir d'avril 1928, M. X, se sachant malade et condamné, confie à son ami : « Hacquin, je vais vous dire comment Zola est mort. J'ai confiance en vous, et du reste, il va y avoir prescription. Zola a été asphyxié volontairement... Nous sommes montés sur le toit voisin et nous avons bouché la cheminée en question. Et le lendemain de son retour, le matin très tôt, nous sommes remontés sur le toit et nous avons débouché la cheminée. Personne ne nous a remarqués. »

Depuis 1953, la vérité est en marche

M. X meurt d'une crise cardiaque le 24 mai 1928 et M. Hacquin, fidèle à sa mémoire, conserve pour lui son terrible secret pendant un quart de siècle. Lisant dans *Libération* un article commémorant le cinquantième anniversaire de la mort de Zola ne contestant pas la thèse admise de l'accident, Pierre Hacquin demande à rencontrer le journaliste Jean Bedel pour tout lui raconter. Le scoop de *Libération* fait l'effet d'une bombe en 1953 mais préserve l'anonymat du témoin (décédé en 1970) comme celui du meurtrier jusqu'en 1978. Jean Bedel publie une minutieuse enquête en 2002 sous le titre *Zola assassiné*, qui achève de convaincre les historiens. ■

CINQ Centimes — CINQ Centimes

LA LIBRE PAROLE

La France aux Français !

Directeur : EDOUARD DRUMONT

Le Traître condamné

Dix ans de Détention et la Dégradation

A BAS LES JUIFS !

VIVE L'ARMÉE !

Démission !

▼ **Une de *la Libre parole*, journal antisémite annonçant la condamnation de l'écrivain en 1898.**

La danseuse « hindoue » était-elle un agent secret ?

1917

Le 15 octobre, au plus fort des combats de la Première Guerre mondiale, la célèbre danseuse Mata Hari, accusée d'espionnage au profit de l'Allemagne, est fusillée. L'énigme Mata Hari est née.

C'EST AU COURS D'UNE RÉCEPTION organisée le 13 mars 1905 au musée Guimet, qui abrite de fameuses collections d'art asiatique, que le Tout-Paris remarque Mata Hari.

Ce soir-là, pour le plus grand plaisir du public venu découvrir les arts de l'Inde mystérieuse, Mata Hari exécute des danses sacrées apprises dans le secret des temples hindous, vêtue seulement de quelques voiles transparents qui laissent apercevoir sa peau cuivrée. L'assistance est fascinée. On rencontre l'étrange danseuse dans tous les lieux à la mode et dans les meilleurs salons, où elle ne se lasse pas de raconter son enfance à Java et son initiation au culte brahmanique. Bientôt, sa renommée s'étend à toutes les capitales européennes.

Une Hollandaise au tempérament de braise !

Séduisante, mais aussi fantaisiste, Mata Hari sait faire illusion. On découvre bientôt qu'elle connaît mal les rites et danses hindous et qu'elle ment. La jeune femme au teint mat et aux yeux en amandes s'appelle en réalité Margaretha Zelle. Elle est née en 1876 à Leeuwarden, petite ville au nord des Pays-Bas. À 19 ans, sur un coup de tête, elle épouse le capitaine Mac Leod, officier des troupes coloniales, qui l'emmène à Java, où elle réussit à séduire la bonne société.

L'artiste devient bientôt une courtisane avisée, parcourant l'Europe au gré de ses aventures galantes dans les plus hautes sphères de la politique, de la diplomatie, de la finance ou de l'armée. Nul ne trouve à redire à cette existence mouvementée et à ces relations cosmopolites tant que la paix règne.

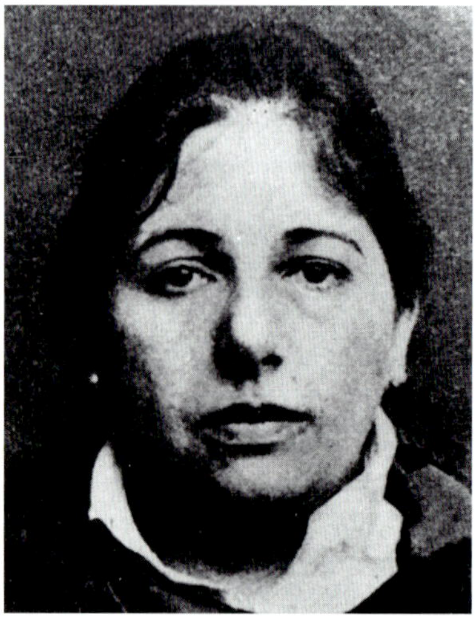

▲ **La dernière photographie de Mata Hari prise avant sa mort, à Vincennes.**

Mais le déclenchement de la Première Guerre mondiale change tout. Les voyages incessants et les fréquentations de Mata Hari deviennent suspects pour les autorités françaises. N'est-elle pas l'amie intime de dignitaires et d'officiers allemands ? On s'inquiète de la voir rechercher la compagnie des diplomates et officiers français, britanniques ou russes, de la rencontrer trop souvent dans des lieux cruciaux pour la conduite de la guerre.

La mission piégée de l'agent secret H 21

Au moment où les combats se déchaînent sur tous les fronts, la hantise de la trahison et de l'espionnage s'exaspère. Les services secrets français et britanniques soupçonnent Mata Hari de travailler pour l'Allemagne. En 1916, le deuxième bureau décide de la mettre à l'épreuve : on lui propose de faire partie des services secrets français et on lui confie une mission (imaginaire) qui doit la conduire en Belgique en passant par... Lisbonne. Mata Hari entreprend le voyage mais, sur le chemin de Lisbonne, elle s'arrête à Madrid où se trouve le plus important centre d'espionnage allemand ! Là, de sa propre initiative, elle se glisse dans l'intimité de l'attaché militaire, le capitaine von Kalle. Elle en tire des renseignements sur les manœuvres allemandes, qu'elle transmet aux services français. Mais ceux-ci continuent de la soupçonner : n'est-elle pas un agent double, essayant de faire croire à son ralliement à la cause française ?

Quand les Allemands exécutent un agent double dont le nom a été délibérément « confié » à Mata Hari, les Français pensent tenir la confirmation de la culpabilité de la danseuse. Leurs craintes sont confirmées lorsqu'ils interceptent des messages codés, expédiés par von Kalle à l'état-major allemand. Ces messages évoquent les missions et les déplacements de l'agent allemand H 21, et ceux-ci correspondent exactement aux agissements de Mata Hari.

Pour la police française, il est désormais certain que l'agent H 21 et Mata Hari ne font qu'un. La danseuse est donc arrêtée lorsqu'elle revient, après sa mission, s'installer à Paris, le 14 février 1917.

Curieux amants aux noms allemands

Dans un premier temps, Mata Hari nie toute activité en faveur de l'Allemagne et prétend avoir pris contact avec des ennemis dans le seul but de fournir des renseignements à la France. Puis elle finit par reconnaître que son jeu était plus complexe : attirée par l'appât du gain, elle s'est effectivement engagée à fournir des renseignements aux Allemands dès le début de la guerre, mais elle affirme s'être jouée d'eux, ne leur transmettant que des informations anodines. Quant à l'argent qu'elle a reçu – à commencer par quelque 30 000 marks du chef de l'espionnage allemand –, elle explique que celui-ci étant son amant, il ne s'est agi que d'un cadeau...

Pourtant, le Conseil de guerre qui juge l'affaire retient sa culpabilité : il considère que les messages interceptés et les sommes importantes que l'Allemagne lui a versées sont des preuves accablantes. De plus, en cette difficile année 1917 sur les théâtres d'opération, l'heure est à la reprise en main des forces de la nation et à la plus grande sévérité contre les mutins, les défaitistes et surtout les traîtres.

Mata Hari est donc condamnée.

◄ **La séduisante aventurière dans un de ses exercices préférés : la danse.**

Espionne ou femme libre ?

TOUT PROUVE QUE MARGARETHA ZELLE, alias Mata Hari, danseuse « hindoue » de son état, entretenait des relations suivies avec des officiers allemands. Relations aussi bien charnelles que pécuniaires...

Pour obtenir de l'argent, elle a certainement rendu des services, transmis des messages, toutes choses qui sont graves en période de conflit, même si elle n'a pu fournir des informations capitales, susceptibles de changer le sort des armes. Mais son jeu a semblé insupportable en ces temps de guerre et de souffrance.

C'est la femme scandaleuse autant que l'espionne qu'on a condamnée. ■

La fin courageuse d'une femme fatale

En juillet 1917, au moment où Pétain vient de mettre fin aux mutineries de Verdun, personne ne s'attendrit sur le sort de la « Boche », et son recours en grâce est rejeté par Poincaré, président de la République.

Le 15 octobre à l'aube, les autorité judiciaires font donc irruption dans la cellule où Mata Hari dort profondément, assommée par les somnifères qu'on lui a administrés la veille. Réveillée en sursaut, elle a un moment d'épouvante mais reprend vite ses esprits. Après avoir apporté un soin particulier à sa toilette, elle demande à être baptisée par le pasteur, ce qui est rapidement expédié.

Puis, elle marche d'un pas rapide jusqu'au fourgon cellulaire qui la conduit à Vincennes. Douze chasseurs à pied attendent. La condamnée refuse d'être attachée au poteau d'exécution et d'avoir un bandeau sur les yeux. Une seule détonation retentit, Mata Hari s'affaisse au sol, les troupes défilent au son du clairon.

Comme personne ne réclame le corps, la dépouille, récupérée après un simulacre d'inhumation, est remise à la faculté de médecine et finit sur une table de dissection. ■

Seznec, l'énigme d'un crime sans cadavre

1923

Vingt ans de bagne pour Seznec, reconnu coupable d'avoir assassiné un homme dont on a jamais retrouvé le cadavre. C'est le prix à payer pour ce qui demeure aujourd'hui encore une énigme judiciaire.

Conseiller général du Finistère, industriel à Landerneau, Pierre Quemeneur monte à Paris le 25 mai 1923 pour affaires, accompagné d'un ami, Guillaume Seznec, négociant en bois à Morlaix. Les deux hommes ont pris la voiture de Quemeneur, qui serait tombé en panne du côté de Houdan. C'est du moins ce qu'affirme Seznec que l'on voit revenir seul quelques jours plus tard. Quemeneur, lui, aurait poursuivi en train. Pourtant, on ne le reverra jamais.

Étrange disparition, qui s'éclaire bientôt avec l'arrivé d'un télégramme du Havre signé Quemeneur, qui avertit ses proches que tout va bien. Mais ce télégramme est un faux, la police alors s'empare de l'affaire. Il est vite établi que Seznec et Quemeneur étaient de mèche dans un fructueux trafic : dans ces années d'après guerre, les Américains ont laissé en France un très important matériel, notamment des voitures, rachetées à bas prix et revendues à la Russie soviétique. Quemeneur aurait trempé dans ce trafic, mais ce notable du parti catholique libéral ne pouvant se compromettre avec les bolcheviques, Seznec était son homme de paille.

De lourds soupçons pèsent sur Seznec, soupçons qui se trans-

L'affaire dans l'affaire

Les dernières années de Seznec seront assombries par un nouveau drame, lorsque en octobre 1948 sa fille Jeanne tue son mari. Alors que son père était au bagne, elle avait épousé François Le Herr, le receveur de tramway qui a témoigné lors du procès de 1924. Le Herr est un personnage peu recommandable et un mari violent qui martyrise sa femme. Celle-ci, à la suite d'une terrible dispute, le tue de trois coups de revolver.

Ce qui aurait pu n'être qu'un meurtre conjugal prend une toute autre allure lors du procès de Jeanne, qui s'ouvre au palais de justice de Quimper. Là même où il a été condamné vingt-cinq ans plus tôt, le vieil homme doit de nouveau comparaître, car la fille de Le Herr accuse Jeanne d'avoir tué son mari pour éviter qu'il fasse des révélations compromettantes sur Seznec. Cependant, la presse et l'opinion soutiennent l'ancien bagnard, et sa fille est acquittée le 1er août 1949 sous les ovations du public. ■

◂ **En 1948, Guillaume Seznec et sa fille Jeanne.**

forment en certitude pour l'inspecteur Bonny quand on retrouve, le 20 juin, à la consigne de la gare du Havre, la valise du disparu contenant ses effets personnels et une promesse de vente concernant sa propriété de Plourivo, qu'il cède à Seznec pour une somme dérisoire… Au Havre toujours, des témoins reconnaissent formellement Seznec sur des photos, notamment un commerçant qui affirme lui avoir vendu une machine à écrire de marque Royal. Sombre affaire crapuleuse donc ; Bonny tient son meurtrier, il ne lui manque qu'un cadavre !

Des preuves accablantes

Arrêté le 1er juillet, Seznec nie en bloc, mais une perquisition à son domicile permet de mettre la main sur la machine à écrire, celle-là même qui a servi à rédiger l'acte de vente de Plourivo. Trop de preuves accablent Seznec, dont le procès s'ouvre à Quimper le 24 octobre. Les audiences du procès se déroulent mal pour l'inculpé qui se défend maladroitement. La mauvaise impression qu'il fait sur les jurés n'est pas dissipée par le principal témoin de la défense. Celui-ci, un receveur de tramway parisien nommé Le Herr, affirme avoir rencontré Quemeneur le 26 mai, soit trois jours après sa disparition. Mais Le Herr est un mythomane, et sa déposition est déclarée irrecevable par l'accusation. Le 3 novembre, le procureur Guyot, à l'issue d'un réquisitoire particulièrement sévère, demande la tête de Seznec. Son avocat, maître Kahn, appuie sa plaidoirie sur la faiblesse essentielle de l'affaire : l'absence de cadavre. Seznec est reconnu coupable et condamné aux travaux forcés à perpétuité.

Une affaire jamais terminée

Après deux ans de bagne à Saint-Martin-de-Ré, Seznec embarque en avril 1927 pour Cayenne. À la suite d'une tentative d'évasion, il est transféré dans l'île du Salut. En France cependant, l'affaire Seznec n'est pas

◄ ▲ **Pierre Quemeneur (d) et Guillaume Seznec (g) : la victime et l'accusé.**

oubliée. Un ancien juge d'instruction, Charles Victor Hervé, décide de reprendre à son compte l'enquête. Il apprend ainsi que, le 24 mai 1923, l'équipage d'un dragueur de sable croisant devant la propriété de Plourivo a entendu tirer deux coups de feu. Cet élément nouveau relance la polémique. Des meetings sont organisés, des associations se créent pour la révision du procès. Arrive la Seconde Guerre mondiale, et l'Occupation, pendant laquelle l'inspecteur Bonny se fourvoie dans la collaboration, ce qui lui vaudra d'être fusillé à la Libération. On émet alors des doutes sur son honnêteté lors de l'enquête, et une mesure de grâce spéciale est accordée à Seznec. Le 1er juillet 1947, celui qui n'est plus qu'un vieillard brisé par les épreuves débarque au Havre. Il mourra sept ans plus tard, écrasé par une camionnette, sans avoir obtenu la réhabilitation judiciaire qu'il espérait. Son petit-fils va s'y employer sans relâche. En 1996 la Cour de Cassation rejettera la requête en révision avant qu'en 2001 le Garde des sceaux n'en dépose une à son tour. En avril 2005, la commission de révision des condamnations pénales décide de transmettre le dossier à la Cour de révision. ■

Glozel, la préhistoire en question

1924

Émile Fradin, un jeune agriculteur de Glozel, dans l'Allier, découvre par hasard un site datant sans doute de l'époque préhistorique. Commence alors une des plus longues controverses de l'archéologie moderne.

En quelques jours, Fradin extrait du sol des briques marquées d'empreintes de mains, deux galets portant des caractères linéaires ainsi qu'une petite hache, autant d'objets qu'un préhistorien renommé, le Dr Capitan, juge d'un grand intérêt. Des fouilles plus systématiques, organisées par un médecin vichyssois, le Dr Morlet, débutent le 24 mai 1925.

Capitan, qui a tenté en vain d'obtenir le monopole des fouilles, change soudain d'attitude, affirmant que Fradin a fabriqué lui-même tous les objets du site. Car ces objets en os, en pierre et en céramique sont recouverts de ce qui est apparemment une écriture alphabétique. Or, les os semblent dater de la fin du magdalénien, c'est-à-dire d'environ 9 000 ans avant notre ère – soit 7 500 ans environ avant la date retenue alors pour l'invention d'une telle écriture. En conséquence, le ministre des Beaux-Arts refuse le classement.

Querelle d'experts...

Le Dr Morlet invite alors des scientifiques à venir étudier Glozel. Parmi eux se trouvent des membres de l'Institut et des conservateurs de musées qui tous confirment l'authenticité du site. L'abbé Breuil, le célèbre préhistorien, se prononce lui aussi favorable-

L'énigmatique « glozelien »

L'écriture, toujours indéchiffrable, de Glozel présente de grandes ressemblances avec des formes anciennes du phénicien, version simplifiée et encore non alphabétique des écritures cunéiforme et hiéroglyphique, remontant au XVIIIe siècle avant notre ère. Mais elle se rapproche aussi d'un certain nombre d'inscriptions alphabétiformes retrouvées dans des sites magdaléniens connus, situés du Portugal à la Roumanie, en passant par la France, et largement antérieures au premier phénicien.

Cette écriture, si elle est authentique, n'est en tout cas sûrement pas née sur place car elle apparaît comme un système déjà formé et complet. Pourquoi, d'autre part, figure-t-elle sur des objets d'époques si diverses ? Peut-être les signes mystérieux sont-ils le legs d'un peuple assez évolué pour utiliser une préécriture et entré en contact avec les « Glozeliens » au début du Néolithique ? Il faudrait penser alors que, au cours du Ier millénaire avant notre ère, d'autres hommes installés sur le site auraient retrouvé les signes couvrant les os et les galets et les auraient reproduits sur leurs propres objets, désormais en céramique, en leur attribuant des pouvoirs magiques. ■

◄ **Tablette d'argile plate recouverte de signes dits « glozeliens ».**

▲ **Les fouilles du site de Glozel attirent un nombre important de curieux.**

ment avant de se rétracter quand on met au jour la représentation d'un renne sur l'un des objets, animal dont la présence lui semble impossible en ce lieu à la date supposée du site. Un autre savant change également d'avis, le conservateur du musée des Eyzies, un site fréquenté et auquel Glozel fait désormais une rude concurrence…

En 1927, une commission internationale est constituée par le Congrès de L'Institut international d'anthropologie, mais ce sont deux détracteurs, dont le Dr Capitan, qui sont chargés d'en choisir les membres. Cette commission conclut à l'imposture, mais le Dr Morlet accuse l'un des experts d'avoir introduit des « faux » pour mieux démontrer la supercherie. Un comité d'études de douze savants est à son tour créé, qui procède à de nombreuses analyses avant de confirmer l'authenticité du site, qu'il fait remonter au début du Néolithique (environ 8 000 ans avant notre ère).

… et embrouille judiciaires

C'est finalement un spécialiste des Phéniciens, René Dussaud, qui tente avec le plus de vigueur de prouver la supercherie. En effet, l'écriture gravée sur les tablettes, si elle date vraiment du Néolithique, détruit la thèse qu'il soutient ardemment du caractère premier de l'écriture étrusque.

L'affaire tourne alors au rocambolesque : attaqué en diffamation par Émile Fradin, Dussaud réussit, en retour, à faire déposer une plainte par la Société préhistorique de France. Une perquisition a lieu le 25 février 1928 au musée, deux caisses d'objets sont emportées, à fin d'analyse, par l'Identité judiciaire. Celle-ci établit un rapport, aux conclusions négatives mais si fantaisistes que le tribunal se retrouve dessaisi. La controverse scientifique devient une dérisoire affaire procédurière, et en 1929, les fouilles sont arrêtées.

Le verdict de la science

Glozel ne revient sous les feux de l'actualité qu'en 1974, lorsque quatre instituts français et étrangers de renom procèdent à une datation par thermoluminescence des tablettes et des objets. Leur verdict est sans appel : les tablettes sont authentiques, mais plus récentes qu'on ne le pense – entre 500 avant notre ère et 100 de notre ère – et certaines céramiques datent cependant de 5 000 ans.

Cinquante ans après sa découverte, Émile Fradin voit enfin son honnêteté reconnue : il reçoit en 1990 les palmes académiques. Mais la différence d'ancienneté entre les diverses pièces laisse toujours planer un mystère sur la nature exacte du site et sur l'origine de l'écriture de Glozel. ■

Stavisky, témoin gênant ?

1934

Le principal intéressé du procès qui s'ouvre en novembre 1935 est décédé depuis presque deux ans : « Alexandre Stavisky s'est suicidé d'une balle tirée à 3 mètres. Ce que c'est que d'avoir le bras long », titrera le Canard enchaîné.

Cet escroc de haute volée, protégé par ses relations dans le monde parlementaire et la presse, a détourné des millions. On juge ici ses comparses, mais les juges doivent procéder avec prudence, car l'affaire a pris les proportions d'une affaire d'État. La commission chargée d'instruire le dossier a manqué l'enterrer au bénéfice du temps qu'elle y a passé. Après des mois et des mois d'interrogatoires et d'enquêtes auprès des complices de l'escroc, de ses protecteurs, des milieux dirigeants de la politique à ceux de la finance, elle finit par transmettre le dossier à l'instance de jugement, la cour d'assise de la Seine.

Faute du principal responsable, Alexandre Stavisky, retrouvé mort alors qu'il tentait de gagner la Suisse, les juges doivent se contenter de ceux qui l'ont assisté. Et il y a là quantité d'accusés dans un box devenu trop étroit. Les avocats, une soixantaine, ne peuvent tous s'asseoir ! Le président de la cour, le juge Barnaud, a parfaitement conscience qu'il s'agit d'un procès exceptionnel : le procureur général Fernand-Roux est assisté des avocats généraux Cassagneau et Gaudel, des personnages fort importants du barreau ; le dossier, énorme, trône dans un coin du prétoire ; il faut trois heures pour lire l'acte d'accusation ; trois semaines pour les interrogatoires ; et cinq encore pour entendre les témoins...

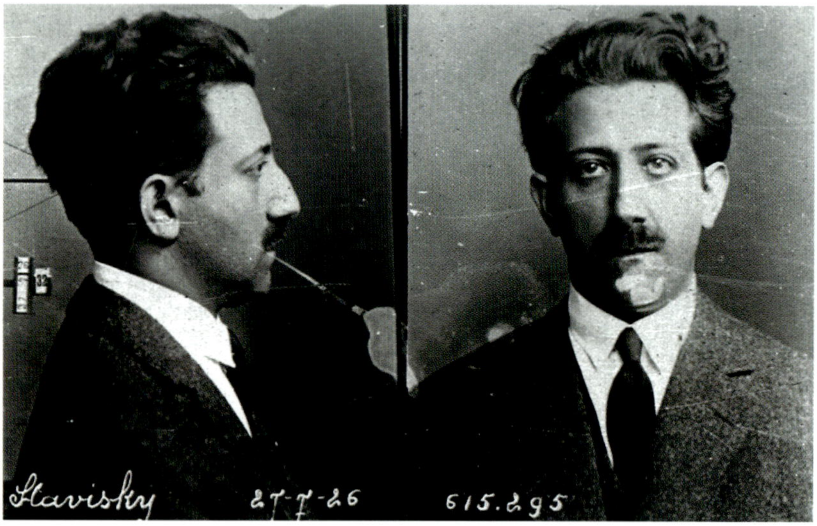

Des détournements de fonds à Orléans et à Bayonne

L'affaire sur laquelle les jurés ont à se prononcer est une gigantesque escroquerie : son instigateur, Stavisky, aurait détourné 259 millions de francs – une somme considérable pour l'époque – par ses diverses activités, toutes également frauduleuses. Parmi les affaires les plus retentissantes et les plus rentables, les escroqueries d'Orléans et de Bayonne sont les premières dont la cour ait à traiter. L'affaire du Crédit municipal d'Orléans est évoquée par l'interrogatoire de l'ancien directeur de l'établissement, un nommé Desbrosses. Grâce à une société écran, les Établissements Alex, Stavisky s'est fait accorder des prêts par cette institution bancaire : 22 millions de francs en une seule année ! Un stock d'émeraudes était censé garantir l'emprunt. Celles-ci, prétendument soumises à expertise et d'une provenance exceptionnelle – elles auraient appartenu, aux temps bibliques, à la reine de Saba ! –, sont, en fait, des pierres synthétiques, comme le révèlent leurs factures d'achat.

L'affaire du Crédit municipal de Bayonne, plus récente puisqu'elle éclate en décembre 1933 et met un terme à la carrière de Stavisky, est traitée après celle du Crédit d'Orléans.

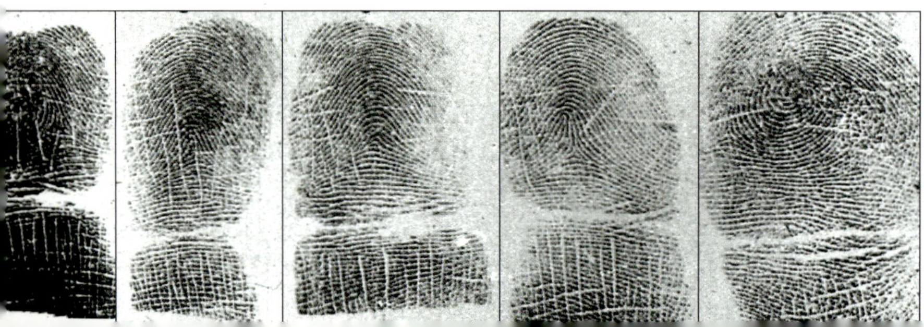

◄ ▲ **Fiche de police d'Alexandre Stavisky en 1926, à l'époque des premiers scandales.**

La République secouée par les scandales

DURANT LES ANNÉES 1930, LA IIIe RÉPUBLIQUE est secouée par des affaires politico-financières qui compromettent certains élus et ministres. La série commence par l'affaire de *la Gazette du Franc* (1928). Elle continue par celle de la banque Oustric (novembre 1930), une faillite frauduleuse, qui provoque la chute du gouvernement d'André Tardieu, dont le garde des Sceaux, Raoul Péret, est accusé de corruption. Enfin intervient l'affaire Stavisky, qui compromet particulièrement le parti radical.

La république discréditée. Ces affaires, auxquelles la presse donne un retentissement considérable, nourrissent l'antiparlementarisme des milieux d'extrême droite, qui assimilent la classe politique tout entière à un repaire de brigands. Les ligues d'anciens combattants, les royalistes de l'Action française, par exemple, en viennent à condamner en bloc un régime dans lequel ils voient une association de financiers juifs, francs-maçons et de politiciens radicaux – tous termes injurieux dans leur bouche. ■

Elle n'est pas moins rocambolesque. Tissier, ancien directeur de l'établissement, comparaît à la barre : il est accusé d'avoir multiplié les faux, détournant ainsi 200 millions de francs en trompant les épargnants. À Orléans, un général, entre autres hauts personnages, avait couvert l'escroquerie de Stavisky. À Bayonne, de même, il se trouve des notables pour tremper dans l'affaire. En l'occurrence, Garat, maire de la ville, a, lui aussi, protégé le douteux homme d'affaires.

Des complicités dans tous les milieux

Après la comparution des principaux responsables des détournements de fonds d'Orléans et de Bayonne, la cour entend ceux qui, soit ont reçu des fonds de Stavisky, soit ont participé au recel de l'argent détourné. Et, là encore, il s'agit de personnes en vue : d'anciens avocats de Stavisky, comme maître Bonnaure ; un ex-député radical ; des directeurs de journaux (Camille Aymard, ou Darius). La multiplication des noms connus jette le trouble sur la cour et l'auditoire comme dans l'opinion publique, informée par la presse. Tous ceux qui comptent en France auraient-ils donc baigné dans l'escroquerie de Stavisky ? Bientôt, les audiences révèlent encore, non seulement des noms supplémentaires, mais aussi toutes les complicités implicites dont ont bénéficié soit Stavisky, soit ses complices : les magistrats de la section financière du parquet ont de la peine à expliquer leur lenteur, leurs silences, et la mort suspecte d'un haut fonctionnaire mêlé à l'affaire, le conseiller Prince, ajoute encore au sordide de la situation... Parmi les policiers chargés de l'enquête, la cour met également en évidence bien des comportements douteux. Après les notables et les fonctionnaires, sont jugés les hommes politiques les plus en vue mêlés à l'affaire. Ce sont d'anciens radicaux : les journalistes, plus que jamais, se pressent pour les entendre. Dalimier, l'ancien ministre du Travail, qui a recommandé les faux bons de Bayonne, puis Camille Chautemps, ancien président du Conseil, sont ainsi inculpés. Victimes expiatoires, ils sont livrés à la justice pour que soient épargnées d'autres personnes. Le 15 janvier 1936 s'achèvent les quarante plaidoiries.

Après les délibérations, Garat, Desbrosses et Tissier – notamment – sont déclarés coupables de complicité et d'usage de faux. Quelques autres le sont pour recel. Les journalistes amis et protégés de Stavisky sont pour la plupart acquittés. Deux jours plus tard, le président de la cour rend son verdict. Les peines sont particulièrement lourdes : ainsi, Tissier est condamné à sept ans de travaux forcés, Garat à deux ans de prison, les autres sanctions variant entre ces deux extrêmes... ■

▶ **La première arrestation de l'escroc Stavisky à Marly-le-Roi, en juillet 1926, fait la une du *Petit Journal Illustré*.**

L'assassinat de l'amiral Darlan

1942

Les archives révéleront peut-être un jour qui a armé le bras du meurtrier de l'amiral Darlan, dauphin du maréchal Pétain. Car l'enquête officielle s'est bien gardée de rechercher ceux à qui le crime profitait.

Le 8 novembre 1942 les Alliés déclenchent l'opération « Torch » qui déverse sur des plages d'Algérie et du Maroc un corps expéditionnaire de 72 000 hommes. Il s'agit d'ouvrir le second front que Staline réclame depuis longtemps afin de soulager l'Armée rouge. Si l'opération militaire est un succès, d'un point de vue politique elle devient vite un véritable casse-tête pour les Alliés qui doivent trouver à Alger la personnalité susceptible de fédérer les forces françaises d'Afrique du Nord pour poursuivre la lutte à leurs côtés.

L'Afrique du Nord, où les Américains ont encore un ambassadeur, est partie de l'Empire français, et Vichy y entretient une armée de 120 000 hommes qui a échappé aux clauses de l'armistice, placée sous l'autorité du général Juin. Un autre militaire, le général Giraud, opposant à la politique du maréchal Pétain, et qui vient de s'évader de sa prison allemande, est pressenti comme le futur chef d'une Afrique du Nord alliée aux Anglo-Américains dans leur lutte contre l'Axe. Quant au général de Gaulle à Londres, il n'a même pas été tenu au courant des opérations, tant Roosevelt et Churchill se méfient de cet interlocuteur indocile.

La donne change subitement quand arrive à Alger, quelques jours seulement avant le débarquement, l'amiral François Darlan, commandant en chef des armées de Vichy et successeur désigné du maréchal Pétain. Sa présence est le fruit du hasard : il est en effet venu au chevet de son fils, souffrant de la poliomyélite et hospitalisé à l'hôpital Maillot. Surpris par le débarquement des troupes anglo-américaines, Darlan est dans une situation inconfortable : d'un côté, sa fidélité jamais démentie à l'égard du maréchal qui lui ordonne de « défendre l'Empire », de l'autre la réalité de la puissance militaire des Alliés qu'il entrevoit désormais et qui peut lui laisser croire qu'alliée aux Américains la France pourrait s'engager dans la lutte contre l'Allemagne. Et c'est lui qui dès lors se verrait placé à la tête de cette France d'Afrique du Nord. Après quelques heures d'hésitation qui voient certains régiments tenter de s'opposer au débarquement américain, Darlan ordonne le cessez-le-feu. Le 22 novembre, un accord est signé avec les Américains : Darlan devient haut-commissaire en Afrique française.

◄ **Darlan léchant les bottes d'un officier allemand. (Caricature extraite de *l'Allemand nazi en 22 leçons*, 1945.)**

Un crime vite jugé

Le 24 décembre, après un entretien avec Eisenhower, Darlan s'en retourne à son quartier général installé au Palais d'Été, accompagné de son adjoint Hourcade. Il n'y a étrangement aucun soldat en faction devant les bureaux, seul un jeune homme attend dans le couloir. Quand il aperçoit Darlan, celui-ci tire un pistolet de sa poche et abat froidement le haut-commissaire. Tout est allé très vite ; mais la justice sera plus rapide encore. L'assassin est aussitôt arrêté, c'est un jeune royaliste dénommé Fernand Bonnier de La Chapelle, manifestement trop exalté par l'effervescence qui règne à Alger depuis quelques semaines et qui aurait voulu par son geste patriotique châtier un traître. C'est du moins la thèse officielle, et il n'y en aura pas d'autre.

Aux inspecteurs qui l'interrogent, Bonnier de La Chapelle aurait donné les noms de ses complices : l'abbé Cordier et le général Henri d'Astier de La Vigerie, secrétaire adjoint à l'Intérieur et à ce titre chef de la police. Le procès-verbal de cet interrogatoire ne sera pas communiqué au juge qui dès le lendemain du crime conclut à un acte isolé. Le 26 décembre à 7 h 30 du matin, Fernand Bonnier de La Chapelle, après avoir été sommairement jugé par un tribunal militaire, est fusillé. Deux semaines plus tard un nouveau juge, le commandant Voituriez, est chargé par le général Giraud, devenu le nouveau haut-commissaire, de faire toute la lumière sur cette affaire. Les deux présumés complices sont arrêtés, et bientôt le juge est convaincu de l'existence d'un vaste complot dans lequel sont impliquées d'éminentes personnalités militaires et politiques, à commencer par Alfred Pose, délégué général à l'Économie. Ce banquier influent est par ailleurs le principal bailleur de fonds des autorités françaises en Afrique du Nord. Quand il a connaissance de ces implications, le général Giraud ordonne au juge Voituriez d'interrompre toutes ses investigations. L'instruction est abandonnée, le dossier sera par la suite égaré... et en haut lieu on ne cherche pas à savoir, encore moins à faire savoir, à qui profite le crime !

▲ **Darlan et Eisenhower, le 2 décembre 1942.**

Un complot ourdi par la « perfide » Albion ?

Au nombre de ceux à qui le crime profite, il y a également les Anglais, même si Churchill a toutes les raisons de se satisfaire de l'imbroglio militaro-politique qui se noue à Alger et affaiblit plus encore « les deux France », celle de Vichy et celle, libre, que de Gaulle entend gouverner. Mais la décision de Roosevelt de s'entendre avec Darlan n'est pas sans mettre le Premier ministre britannique dans l'embarras.

La presse lui reproche violemment cette alliance contre-nature, et des ministres comme Anthony Eden ne lui cachent pas leur aversion pour l'amiral français qui n'a jamais très clairement affirmé vouloir s'engager dans la lutte contre les forces de l'Axe et reste proche de Vichy.

Certains historiens feront alors remarquer que Bonnier de la Chapelle appartenait aux Corps francs d'Afrique du Nord, lesquels s'entraînaient régulièrement au cap Matifou, le camp du Special Opérations Executive, le service action des services secrets britanniques. Le royaliste Fernand Bonnier de La Chapelle, un agent au service de la couronne de France ou d'Angleterre ? ■

De Gaulle, ministre de sa Majesté ?

Lors de la perquisition effectuée le 10 janvier 1942 au domicile du général Henri d'Astier de La Vigerie, le juge Voituriez aurait mis la main sur un document destiné à être publié par différents journaux chargés d'annoncer la prise de pouvoir en Afrique du Nord par le comte de Paris. Dans ce document, une photographie montrerait le comte entouré des généraux de Gaulle et Giraud.

Un autre document également saisi présenterait la composition du gouvernement élaboré par le comte. Henri d'Astier de La Vigerie y serait ministre de l'Intérieur, Albert Pose ministre des Finances, Giraud ministre de la Guerre et le général de Gaulle, rien moins que ministre d'État adjoint au comte ! De tels documents n'ont bien sûr jamais été retrouvés... En 1963, le journal *l'Express* reviendra sur les intentions supposées du général de Gaulle de voir la monarchie rétablie et prétendra qu'il encourageait le comte de Paris à se présenter à l'élection présidentielle de 1965. ■

Sur ordre du « roi » ?

Pour tous ceux qui chercheront à faire la lumière sur cet assassinat, la première piste conduit au comte de Paris, Henri d'Orléans, nouveau chef de la Maison de France depuis la mort du duc de Guise en 1940. Le prétendant légitime au trône de France est à Alger au moment des faits. Nul n'ignore qu'il nourrit l'espoir de voir la monarchie restaurée, et il pense pouvoir profiter de l'occasion historique qui s'offre à lui. Avec l'instauration de l'État français a disparu la « gueuse », cette République coupable des malheurs de la France. Ces derniers mois il a multiplié les contacts avec Vichy, mais également avec les Allemands et aussi le Saint-Siège qui seul l'aurait encouragé dans ses aspirations. Une rencontre en août avec le maréchal Pétain s'est soldée par une fin de non recevoir.

Déçus, les partisans du comte auraient alors tout misé sur l'arrivée des Anglo-Américains en Afrique du Nord et sur la présence à Alger de Darlan, dont l'autorité est plus que fragile, contestée notamment par les présidents des conseils généraux d'Algérie. Évincer ce dernier pourrait peut-être favoriser un « coup d'État » monarchique... Le général Henri d'Astier de La Vigerie, royaliste notoire, aurait alors été chargé de cette « éviction » en prenant langue avec certains présidents de conseils généraux, lesquels accepteraient de faire « légalement » appel au comte de Paris et de pousser Darlan à la démission.

▼ **Le débarquement des Anglo-Américains en Afrique du Nord française le 8 novembre 1942.**

Ce plan ayant échoué, il aurait opté pour une méthode plus expéditive et pour cela enrôlé le jeune Bonnier de la Chapelle qu'il aurait gagné à la cause monarchiste.

La piste gaulliste

Dans l'entourage du général de Gaulle, on répugne à croire que l'homme du 18 juin ait pu ordonner un tel crime. La disparition de Darlan n'est pourtant pas sans satisfaire ses intérêts et ses ambitions en lui laissant une chance de s'imposer comme le seul représentant de la France combattante. Il confessera lui-même le danger que représentait Darlan, et il savait que Roosevelt, maître du jeu, comptait bien utiliser celui-ci le plus longtemps possible. Quand il apprend la nomination du « traître » Darlan, de Gaulle est fou de rage. Peu après il nomme le général François d'Astier de La Vigerie – le frère de l'instigateur présumé du crime – au rang de commandant en chef des Forces françaises libres et en fait son principal adjoint. Le 18 décembre, une semaine avant l'assassinat de Darlan, François d'Astier de la Vigerie arrive à Alger. Officiellement, il a pour mission de renseigner de Gaulle sur l'évolution de la situation, mais il en profite aussi pour rencontrer son frère, et aussi le comte de Paris… Dans un télégramme adressé le 15 décembre à de Gaulle par Catroux depuis Gibraltar, on peut lire cette phrase : « Il m'a été affirmé que d'Astier de La Vigerie, qui serait auprès de Darlan, vous a proposé une combinaison susceptible d'écarter l'amiral et de réaliser une coordination. » De quelle combinaison s'agit-il ?

Entre-temps à Londres, de Gaulle a rencontré Anthony Eden, le chef de la diplomatie britannique. Les deux hommes se seraient entretenus de la situation en Algérie et du sort de Darlan, ce fidèle de Pétain que de Gaulle lui présente comme un obstacle majeur à la poursuite de la lutte contre l'Allemagne. Devinant qu'il pouvait compter sur la bienveillante neutralité des Anglais, de Gaulle aurait-il accepté l'idée d'une élimination physique de Darlan tout en prenant bien garde de ne pas l'ordonner formellement ? Au général Chrétien qui un jour s'entretenait avec lui des conditions dans lesquelles l'amiral de la flotte a été assassiné, de Gaulle aurait repris son interlocuteur : « Pas assassiné, exécuté ! ». Châtiment militaire plutôt qu'acte criminel… la mort de Darlan se justifiait-elle mieux ainsi ? ■

Qui a trahi Jean Moulin ?

1943

Un coupable idéal innocenté par la justice, des hypothèses jamais vérifiées, des controverses politiques qui obscurcissent l'enquête... Les véritables causes de l'arrestation de Jean Moulin ne seront peut-être jamais connues.

Dans la nuit du 18 au 19 décembre 1964, un véhicule militaire transporte à travers la capitale le cercueil contenant les cendres de Jean Moulin, recouvert d'un drapeau tricolore. Le lendemain, la dépouille de celui-ci entre au Panthéon des grands hommes auxquels la patrie est reconnaissante. Le lyrisme d'André Malraux accentue la solennité d'un événement qui consacre la mémoire de cet homme mal connu devenu icône nationale, et dont la mort tragique sous la torture des bourreaux nazis en fait le symbole de la Résistance. Par ce geste, le général de Gaulle fige le combat de « l'armée des ombres » dans une geste héroïque, mais la communion nationale autour de cette grande figure ne dissipe pas toutes les zones d'ombres qui obscurcissent l'arrestation de Jean Moulin.

La Résistance décapitée

Le 21 juin 1943, Klaus Barbie, chef de l'antenne lyonnaise de la Gestapo, réussit un coup de filet magistral en arrêtant les principaux responsables de la Résistance intérieure. Tout a commencé par l'arrestation, le 13 mars 1943 à Lyon, de plusieurs membres de l'Armée secrète et d'une importante documentation qui dévoilait l'organigramme de l'organisation. Le 9 juin à Paris, la Gestapo met la main sur le chef militaire de l'Armée secrète, le général Delestraint ; c'est un nouveau coup très dur porté à la Résistance. Jean Moulin, président du Conseil national de la Résistance, qui s'est vu confié par de Gaulle la mission d'unifier l'ensem-

▶ **L'une des dernières photos de Jean Moulin.**

▶ **À Caluire, la maison du docteur Dugoujon où fut arrêté Jean Moulin par la Gestapo.**

ble des réseaux, décide d'agir vite pour trouver un successeur à Delestraint et organise une réunion clandestine des principaux chefs à Caluire, dans la banlieue Lyonnaise, au domicile du docteur Dugoujon.

Le colonel Albert Lacaze arrive le premier, suivi d'André Lassagne, de Libération-Sud, d'Henri Aubry et de René Hardy, de Combat. Ils sont bientôt rejoints par Brunot Larat. À 15 h enfin, arrivent Jean Moulin, Raymond Aubrac et le colonel Schwartzfeld. La réunion peut commencer quand soudain les Allemands font irruption. Interrogés sur place, les huit hommes sont ensuite emmenés, mais René Hardy parvient à s'enfuir. La réunion de Caluire était une souricière, les Allemands étaient manifestement bien renseignés. Mais par qui ?

René Hardy, un coupable idéal

Pour beaucoup aujourd'hui encore, René Hardy est celui qui a trahi Jean Moulin. Bien sûr, il est le seul à avoir échappé, presque miraculeusement, au guet-apens de Caluire. Surtout, on sait que deux semaines auparavant, il avait été arrêté à Châlons-sur-Saône, interrogé par Klaus Barbie puis relâché trois jours plus tard. Hardy comparaîtra en justice à la Libération, une première fois en 1947 devant la cour de justice de la Seine, procès au cours duquel il dissimulera cette arrestation. Une seconde fois devant le Tribunal militaire, en 1950. Il sera chaque fois innocenté.

Des rapports établis par les services de renseignements allemands sont pourtant troublants, qui expliquent que René Hardy, interrogé puis « retourné », aurait beaucoup parlé et permis d'importantes arrestations. L'un de ces rapports évoque notamment une réunion à Lyon des principaux chefs de la Résistance. Hardy récusera toujours les accusations portées contre lui, en mettant en doute la validité des rapports allemands, dont on sait qu'ils étaient parfois rédigés

Raymond Aubrac et le « testament » de Klaus Barbie

L'AFFAIRE JEAN MOULIN CONTINUE DE SUSCITER les passions, à tel point que des Résistants parmi les plus unanimement respectés n'échappent pas à la rumeur. C'est le cas de Raymond Aubrac, arrêté à Caluire avec Jean Moulin. Lui seul n'a pas été transféré à Paris. Lui seul n'a pas été torturé, et il est parvenu à s'évader.

Rien de tout cela toutefois n'en fait un coupable. Ce qui n'empêche pas maître Vergès, avocat de Klaus Barbie, de brandir en 1991 le soi-disant « testament » du tortionnaire nazi dans lequel Raymond Aubrac serait désigné comme le traître.

Plus de cinquante ans après les faits, on revisite alors l'histoire, on somme Raymond Aubrac de s'expliquer sur sa première arrestation, en mars 1943, et sa remise en liberté. Des historiens patentés s'étonnent de sa rocambolesque évasion après Caluire, grâce à sa femme Lucie. La rumeur fera long feu, non sans faire des dégâts. ■

▲ **Les cendres de Jean Moulin sont déposées au Panthéon en décembre 1964.**

dans l'unique intention de semer la suspicion et ébranler davantage les réseaux clandestins. Le principal accusé dans le drame de Caluire mourra en 1987 sans qu'on sache jamais s'il a emporté avec lui un terrible secret. Mais désigner un seul homme comme possible coupable, c'est passer sous silence l'âpre rivalité et les dissensions extrêmes qui déchiraient la Résistance.

« Les » Résistances françaises

Loin de la légende héroïque d'une « armée des ombres » engagée solidairement dans la lutte contre l'oppression et réunie autour du général de Gaulle, la Résistance est profondément divisée. C'est d'ailleurs le rôle de Jean Moulin de parvenir à fédérer les différents groupes, pour une action plus efficace mais également parce qu'à Londres de Gaulle doit impérativement convaincre de sa légitimité alors que les Américains ont préféré jouer la carte du général Giraud à Alger. Il lui faut donc au plus vite faire la preuve qu'il est bien le chef de la France libre.

Unir la résistance implique de se rapprocher des communistes, et de Gaulle a rencontré en janvier 1943 Fernand Grenier, représentant du parti communiste, qui a accepté l'idée d'une union. Il reste à convaincre les autres sensibilités politiques, mais aussi les syndicats. C'est la mission de Jean Moulin, nommé président du CNR, le Conseil national de la Résistance, qui réunit à Paris, le 27 mai, chefs de réseaux clandestins, dirigeants politiques et syndicaux. La nécessité de lutter ensemble contre l'occupant fait l'unanimité, mais comment concilier, dans la perspective de la Libération et de la reconstruction politique de la France des vues antagonistes ? À Combat, ni Frenay ni Bénouville ne sont disposés à accepter docilement l'autorité de De Gaulle. Chez les communistes, la même méfiance à l'égard de Londres se double de l'activisme de certains pour qui la Libération devra être aussi le temps de la révolution prolétarienne. Quant aux socialistes, ils s'émeuvent de la trop grande attention portée par de Gaulle aux communistes...

Moulin, agent de Moscou ?

On le voit, dans les débats qui agitent la difficile cohésion des mouvements de résistance, le parti communiste tient une place centrale, un parti dont Jean Moulin a été proche. En 1933, il a été chef adjoint de cabinet au ministère des Affaires étrangères puis chef de cabinet de Pierre Cot, au ministère de l'Air, sous le Front populaire. Il avait fait passer des armes et des munitions aux républicains espagnols. Cet homme de gauche convaincu avait donc des relations suivies avec les communistes. Trop peut-être croient savoir certains historiens, qui à

Les liaisons dangereuses de Pierre de Bénouville

ANTICOMMUNISTE FAROUCHE, ROYALISTE, Pierre Guillain de Bénouville aurait pu être un zélé partisan du régime de Vichy, qu'il a soutenu un temps. Mais il a choisi la clandestinité, dans le mouvement Combat dont il a été un des dirigeants. C'est lui qui a désigné Hardy pour participer à la réunion de Caluire. Savait-il que Hardy avait été arrêté quelques jours avant ? Il s'en défendra souvent, avant de revenir sur ses certitudes.

On apprendra que Frenay également était au courant. Une autre interrogation reste sans réponse : quelle était la nature exacte des relations de Bénouville avec un certain Raymond Richard, espion notoire au service de Vichy et engagé dans la traque des réseaux communistes ? Richard, qui émargeait également à la Gestapo, parviendra à s'infiltrer dans le mouvement Combat où il côtoiera Bénouville. ■

la faveur de l'ouverture d'une partie des archives de l'ex-URSS font de Moulin un possible agent du Komintern. C'est oublier que Jean Moulin, ardemment républicain et profondément antifasciste a dû, comme beaucoup de patriotes, s'éloigner de ses sympathies soviétiques après la signature du pacte germano-soviétique. L'hypothèse d'un Jean Moulin agent de Moscou et « donné » à la Gestapo par les éléments les plus anticommunistes de la Résistance est tout aussi fragile que celle – inverse – qui voit dans l'affaire de Caluire la main des communistes, lesquels auraient très mal vu cet ancien homme de gauche devenir trop promptement et trop fidèlement gaulliste. Hardy aurait-il alors été l'instrument d'un jeu politique pervers qui le dépassait ?

Un coup tordu des services secrets alliés ?

Il est regrettable que les archives de Claude Dansey, patron de l'Intelligence Service (les services secrets britanniques), aient brûlées après la guerre. Elles auraient peut-être permis d'éclairer un scénario échafaudé par certains historiens, à savoir l'élimination par les Alliés de Jean Moulin. En ruinant les espoirs de voir la Résistance s'unir sous la houlette de l'encombrant de Gaulle, ils empêchaient celui-ci de s'imposer définitivement. En Suisse, les agents de l'IS comme ceux de l'OSS, l'Office of Strategic Service (ancêtre de la CIA) ne manquent pas. Ils sont en contact avec des membres de la résistance notoirement antigaullistes comme Groussard ou Bénouville.

Un marché, par leur entremise, aurait-il été passé avec la Gestapo ? Une thèse que conforterait l'aide fournie par la CIA à Barbie, comme à de nombreux anciens nazis, dans sa cavale en Amérique du Sud durant la guerre froide. ■

La « taupe », le pire ennemi

Si des agents soviétiques ont œuvré au sein de la Résistance, tout comme d'ailleurs des agents américains et britanniques, les plus redoutables ennemis des réseaux clandestins restent sans conteste les « taupes » infiltrées par les services de renseignements nazis. Beaucoup d'entre eux ont été des résistants sincères, « retournés » contre leurs anciens compagnons par le chantage et les menaces de mort sur leur famille. D'autres ont été de vrais agents à la solde de l'occupant. Leur rôle a longtemps été minoré pour ne pas trop entacher l'histoire glorieuse de ces mouvements, mais on sait qu'ils ont fait des ravages considérables dans les rangs de la Résistance.

Le capitaine Kramer, officier de l'Abwehr, le service d'espionnage, témoignera à la Libération des méthodes employées par ses services, et affirmera qu'il disposait, dans la région de Lyon, d'une cinquantaine de « taupes » capables de noyauter la Résistance. Durant l'année 1943, ils feront preuve d'une redoutable efficacité. Ce sont des agents de Kramer qui livreront le général Delestraint, mais aussi Bertie Albrecht, la secrétaire de Frenay. Les plus infimes précautions ne permettaient pas toujours d'échapper aux mailles de plus en plus serrées des filets de la Gestapo. Négliger ne serait-ce qu'une fois les consignes de prudence, s'était immanquablement s'exposer. L'une de ces règles voulait qu'une réunion s'interrompe au moindre retard de l'un des participants. À Caluire, Jean Moulin est arrivé avec une demi-heure de retard... ■

◀ **L'ancien résistant français René Hardy lors de son procès, le 25 avril 1950.**

Comment Saint-Exupéry est-il mort ?

1944

Dans quelles circonstances et dans quelles conditions le plus vieux pilote de guerre du monde a-t-il repris du service pour une dernière mission sans retour ?

APRÈS SON APPRENTISSAGE DE PILOTE dans le cadre du service militaire, le comte Antoine de Saint-Exupéry mène une vie de dilettante mondain.

Taraudé par sa passion pour l'aviation, il devient en 1926 pilote chez Latécoère pour acheminer le courrier aérien sur la ligne Toulouse-Casablanca-Dakar et se lie d'amitié avec Henri Guillaumet, Jean Mermoz et Marcel Reine dans ce qui devient la célèbre Aéropostale. En poste dans le désert de Juby, il compose *Courrier Sud* bien accueilli par la critique littéraire. Nommé à Buenos Aires en 1929, il y retrouve ses amis Mermoz et Guillaumet, qui font la gloire de l'Aéropostale en survolant les Andes dans des conditions épiques, écrit *Vol de nuit* et rencontre sa future femme, Consuelo Suncin. Si la disparition de l'Aérospatiale, intégrée dans Air France en 1933, marque le déclin de sa carrière de pilote de ligne, *Vol de nuit* préfacé par André Gide, lui vaut le prix Femina en 1931, une critique unanime et l'aisance matérielle. Après trois accidents graves comme pilote d'essai chez Latécoère, il sera perçu comme un casse-cou qui aurait perdu la main ou porterait la poisse. Conférencier et journaliste, il rêve toujours d'exploit et relève en 1935 le défi d'un raid Paris-Saïgon en soixante-dix heures, mais l'aventure tourne au calvaire avec un accident en plein désert au large du Caire, et Saint-Exupéry est sauvé de justesse par des Bédouins alors qu'il était presque mort de soif. En panne d'inspiration littéraire, il vit de journalisme puis prépare un raid entre New York et le cap Horn, qui se termine par un nouvel accident grave au décollage de Guatemala City : coma et multiples fractures. Sa carrière d'aviateur semble terminée.

Une gourmette retrouvée...

LE MYSTÈRE RESTE COMPLET JUSQU'EN 1998, quand un chalutier pêche dans ses filets au large des calanques de Marseille une gourmette d'argent qui porte le nom de Saint-Exupéry, le prénom de Consuelo, le nom et l'adresse de son éditeur new-yorkais.

Des plongeurs retrouvent en 2002 un morceau de carlingue et de train d'atterrissage... identifié comme un débris de Ligthning P 38. Mais est-ce celui de Saint-Exupéry ? En 2004, confirmation est faite près de l'île Riou, devant les calanques de Marseille. L'accident est-il dû à une défaillance technique ou à une erreur de pilotage ? Nous ne le saurons jamais... ■

▼ **La fameuse gourmette de Saint-Exupéry.**

Pilote maudit et écrivain reconnu ?

Il est vrai qu'il est capable de toutes les fantaisies… comme celle de tourner en rond dans le ciel le temps d'achever un roman avant de se décider à atterrir, mais ses amis ne sont pas en reste : Mermoz est réputé pour son goût des fêtes nocturnes et fort arrosées. En fait, ces pionniers de l'Aéropostale sont de fantasques seigneurs qui brûlent la chandelle par les deux bouts dans un univers où l'impossible doit être réalisé pour chaque mission.

Écrivain reconnu, Saint-Exupéry le devient définitivement avec *Terre des hommes* qui obtient le prix de l'Académie française en 1939 et conquiert aussi le public américain.

Dès le début de la guerre, il parvient grâce à ses relations à se faire affecter comme pilote de « grande reconnaissance » malgré les réticences que suscitent son âge et son dossier médical. Exilé à New York, il écrit *Pilote de guerre* et *le Petit prince*.

Voler de nouveau… au risque de se brûler les ailes !

De retour en Algérie en mai 1943, il veut de nouveau combattre au service d'une « vraie France » et retrouve le groupe II/33, avec lequel il s'entraîne sur le nec plus ultra des avions de reconnaissance américains, le Lightning P 38 : bimoteur surpuissant à double empennage, qui se pilote seul à 10 000 m d'altitude, sans armement pour être plus léger. L'entraînement se termine par un atterrissage raté qui provoque sa radiation des cadres navigants pour inaptitude à piloter.

Commence alors pour Saint-Exupéry une longue période de déprime. S'il revient en grâce en mars 1944, c'est pour servir la propagande américaine : il obtient six missions de vol après s'être engagé à écrire un texte pour le magazine *Life* afin de symboliser le soutien de l'intelligentsia française à la prochaine intervention des Américains en France… servant ainsi Roosevelt et Eisenhower qui voient en de Gaulle un obstacle à leur volonté d'administrer les territoires libérés.

Le 29 mai, Saint-Exupéry rédige son pensum qui fait peu de cas de l'avenir de la France libre. Il ne rêve que de voler et de participer glorieusement à cette fin de conflit et remplit ainsi six missions de reconnaissance au sud de la France pour préparer le débarquement allié en Provence. Il ne revient que par miracle de l'avant-dernière mission, le jour de ses 44 ans, s'étant perdu au-dessus de Lyon en oubliant son pilote automatique, et rentrant par l'Italie en survolant les zones ennemies.

Contrat rempli avant une retraite glorieuse et définitive… mais il est inscrit, par inadvertance, pour une mission sur la région de Grenoble. Après une virée à Bastia jusqu'à 3 heures du matin, il décolle à 8 h 45… et sera porté disparu le 31 juillet 1944, laissant deux lettres destinées à ses amis… ■

► **L'aviateur et romancier Antoine de Saint-Exupéry, en 1935.**

« L'affaire » Dominici

1952

Homme fruste et brutal, Gaston Dominici, le patriarche de Lurs, a-t-il assassiné la famille Drummond ? Il passera aux aveux avant de se rétracter, puis d'accuser son fils, et mourra sans jamais dévoiler la vérité.

RAREMENT LE DOSSIER DE L'ACCUSATION aura été aussi mince ; rarement, les témoins auront autant multiplié les déclarations vraies ou fausses et les rétractations. Le présumé coupable, Gaston Dominici, a 78 ans, lorsqu'il comparaît devant les juges de la cour d'assises. Il a été dénoncé par son fils Gustave, qui s'est ensuite rétracté puis est revenu à sa première accusation. Gaston lui-même est passé aux aveux. Sa culpabilité semble donc avérée..., sauf pour ceux qui connaissent bien l'affaire. Un incroyable écheveau s'est en effet noué, au fil des deux années de l'instruction, autour d'un fait divers devenu une retentissante affaire judiciaire.

▲ **Le 5 août 1952, les enquêteurs recherchent des indices sur le lieu du crime.**

Un homme que tout désigne

Les victimes, rappelle le président après la lecture de l'acte d'accusation, étaient des touristes britanniques, M. et Mme Drummond et leur fille. Ils ont été assassinés une nuit d'août 1952 à l'aide d'une arme à feu appartenant à Gaston et retrouvée ensuite dans la ferme des Dominici. La fillette a reçu plusieurs coups de crosse. Elle a été retrouvée, agonisante, d'abord par le fils de Gaston, Gustave, qui n'a pas cherché à lui porter secours : pour cette infamie, l'homme a été condamné, en 1953, à deux mois de prison. Ces faits, connus, n'épuisent pas le détail des événements de la nuit fatale, que la cour, avec beaucoup de peine, tâche d'établir. L'accusé n'est pas d'une grande aide. Il a du mal à suivre les débats, ne comprend pas toutes les questions ; les interrogatoires ressemblent souvent à un dialogue de sourds. Sa femme, habituée à se taire, n'apporte pas d'éléments importants. Quant aux enfants et à leurs époux ou épouses, ils se contredisent à plusieurs reprises.

Un procès confus

Si l'on excepte la pièce à conviction principale, l'arme du crime, toute l'accusation repose sur les aveux du vieillard et sur les témoignages de sa famille. Or, note la défense, comment croire des témoins qui ont plusieurs fois changé d'avis ? Et les aveux de Gaston Dominici sont-ils crédibles quand il prétend qu'il a tenté d'avoir des rapports sexuels avec Mme Drummond et que celle-ci était consentante ? Allégation de mythomane que la cour a bien du mal à croire. L'avocat général quant à lui peine à reconstituer les mobiles du crime. Pour toutes ces raisons, l'avocat de la défense plaide non coupable. Mais les jurés, eux, s'en tiennent aux aveux du vieil homme, corroborés par l'indice très puissant de l'arme.

Le 28 novembre 1954, ils déclarent Gaston Dominici coupable d'homicide volontaire : le vieil homme, prostré dans le box des accusés, est condamné à mort... Ses avocats cependant ne s'avouent pas vaincus. S'appuyant sur la faiblesse des preuves réunies et la confusion des témoignages entendus au procès, ils décident de faire appel.

Une invraisemblable série de rebondissements

La situation rebondit au même moment, car l'accusé, revenant sur ses aveux, dénonce... son fils Gustave et son petit-fils ! Une nouvelle enquête est donc menée durant l'année 1955 ; n'apportant strictement aucun résultat probant, elle ne donne pas lieu à l'ouverture d'un autre procès. Le président Coty gracie Dominici en 1957 et commue sa peine en détention à vie. Puis, en juillet 1960, le patriarche voit sa peine remise. Il finit sa vie dans un hospice et meurt en 1967 sans que jamais ne soit résolue l'énigme de Lurs.

En 1997, le journaliste américain William Reymond publiait une enquête sur le crime de Lurs en présentant Gaston Dominici comme la victime non seulement d'une erreur judiciaire mais également d'un vaste complot mettant en scène les services secrets ! Sa thèse : Jack Drummond avait travaillé pour les services secrets britanniques durant la guerre, il a été abattu par un commando à la solde d'une puissance étrangère, sans doute l'Union soviétique. Tout repose sur le témoignage d'un certain Wilhelm Bartkowski, un Allemand, petit truand sans envergure qui aurait acheminé le commando de tueurs jusqu'à Lurs. Il aurait garé sa voiture non loin du lieu où campaient les Drummond, les trois hommes seraient allés assassiner leurs victimes puis seraient aussitôt repartis pour l'Allemagne. ■

La thèse controversée de l'espionnage

LA THÈSE DU JOURNALISTE REYMOND NE manque pas de zones d'ombre. La police française connaissait les aveux de Bartkowski que lui avaient communiqués ses homologues allemands, et avait jugé avoir affaire à un mystificateur, ce qui est fréquent dans ce genre de fait divers. Quant à l'appartenance de Jack Drummond, éminent nutritionniste, aux services de renseignements anglais, elle est anodine quand on sait que des milliers de scientifiques britanniques, comme lui, ont apporté leur contribution à l'effort de guerre en utilisant leurs compétences. Il est enfin difficile de croire qu'on aurait tenté, en pleine guerre froide, d'étouffer une affaire d'espionnage et de meurtre dans laquelle les Soviétiques étaient démasqués, et de laisser condamner un innocent.

Il n'en fallait pas moins pour que le petit-fils de Gaston Dominici s'efforce d'obtenir la révision du procès. Le président Jacques Chirac a d'ailleurs demandé au Garde des sceaux de voir s'il y avait dans cette affaire matière à saisir la justice dans ce sens. ■

▼ **Gaston Dominici à son procès, en 1954 à Digne.**

L'Affaire de l'Observatoire, attentat ou machination ?

1959

Le climat politique en cet automne est inquiétant avec les menaces d'attentat et de coups d'État des partisans de l'Algérie française. Dans ce contexte, comment un homme politique expérimenté peut-il se faire piéger comme un débutant ?

Tout commence par une rencontre incongrue entre deux anciens députés d'un bord opposé. Robert Pesquet n'est qu'un obscur politicien, éphémère député, grâce au soutien de Michel Debré, sous l'étiquette gaulliste en 1956 avant d'être définitivement battu sous celle des poujadistes en 1958. François Mitterrand, membre de onze ministères sous la IVe République, est depuis la Libération un pilier de la vie politique mais il passe pour un opportuniste : il a déjà beaucoup d'ennemis à droite, presque autant à gauche. Battu lui aussi aux législatives, il vient de récupérer à 43 ans, faute de mieux, un mandat de sénateur et entame sa traversée du désert.

Pesquet approche Mitterrand le 7 octobre 1959 et lui confie qu'il est mandaté pour l'abattre par des ultras de l'Algérie française ; il le supplie de ne rien dévoiler pour ne pas l'exposer à une vengeance de ses commanditaires. D'abord incrédule puis déstabilisé par plusieurs lettres de menace, Mitterrand finit par croire son interlocuteur en commettant l'erreur de garder le plus grand secret, n'en informant même pas ses proches. Il omet aussi de glaner plus d'informations sur son meurtrier désigné : il aurait facilement appris que Pesquet avait déjà fait l'objet de plusieurs plaintes pour escroqueries... et qu'il avait même voulu piéger, un mois avant et de la même façon, l'ancien président du Conseil, Maurice Bourgès-Maunoury. Ce dernier, considérant que l'on ne prévient pas quelqu'un que l'on veut liquider, avait cependant prévenu le chef de la Sûreté pour disposer d'un éventuel témoignage, mais sans divulguer le nom de Pesquet, sage double précaution au cas où...

Attentat ou simulacre ?

Dans la nuit du 16 octobre, Mitterrand regagne son domicile. Il s'aperçoit qu'il est suivi et quitte en catastrophe sa voiture square de l'Observatoire pour se réfugier dans les jardins. Sa 403 est alors criblée d'une rafale de mitraillette qui réveille tout le quartier. Sans citer le nom de Pesquet, Mitterrand déclare aux policiers qu'il a seulement entrevu deux tueurs dans une petite voiture. L'enquête piétine, la gauche témoigne sa sympathie à l'agressé et mobilise contre le « fascisme », tandis que Mitterrand s'en tient à des déclarations laconiques, estimant qu'on a sans doute voulu l'intimider, mais ne disant « rien qui puisse ajouter au désordre des esprits ». Il accrédite ainsi l'impression d'une victime réagissant

◂ François Mitterrand interviewé après l'attentat.

DOCUMENT

Le Bloc-notes de François Mauriac

« MITTERRAND AURA PAYÉ CHER D'AVOIR été moins fort que ses ennemis eux-mêmes n'avaient cru. Et moi, je lui sais gré de sa faiblesse : elle témoigne qu'il appartient à une autre espèce que ceux qui l'on fait trébucher et qui, sans doute, avaient deviné en lui cette faille secrète. Mitterrand demeurait capable de faire confiance à un homme taré qui feignait de se livrer à lui : c'est qu'il a été un garçon chrétien, pareil à nous, dans une province... Il s'est endurci, j'imagine, autant que l'eût exigé une autre époque que celle-ci. Mais aujourd'hui, c'est le temps des assassins... C'est son malheur qu'une part en lui ait subsisté de ce Mitterrand d'autrefois. »

François Mauriac, *l'Express*, 1959.

calmement en homme d'État. Il rencontre même discrètement Pesquet le 20 octobre pour le remercier de lui avoir sauvé la vie.

Le piège est mûr et Pesquet tient une conférence de presse le 22 octobre, en présence de Me Tixier-Vignancour, ténor du barreau tout autant que de l'extrême droite. Il lit aux journalistes deux lettres que Pesquet s'était adressé avant l'attentat... décrivant le scénario tel qu'il s'est effectivement déroulé et conclut : « C'est à la demande de Mitterrand que cet attentat bidon a été organisé » pour, dit-il, provoquer des perquisitions dans les milieux de l'extrême droite et « coiffer Mendès France d'une courte tête dans l'opinion ». Mitterrand, ancien ministre de la Justice, ne peut opposer aucune preuve à ces allégations et se trouve en butte au scandale et aux sarcasmes. Il est seul et totalement discrédité, même auprès de ses amis politiques.

La politique pourrait « tuer »... si l'essentiel n'était pas de durer !

Michel Debré, Premier ministre, demande au procureur de faire lever l'immunité parlementaire de Mitterrand afin de l'inculper d'outrage à magistrat. Parmi les très rares opposants à la curée se trouve François Mauriac, qui écrit : « Dans cette bataille ignoble, tuer n'est rien, salir est tout. » C'est en vrai politique que Mitterrand plaidera sa cause devant un Sénat hostile. Oubliant Pesquet, il trouve en Michel Debré une cible à sa mesure en rappelant que le garde des Sceaux qu'il fût n'avait pas requis la levée de l'immunité parlementaire... d'un certain Debré qui arpentait nerveusement les couloirs de la chancellerie en 1957, protestant de son innocence lors de l'attentat au bazooka à Alger contre le général Salan. Déchu de son mandat de sénateur, Mitterrand sera réélu député de la Nièvre en 1962 et la procédure s'enlisera jusqu'à l'amnistie. Pesquet rejoint l'OAS, ce qui lui vaut une condamnation à vingt ans de prison, à laquelle il échappe en s'exilant.

Mais qui furent les vrais commanditaires de la machination ? Mitterrand, convaincu par Pesquet qu'un faux attentat le préserverait d'un vrai, et croyant qu'il lui vaudrait une nouvelle popularité ? Tixier Vignancour ou Debré, successivement mis en cause par Pesquet... – avant que ce dernier déclare à la télévision en 2002 : « J'ai fait ça tout seul » – pour créer un événement extraordinaire afin que l'Algérie reste française ?

L'affaire n'est pas encore totalement élucidée... celle dite du « bazooka » non plus. ■

▶ Au lendemain de l'attentat, des spécialistes de l'identité judiciaire examinent, sur la voiture de François Mitterrand, l'impact des balles.

Qu'est devenu Ben Barka ?

1965

Ce 29 octobre à 12 h 15, Ben Barka est à Saint-Germain-des-Prés. À la hauteur de la brasserie Lipp, deux hommes le font monter dans une 403 officielle qui démarre en trombe. On ne le reverra plus jamais. Que s'est-il donc passé ?

Il était accompagné par son ami Azemmouri, jeune étudiant marocain, qui put échapper à cette souricière et prévenir ses amis. Le rendez-vous devait porter sur la réalisation d'un film sur la décolonisation et réunir le cinéaste Franju, Georges Figon, homme du milieu qui venait de sortir de prison, et le journaliste Bernier. Pourquoi et comment a eu lieu cet enlèvement en pleine journée dans un quartier si fréquenté ?

À l'époque de son enlèvement, Mehdi Ben Barka est le leader de l'opposition marocaine et dirige l'Union nationale des forces populaires (UNFP), qu'il a fondée en 1950. Surtout, il est le coordinateur, imposé par Che Guevara, des mouvements révolutionnaires du tiers-monde et, en particulier, il a la charge d'organiser en 1966 à La Havane une conférence tricontinentale. C'est donc un homme politique de stature internationale. Après avoir été le héros de l'indépendance de son pays, il est exilé, puis condamné à mort par contumace par les autorités marocaines en 1963 pour avoir pris position en faveur de l'Algérie, démocratie nouvelle qui devait devenir le fer de lance d'un grand Maghreb unifié, contre la royauté marocaine. Très vite, l'affaire, qui se déroule en pleine campagne présidentielle française, fait scandale dans la presse, en particulier dans *l'Express*, où Figon fait le récit de l'enlèvement et met en avant la complicité des autorités marocaines et des services secrets français. Deux instructions successives en France vont lever quelques éléments du mystère.

Faits et procès

Les deux hommes qui invitent Ben Barka à monter à bord de la voiture sont deux policiers de la brigade mondaine, Louis Souchon et Roger Voitot. Dans la voiture, Antoine Lopez, un agent des services du contre-espionnage français, et Julien Le Ny, truand notoire, les

Ben Barka lors d'une conférence de presse en 1959.

attendent. Ben Barka est conduit dans la villa d'une figure du milieu, Georges Boucheseiche, à Fontenay-le-Vicomte en région parisienne. Le 30 octobre, le général Mohammed Oufkir, ministre de l'Intérieur marocain, et le commandant Ahmed Dlimi, chef de la Sûreté marocaine, se retrouvent chez Boucheseiche. Là, Ben Barka est roué de coups et torturé à mort. Ensuite, les policiers transportent son corps dans la cave de Lopez, pour l'impliquer. Plus jamais on ne reverra Ben Barka.

Le premier procès s'ouvre le 5 septembre 1966. Treize personnes sont inculpées dont Oufkir, Dlimi, Marcel Leroy-Finville, un des responsable du SDECE (les services secrets français). Six accusés sont dans le box. C'est alors que deux coups de théâtre ont lieu : on retrouve Figon mort – on conclura très vite à un suicide –, et Dlimi se constitue prisonnier. Un nouveau coup de théâtre intervient : Hassan II, le roi du Maroc, refuse que son ministre de l'Intérieur comparaisse devant la justice française. Un nouveau procès débute le 17 avril 1967. Le verdict du 5 juin 1967 acquitte Dlimi et ses acolytes français, sauf Lopez (condamné à 8 ans de prison) et Souchon (à 6 ans), et condamne Oufkir par contumace à la réclusion à perpétuité. Ce fait de justice sans précédent gèlera les relations franco-marocaines pendant deux ans.

▲ **Le 2 mai 1966, des hommes-grenouilles fouillent l'étang de Ballancourt dans l'Essonne afin de retrouver le corps de Ben Barka.**

Un itinéraire exemplaire

Mehdi Ben Barka est né en 1920 à Sidi Fettah, un quartier de la médina de Rabat. Troisième enfant d'une famille nombreuse et modeste, il se fait très vite remarquer par son intelligence et son avidité d'apprendre, et, bénéficiant de l'appui de quelques enseignants, est admis à l'école française, puis au lycée, alors réservé aux fils de notables. Dès quatorze ans, il devient nationaliste en prenant pour modèle le leader turc Atatürk.

En 1938, il passe brillamment son baccalauréat en sciences mathématiques au lycée de Rabat. Puis il s'inscrit à l'université d'Alger, où il obtient sa licence de maths-physique en 1942. Devenu professeur, il enseignera dans plusieurs lycées tout en continuant son activité de militant patriote. En 1943, il se joint à la fondation du Parti de l'indépendance et commence son ascension politique. ■

Une affaire judiciaire toujours ouverte

La publication, en 2002, des révélations d'un ancien membre des services secrets marocains de l'époque, Ahmed Boukhari, apporte deux éléments nouveaux : le corps supplicié de Ben Barka aurait été ramené au Maroc et dissous dans une cuve d'acide, pratique courante pour faire disparaître les opposants du régime, et des agents marocains, dont il fournit les noms, se seraient trouvés dans la villa au moment du drame. Une double procédure judiciaire commence, en France et au Maroc. Boukhari précisait également que des agents de la CIA travaillaient au bureau de la police marocaine qui s'était chargée de la « disparition » de Ben Barka. La CIA a admis être en possession de 1 846 dossiers se rapportant à l'affaire, mais le secret défense demeure.

Pendant les années de plomb, la CIA qui intervenait dans les pays où les révolutionnaires s'organisaient, aurait-elle participé à l'élimination d'un des plus brillants leaders du tiers-monde ? ■

▲ Le Général de retour de Baden-Baden, le 29 mai.

DOCUMENT

Allocution radio du 30 mai 1968

« Françaises, Français, étant le détenteur de la légitimité nationale et républicaine, j'ai envisagé depuis vingt-quatre heures toutes les éventualités, sans exception, qui me permettraient de la maintenir. Dans les circonstances présentes, je ne me retirerai pas. J'ai un mandat du peuple, je le remplirai. Je ne changerai pas le Premier ministre, dont la valeur, la solidité, la capacité méritent l'hommage de tous. Je dissous aujourd'hui l'Assemblée nationale... Si cette situation de force se maintient, je devrai pour maintenir la République prendre, conformément à la Constitution, d'autres voies que le scrutin... »

Mais où est donc le Général ?

1968

Ce 29 mai, le général de Gaulle s'envole vers une destination inconnue. On apprendra qu'il a rencontré le général Massu à Baden-Baden. Le sort du pays s'est-il joué lors de l'entretien entre ces deux hommes ?

« DIX ANS C'EST ASSEZ ! ». TEL EST LE MOT d'ordre d'un immense « chahut » d'étudiants, relayé par une large partie du monde employé et ouvrier. « Notre pays se trouve au bord de la paralysie », déclare de Gaulle lors d'un discours télévisé le 24 mai, annonçant fin juin un référendum afin de « soumettre aux suffrages de la Nation un projet donnant à l'État et d'abord à son chef un mandat pour la rénovation ».

Le soir même, de Gaulle constate que son discours est à côté de la plaque et se lamente auprès de ses proches : « Insaisissable, la situation est insaisissable ! » La nuit du 24 au 25 mai, l'émeute déborde la rive gauche pour gagner le quartier de la Bourse et le désarroi du Général est tel qu'il déclare au nouvel ambassadeur des États-Unis : « L'avenir… ne dépend pas de nous. Il dépend de Dieu, de Dieu seul. Tout annonce qu'il sera agité, peut-être dramatique. »

Georges Pompidou entame alors les négociations de Grenelle pour aboutir à « un accord fécond », selon l'expression de Georges Séguy, leader de la CGT, le 27 mai. Mais 12 000 ouvriers, réunis en la citadelle Renault de l'île Seguin, ne l'entendent pas de cette oreille et refusent la reprise du travail, malgré une augmentation du SMIC de 35 %. De Gaulle y voit un nouvel échec de la stratégie du compromis de Pompidou, après celui de la réouverture de la Sorbonne le 13 mai, et apparaît totalement désabusé lors du conseil des ministres. François Mitterrand annonce le 28 mai sa candidature à l'Élysée « en cas de vacance du pouvoir », tandis que le PCF convoque pour le 29 mai une manifestation afin d'effacer le camouflet de Billancourt et de reprendre la main face aux « gauchistes ». Rien n'indique une initiative insurrectionnelle, mais Pompidou prend ses précautions en mettant en place un dispositif militaire. Il paraît déterminé… si l'on en croit le témoignage de Jacques Chirac, 10 ans plus tard : « Il prendra sur lui, et sur lui seul, de faire regrouper autour de Paris des éléments blindés… "Hier, on ne pouvait pas tirer sur les étudiants, ces héritiers"… Mais demain, si ce sont des communistes… ».

Le pouvoir est passé de l'Élysée à Matignon et de Gaulle paraît isolé.

Désarroi profond ou tactique géniale ?

Le 28 mai, de Gaulle prépare son départ et celui d'une partie de sa famille, mais pense-t-il à une retraite définitive ou entend-il créer un choc, faire à la Nation le coup de l'apocalypse… fidèle aux principes du rôle du chef tels qu'il les définissait dans *Vers l'armée de métier* : « Donner le change à son propre camp », s'entourer « d'un voile épais de tromperie » pour « égarer à dessein ceux-là mêmes qu'il médite d'employer » ? Le 29 mai, il s'envole secrètement en hélicoptère vers Baden-Baden pour y rencontrer le général Massu, commandant les forces françaises en Allemagne. La durée de son séjour n'est que de cent minutes mais qui ont suffi pour plonger l'opinion française dans l'angoisse, le Premier ministre Georges Pompidou dans l'incrédulité et le monde extérieur dans la stupéfaction. On apprendra qu'il n'est pas aller quérir un renfort militaire contre l'émeute parisienne mais qu'il est allé respirer l'air des soldats et qu'il en est revenu revigoré.

Un retour tonitruant

Vraie crise de défaillance ou mise en scène pour créer un choc dans l'opinion sur le thème bien gaullien « moi ou le chaos »… ? Il déclarera lui-même, quelques jours après, lors d'une interview télévisée : « Oui, le 29 mai, j'ai eu la tentation de me retirer. » Quoi qu'il en soit, c'est un de Gaulle galvanisé qui rentre à Colombey le soir même et téléphone à Bernard Tricot, secrétaire général de la présidence de la République, pour conclure cette folle journée d'une phrase célèbre : « Je me suis mis d'accord avec mes arrière-pensées. » Il prononce le lendemain une célèbre allocution à la radio tandis que les fidèles barons organisent la grande manifestation gaulliste sur les Champs-Élysées, qui marque le retournement de l'opinion.

Les élections législatives apportent au vieux chef une majorité sans précédent, mais cette chambre introuvable est aussi qualifiée « bleu d'Auvergne » pour signifier que le vrai vainqueur est Georges Pompidou. Au final, cette extravagante journée du 29 mai est peut-être un préambule à la cérémonie des adieux, que de Gaulle ne fait que reporter en s'obstinant à organiser en avril 1969 le référendum sur la participation qui lui sera fatal. ■

▲ **« Sois jeune et tais-toi ». (Affiche de mai 1968.)**

La mort suspecte d'un ministre

1979

Robert Boulin, ministre du Travail, s'est suicidé. C'est du moins la conclusion officielle – et hâtive – d'une enquête trop vite achevée pour que ne planent pas le doute et les soupçons.

...ÈME ANNÉE — N° 10 810

DERNIÈRE ÉDITION

LA CRISE CENTRAFRICAINE

Le président Dacko déclare tout ignorer du sort de M. Patasse

LIRE PAGE 4

Le Monde

Fondateur : Hubert Beuve-Méry

Directeur : Jacques Fauvet

2,00 F

Tarif des abonnements page 27

5, RUE DES ITALIENS 75427 PARIS CEDEX 09 C.C.P. 4207-23 Paris Télex Paris n° 650572

Tél. : 246-72-23

M. Hua Guofeng à Londres

Le premier ministre chinois s'est livré à une violente attaque contre l'U.R.S.S.

Le message

A Londres, le premier ministre chinois a pu enfin donner tout son sens à sa visite en Europe. Libéré des obligations de réserve à l'égard de ses hôtes précédents, français et ouest-allemands, qui étaient soucieux de préserver ...

M. Hua Guofeng a été reçu mardi 30 octobre par la reine Elizabeth et par Mme Thatcher. Au cours du dîner offert par cette dernière en son honneur, ... livré à son attaque la ...

Les accusations de M. Robert Boulin

« La collusion évidente d'un escroc paranoïaque, d'un juge ambitieux et de certains milieux poli... où, hélas, mes propres amis ne sont pas exclus, aboutit à suspicion »

« Le dévoiement dans la révélation du secret de l'instruction laisse froid un garde des s... plus préoccupé de sa carrière que du bon fonctionnement de la justice »

Vingt-quatre heures après la mort de Robert Boulin, une lettre de ce dernier est parvenue, mercredi 31 octobre, à l'Agence Fra... Presse, aux journaux « Sud-Ouest ... cupé, écrit-il, de sa carrière que du bon fonctionnement de la justice ...

Stupeu...

▲ **Le « J'accuse » du ministre Robert Boulin à la une du *Monde* au lendemain de sa mort.**

Ministre du Travail et de la Participation dans le gouvernement de Raymond Barre, Robert Boulin est un grand commis de l'État dont la carrière ministérielle – la plus longue de la Ve République, a commencé en 1961 au poste de secrétaire d'État aux Rapatriés. Il sera par la suite ministre du Budget, de l'Agriculture, de l'Économie, de la Santé... Fin connaisseur de tous les dossiers sensibles de la République, politique réputé intègre que certains pressentent comme le prochain Premier ministre, Robert Boulin aurait mis fin à ses jours pour épargner à ses proches le scandale. Car depuis peu la presse a révélé que ce gaulliste irréprochable se serait fourvoyé dans une sombre affaire immobilière. On le soupçonne d'avoir illégalement acquis un terrain à Ramatuelle, une parcelle vendue deux fois par son ami Henri Tournet, un affairiste lié de longue date à Jacques Foccart, éminence grise des gaullistes.

Un bien étrange « suicide »

Dans la matinée du 30 octobre 1979, le corps de Robert Boulin est retrouvé dans les étangs de Hollande, en forêt de Rambouillet. La thèse du suicide est aussitôt retenue, avant même l'ouverture de l'enquête judiciaire ; la campagne de presse qui s'est déchaîné contre lui l'aura sans doute poussé à ce geste. Le ministre, comme l'affirme le rapport d'autopsie, a avalé une forte dose de barbituriques avant de se noyer dans une mare de... 40 cm d'eau. Une lettre d'adieu adressée à ses proches confirme la volonté de Robert Boulin de mettre fin à ses jours, écrasé par le déshonneur de se voir bientôt poursuivi par la Justice.

Mais une autre lettre sème le trouble, dans laquelle il accuse Alain Peyrefitte de l'avoir trahi... Cette lettre toutefois n'est qu'un double – un montage ? – dont on n'a jamais retrouvé l'original, pas plus que le ruban de la machine à écrire de Robert Boulin. Était-il homme à se suicider pour avoir été mis en cause dans un dossier probablement monté de toutes pièces et visant à le discréditer ?

Une troublante contre-enquête

En novembre 2002, Fabienne Boulin, la fille du ministre, demandait au garde des Sceaux la réouverture du dossier, fort des éléments apportés par des journalistes de Canal + qui ont mené leur enquête. Interviewée par eux, Juliette Garat, expert en poste à l'Institut médico-légal au moment des faits, répond à la question « S'agit-il d'un assassinat ? » : « Je ne peux pas ne pas dire oui. » Elle corrobore les conclusions des légistes chargés de la contre-expertise en 1983. Henri Tournet, exilé au Chili, affirme devant les mêmes caméras qu'« il y a eu meurtre. »

En 1988, le journal *l'Humanité* publiait le témoignage d'une « barbouze » du SAC, le très musclé Service d'action civique du mouvement gaulliste. Ce témoin affirmait avoir assisté à l'assassinat de Robert Boulin. Il donnait même le nom du meurtrier, un certain Ernst Siegrist, lequel est bien connu des services de police mais ne sera jamais interrogé par la Justice. ■

Une enquête méticuleusement... sabotée ?

Pratiquée par l'Institut médico-légal de Paris, l'autopsie du corps du ministre est à l'évidence bâclée. Au sortir de la mare, son visage n'a rien de celui d'un noyé : il est tuméfié, avec une lèvre éclatée et le nez en sang. Pourtant, « sur instruction du procureur de la République, l'examen du crâne n'a pas eu lieu », écrivent les médecins chargés du rapport. Quatre ans plus tard, une contre-expertise révèle deux fractures du visage « occasionnées du vivant de la victime ». Un policier jure alors que la tête du ministre aurait heurté un caillou à la sortie de l'étang... mais un gendarme présent sur les lieux maintient aujourd'hui qu'il s'agit d'un faux témoignage : « Le corps n'a rien heurté, d'ailleurs il n'y a pas de pierre à cet endroit. » Enfin, les flacons contenant les poumons et les échantillons de sang du ministre, dont l'analyse aurait permis de vérifier incontestablement la thèse de la noyade ont disparu en 1987. La contre-enquête dénombrerait pas moins de quarante anomalies ou invraisemblances dans le dossier médico-légal. La justice cependant conclut en 1992 au suicide... « sauf à considérer l'existence d'une vaste conspiration ».

Boulin en savait-il trop ?

Si Robert Boulin était meurtri par l'affaire du terrain de Ramatuelle, il ne l'était pas moins par le climat délétère qui règne au sein de sa mouvance politique. Sa désapprobation au ralliement de Chirac à la candidature de Giscard d'Estaing en 1974 lui avait valu une première disgrâce quand Jacques Chirac entrait à Matignon. Et il ne retrouvait un portefeuille qu'après le départ de celui-ci, en 1976. Cette même année commençait la vaste escroquerie des « avions renifleurs » au détriment de Elf, suivie peu après d'une autre, celle de la Sécurité sociale. Entre les deux, un député très lié aux milieux affairistes, Jean de Broglie, était assassiné... Personnage clef de l'État, Robert Boulin avait des dossiers sur ces affaires, et ces dossiers, ils les avait emportés avec lui la veille de son « suicide ». On ne les a jamais retrouvés... Curieusement, c'est dans ce contexte que l'affaire de Ramatuelle est révélée à la presse par des sources anonymes. Robert Boulin, se sentant victime d'une cabale ourdie par certains « compagnons » politiques, s'apprêtait-il à contre-attaquer avec ces dossiers sulfureux ? ■

▶ **Photo prise le 29 octobre 1979 de l'ancien ministre retrouvé noyé en forêt de Rambouillet. Est-ce réellement un suicide ?**

Contrat sur un juge

1981

Le 21 octobre, juste avant une audition déterminante, le juge Pierre Michel est assassiné par les hommes de main des caïds de l'héroïne. Mais le « milieu » marseillais est-il le seul coupable ?

Nommé en 1975 à Marseille, le juge Pierre Michel est bien décidé à mener la vie dure aux dignes successeurs des « parrains » de la « French Connection » en la personne de Jacky Imbert, dit le Mat, et Gaëtan Zampa, dit Dany, qui s'affrontent pour le contrôle du milieu en l'absence de Francis Vanverberghe, alias le Belge, momentanément à l'ombre pour une affaire de port d'armes.

Trafic d'héroïne, faux monnayage, proxénétisme, contrôle des machines à sous et meurtres, le juge Michel sait que tout est lié et sa détermination à vouloir démanteler le milieu en fait un homme haï. Son travail et ses méthodes peu orthodoxes lui permettent de découvrir cinq laboratoires clandestins et d'inculper plus de cent trafiquants. Les truands et la plupart de leurs avocats ne l'appellent plus que le « juge-flic » et de multiples tracts, appelant à sa liquidation, circulent dans les bars de la ville et à la prison des Baumettes. Mais le juge souffre bien davantage de voir son travail entravé par sa hiérarchie et par certaines complicités dans les milieux policiers et judiciaires...

▲ **François Checchi aurait agi pour le compte d'un caïd marseillais, François Girard (à gauche sur le dessin).**

L'affaire du bar du téléphone

Dix morts, un massacre digne des grandes années de Chicago ! Ce règlement de comptes entre truands pour une affaire de fausse monnaie en octobre 1978 fera l'objet d'une enquête bâclée. Les policiers font même tout pour cacher au juge le nom d'un certain Roland Luperini, tueur patenté qui fait l'objet d'un mandat d'arrêt depuis l'assassinat du député Jean de Broglie en 1976. Luperini vaque pourtant en toute impunité à ses affaires, il fréquente même assidûment le bureau du commissaire Biancardini, dont il est l'indic privilégié, et il est couvert de surcroît par le SRPJ de Marseille... qui aimerait le débaucher. Quand le juge remonte sa piste en juin 1979, il est trop tard : Luperini est éliminé (on ne retrouvera jamais son cadavre), et Biancardini assassiné.

Le juge Michel apprécie peu ce mélange des genres qui voit justice, police et pègre cohabiter parfois, ce qu'il appelle la « French Baumettes Chancellerie connexion ». Il se heurte notamment au trafic des grâces médicales, car tout s'achète auprès de certains médecins de la prison-hôpital des Baumettes par l'intermédiaire de quelques avocats véreux. Ainsi un truand comme Robert Kechichian se découvre-t-il un cancer et se fait-il libérer contre l'avis du juge... avec l'aval de l'Inspection générale de l'administration pénitentiaire et ne se présentera plus à aucun contrôle judiciaire.

◄ **Après deux procès en 1988 et 1994, François Checchi est reconnu comme celui qui a tiré sur le juge Michel.**

Des liens avec les politiques ?

Le milieu politique n'est pas non plus exempt de reproches. Avec 26 cadavres en 17 mois dans les rues de Marseille, Gaston Defferre doit rassurer l'opinion publique : « Marseille n'est plus la capitale du crime depuis de nombreuses années. À Marseille, les truands se sont tués entre eux. » Cela n'empêche pas le juge de saisir 17 kg de morphine à Saint-Maximin et d'arrêter Mitzigar Nazarian, cousin d'Édouard Toudayan (condamné à 18 ans de prison pour trafic d'héroïne) et frère de Raffi Nazarian, patron de bar élu conseiller municipal sur les listes de Gaston Defferre. Sans doute le juge Michel commence-t-il à en faire trop.

L'étau se resserre

Ce nouveau dossier permet surtout d'inculper un homme très lié à Nazarian, Marc Chambault, dans les papiers duquel figure le nom de Gaëtan Zampa. Le juge est tout près d'aboutir : il peut enfin interroger quelqu'un qui connaît Zampa, homme fort du crime organisé à Marseille. Le juge a rendez-vous le 21 octobre à 14 h 30 pour un nouvel interrogatoire de Chambault, avant d'inculper Zampa, mais le milieu le sait. Pierre Michel est assassiné par deux tueurs en moto le 21 octobre à 12 h 50... quelques minutes avant une audition cruciale.

L'enquête piétinera et l'avocat de Zampa s'offrira même le luxe de publier un communiqué affirmant que son client est totalement étranger à la mort du juge. Arrêté en décembre 1983, Zampa restera muet et on le retrouvera pendu dans sa cellule des Baumettes le 16 août 1984. ■

Troublante affaire de Broglie

QUATRE ANS AVANT LE MEURTRE DU JUGE Michel, c'est un député qui était assassiné ! Le 24 décembre 1976 sur un trottoir du 17e arrondissement de Paris, un tueur à gages abat le prince Jean de Broglie, ancien ministre de De Gaulle et de Pompidou, député de l'Eure et financier du parti de Valéry Giscard d'Estaing. L'affaire est d'importance, mais réglée en quelques jours, si bien que Michel Poniatowski, ministre de l'Intérieur, peut livrer à la presse le nom de l'assassin – Gérard Frêche – avant même que celui-ci ne soit présenté à un magistrat ! Mais cette même presse s'étonne de tant de célérité à clore le dossier. Et les surprises ne vont pas manquer : procès-verbaux truqués, témoignages ignorés, documents falsifiés... mais l'affaire, si embarrassante pour le pouvoir, est close. En avril 1980, elle rebondit pourtant avec la publication dans *le Canard enchaîné* des preuves irréfutables que la police savait qu'un « contrat » était passé sur le prince-député, affairiste notoire, et n'a pas agi. Malgré la réouverture de l'instruction et la nomination d'une commission parlementaire, on ne connaîtra jamais le commanditaire du meurtre... ■

▶ **Le juge Michel, dit le « shérif », procède à la reconstitution de la fusillade du bar du téléphone, le 12 octobre 1979 à Marseille.**

Mort d'un Premier ministre

1993

Saurons-nous un jour pourquoi est mort Pierre Bérégovoy, puisqu'il n'a laissé aucune explication de sa décision et que son agenda, sur lequel il notait scrupuleusement son emploi du temps, a disparu ?

Le 1er mai 1993 à Nevers, après avoir reçu les organisations syndicales au palais ducal, Pierre Bérégovoy, Premier ministre sortant, assiste au départ d'une course cycliste avant de se rendre sur les bords du canal de la Jonction. Là, il demande au policier chargé de sa protection de le laisser seul un instant, prétextant le désir « de faire quelques pas sur la berge ». Auparavant, il s'est emparé de l'arme de service de son garde du corps, avec laquelle il se tire une balle dans la tête.

« Ils l'ont assassiné. » Ces mots terribles, l'épouse de l'ancien Premier ministre les prononce dans le bureau du directeur de l'hôpital du Val-de-Grâce où elle vient d'apprendre le décès de Pierre Bérégovoy. François Mitterrand est présent, lui aussi tient les coupables : « ils l'ont tué ! » répète-t-il à plusieurs reprises. « Ils » ? Les journalistes bien sûr, qui depuis plusieurs semaines s'acharnaient sur Pierre Bérégovoy, convaincu d'avoir perçu en septembre 1986 un prêt sans intérêt d'un million de francs de la part de Roger-Patrice Pelat.

C'est *le Canard enchaîné* qui révèle l'affaire le 3 février. Rien d'illégal dans ce prêt, mais le prêteur, lui, est embarrassant pour la réputation de Pierre Bérégovoy. Roger-Patrice Pelat, mort en 1989, était un proche de François Mitterrand, mis en examen pour délit d'initié dans l'affaire du rachat, par Péchiney, de la société américaine Triangle. Mis en examen également, Alain Boublil, l'ancien directeur de cabinet de Bérégovoy au ministère des Finances. À la suite du *Canard*, d'autres journaux amplifient l'affaire en termes plus durs : le prêt sans intérêt n'était sans doute pas totalement désintéressé...

Un homme blessé

Ces attaques font mouche sur un homme dont toute la carrière s'est bâtie sur l'intégrité et l'honnêteté. Fils d'ouvrier, Pierre Bérégovoy est le symbole de l'ascension sociale par le mérite. Son CAP d'ajusteur en poche, il entre à la SNCF puis à Gaz de France, s'investit dans le syndicalisme et entre en politique, à la SFIO puis au PSU dont il sera l'un des membres dirigeants de 1963 à 1967. Pour cet homme qui a su rester modeste et en imposer par sa probité, comment supporter ces accusations de corruption ? Blessé par cette affaire, Pierre Bérégovoy l'est aussi par la très lourde défaite politique que le parti socialiste vient de subir aux élections législatives de mars. Bérégovoy s'accable lui-même de cette gifle électorale assénée à la gauche. Lui, le gestionnaire rigoureux, il n'a pas su endiguer la détérioration de la conjoncture économique. Dans son entourage, on le sait d'autant plus déprimé qu'il souffre de ne pas recevoir le

◄ **La Sermoise à Nevers, à l'endroit où Pierre Bérégovoy s'est suicidé.**

▲ **François Mitterrand (d.) en discussion avec Pierre Bérégovoy ; à gauche : Pierre Mauroy.**

De Salengro à Bérégovoy

Aux obsèques de Pierre Bérégovoy, François Mitterrand parlera de l'honneur d'un homme « livré aux chiens » ; le ministre Michel Charasse, lui, s'emporte sur France Inter : « Je serais juge ou journaliste, je ne dormirais pas bien ce soir ». Boucs émissaires du drame, les journalistes le sont d'autant mieux que la presse a prouvé par le passé qu'elle pouvait acculer un innocent au suicide. Ce fut le cas en 1936 quand le socialiste Roger Salengro, maire de Lille et ministre de l'Intérieur dans le gouvernement du Front populaire, devint l'homme à abattre de la presse d'extrême droite. Sa décision de dissoudre les ligues factieuses déchaîna les foudres des « feuilles infâmes » qui déclenchèrent contre lui une campagne de presse d'une violence inouïe, l'accusant d'avoir déserté en 1915. Complètement innocenté par une commission spéciale, mais malade et épuisé, Roger Salengro mettra fin à ses jours le 17 novembre 1936. Tragique ironie de l'histoire, la course cycliste à laquelle Pierre Bérégovoy assista avant de se suicider, se déroulait au parc Roger-Salengro de Nevers. ■

soutien de sa famille politique, particulièrement de François Mitterrand qui semble l'avoir « lâché » depuis le début de l'affaire. Son suicide n'a donc rien de surprenant.

Les soupçons et la rumeur

Le geste désespéré d'un ancien Premier ministre mêlé peut-être à une affaire de corruption suffit pour que certains évoquent bientôt un possible complot ourdi par quelque officine occulte de la République protégeant des intérêts inavouables. Curieusement, c'est de l'épouse même de Pierre Bérégovoy que viennent les premiers soupçons. Elle s'étonne en effet de ne pas retrouver l'agenda de son mari, dans lequel il notait tout et qui a manifestement disparu. Y avait-il inscrit des détails compromettants ? D'autres s'interrogent sur l'absence de lettre, alors que souvent dans ce cas le désespéré laisse pour ses proches un mot expliquant son geste. Pierre et Gilberte Bérégovoy formaient un couple profondément uni, pourquoi ne lui a-t-il rien dit, rien écrit ?

L'enquête laisse entrevoir des failles, à commencer par la facilité avec laquelle Pierre Bérégovoy a pu s'emparer de l'arme de son garde du corps. Deux balles ont été tirées, une n'a pas été retrouvée. L'hypothèse que Pierre Bérégovoy aurait tiré une première fois en l'air pour essayer l'arme avant de se tuer paraît peu vraisemblable à certains experts : le bruit et la violence d'un 357 magnum sont tels qu'il ôte toute envie de recommencer. Ultime élément – le plus troublant, mais peu vérifiable – on évoque la présence à Nevers, le jour du drame, du photographe James Andanson, celui-là même qui avait fait le portrait officiel de Pierre Bérégovoy à Matignon, et dont le corps a été retrouvé, calciné et difficilement identifiable, sur le plateau du Larzac… ■

La mort de Lady Diana, accident ou attentat ?

1997

Le 31 août, à Paris, un accident de voiture coûtait la vie à la princesse de Galles. Affaire classée pour la justice française, mais qui rebondit outre-Manche à la faveur d'une lettre écrite par Lady Diana à son majordome.

NÉE LE 1er JUILLET 1961, DIANA Frances Spencer épouse le prince Charles, héritier de la couronne d'Angleterre, en 1981. Deux fils naîtront de cette union. Mais le conte de fées fera long feu. Charles est infidèle, il n'a jamais rompu avec Camilla Parker-Bowles, une ancienne maîtresse ; le protocole de Buckingham Palace est étouffant et la presse de « caniveau » scrute ses moindres gestes. Le couple divorce en 1996. Néanmoins, Diana imposera son style de femme libre et moderne, bénéficiant d'une forte aura médiatique en prenant parti pour des causes nobles : les lépreux aux côtés de Mère Teresa, les malades du sida, les réfugiés, l'interdiction des mines antipersonnel...

Il est un peu plus de minuit : la princesse de Galles, 36 ans, accompagnée de Dodi Al-Fayed, 41 ans, fils du milliardaire égyptien Mohammed Al-Fayed, propriétaire du grand magasin Harrod's à Londres, et de son garde du corps, quitte l'hôtel Ritz par une porte de service, puis s'engouffre dans une Mercedes qui se dirige vers le 8e arrondissement de la capitale. La distance est courte mais semée d'embûches. Car les paparazzi ont rapidement rattrapé sa voiture. Une course poursuite s'engage et, dans le tunnel du pont de l'Alma, la puissante Mercedes noire 600 qui roulait à très vive allure percute violemment un pilier. Le chauffeur – ivre – et Dodi Al-Fayed sont tués sur le coup, le garde du corps restera plusieurs mois dans le coma. Quant à la princesse, elle décédera quelques heures plus tard à l'hôpital de la Pitié-Salpêtrière. Dès la nouvelle connue, une vague d'émotion se répand dans le monde entier, et des milliers de personnes lui rendent un dernier hommage à l'abbaye de Westminster.

▲ **Dernière image de la princesse filmée par une caméra de surveillance de l'hôtel Ritz à Paris.**

La presse mise en accusation

Les circonstances du drame ont immédiatement soulevé une polémique sur le rôle des paparazzi, ces photographes de la presse people. « La presse a du sang sur les mains », a-t-on accusé. Journalistes, hommes politiques, tous s'interrogent sur la responsabilité de ces professionnels de la traque. Une enquête minutieuse est confiée à la brigade criminelle et le Parquet de Paris indique que l'enquête devra déterminer le rôle que les photographes « auraient pu jouer dans la genèse de l'accident » et « quel a été leur comportement sur les lieux des faits ». Sept photographes qui suivaient à moto ou à scooter sont immédiatement interpellés, puis relâchés.

Puis l'investigation a suivi son cours, mais ni les appels à témoin, ni l'étude minutieuse de toutes les voitures blanches de marque Fiat Uno – des traces de peinture blanche auraient en effet été retrouvées sur l'aile de la Mercedes, mais ladite voiture n'a jamais été retrouvée – n'ont permis de connaître exactement les circonstances, ou les causes, de l'accident. Les photographes présents sur les lieux du drame ont été relaxés. Et, après cinq années d'enquête, le dossier est fermé, les juges français concluant à l'état d'ivresse du chauffeur et à la vitesse excessive du véhicule. Mais, en janvier 2004, l'affaire rebondit.

Le droit au respect de la vie privée

La mort tragique de la princesse de Galles a relancé le débat sur le droit au respect de la vie privée. Celui-ci est affirmé par la Déclaration universelle des droits de l'homme en 1948 (art. 12), par la Convention européenne des droits de l'homme (art. 8) et par le Code civil (art. 9) en 1970. Il interdit notamment de reproduire l'image d'une personne sans son autorisation. Néanmoins, c'est au nom d'une interprétation unilatérale du droit à la liberté d'expression, garanti par l'article 10 de la Convention européenne des droits de l'homme, que les médias commettent des atteintes au droit au respect de la vie privée, estimant que les lecteurs ont le droit de tout savoir sur les personnes publiques. En outre, ces deux droits ne sont pas hiérarchisés entre eux, d'où la difficulté de permettre leur exercice de manière équilibrée et les nombreux procès opposant vedettes et journaux à scandale. ■

Complot de famille à Buckingham Palace ?

C'est le *Daily Mirror*, quotidien anglais, qui révèle la bombe. Il s'agit d'une lettre de Diana adressée à son majordome, Paul Burrell, datée d'octobre 1996, dans laquelle elle écrit : « Mon mari planifie un accident sur ma voiture, une panne de freins et une blessure sérieuse à la tête qui lui laisseraient la voie libre pour se marier. » Michael Burgess, le *coroner*, ou officier de police judiciaire, qui enquête depuis le 6 janvier 2004 sur la mort de la princesse, a aussitôt demandé au commissaire divisionnaire de la police métropolitaine de Londres, sir John Stevens, d'évaluer si les spéculations sur un complot de la famille royale visant à éliminer la princesse, devaient être prises en compte dans l'enquête officielle. Du coup, celle-ci a été ajournée. Pour l'heure, c'est à Scotland Yard que revient la tâche la plus ardue : dépouiller les quelque 6 000 pages que contient le dossier français. Le temps de laisser la rumeur enfler. ■

◀ **Dès l'annonce de sa mort, les admirateurs et curieux rendent hommage à Lady Diana à Paris.**

Mystère autour d'une explosion...

2001

La matinée du 21 septembre restera à jamais gravée dans la mémoire collective de la « ville rose ». Mais sait-on aujourd'hui avec certitude ce qui s'est vraiment passé ?

L'EFFROYABLE ONDE DE CHOC PROVOQUÉE à 10 h 17 par l'explosion de l'usine AZF, équivalente à une intensité de 4,3 sur l'échelle de Richter, est perceptible dans un rayon de 6 km et le bilan humain de la catastrophe est lourd : 30 morts, dont 21 salariés de l'usine AZF, des milliers de blessés dont plusieurs dizaines resteront définitivement handicapés.

35 000 logements endommagés dont un tiers gravement ou totalement sinistré, des centaines d'entreprises atteintes qui doivent mettre leurs salariés en chômage technique, un hôpital psychiatrique détruit, plusieurs établissements scolaires ou universitaires gravement touchés : les dégâts matériels sont évalués par les assureurs à 2,3 milliards d'euros, à la charge de l'entreprise TotalFina-Elf qui opte pour une stratégie de responsabilité... radicalement opposée à celle adoptée en 1999 lors du naufrage du pétrolier l'*Erika*. Le bilan aurait pu être beaucoup plus lourd puisque le site industriel comprend aussi la Société nationale des poudres et explosifs (SNPE) et Tolochimie où l'on manipule des produits particulièrement toxiques. Les implantations d'habitations autour du site d'AZF, construit en 1924, n'ont été gelées qu'en 1984. Toulouse vivait ainsi sur une véritable bombe à retardement en plein cœur d'une zone très urbanisée.

Dix jours après la tragédie du World Trade Center, la psychose est à son comble et la majorité de la population toulousaine croit à une piste criminelle... non sans arguments troublants !

▼ **Vue de l'usine chimique AZF, le lendemain de la catastrophe.**

Un attentat ?

Rumeur certes, mais fondée sur des faits avérés ! La veille de l'explosion, une altercation oppose trois manutentionnaires intérimaires d'origine maghrébine et des chauffeurs-livreurs qui arborent un drapeau américain en berne. Le manutentionnaire le plus virulent, Hassan J., aurait menacé : « Rappelez-vous bien cela, les gars ; demain, ce sera un grand jour. » Il est retrouvé mort à son poste le 21 septembre et le légiste constate qu'il porte cinq couches de sous-vêtements… comme pour imiter certains kamikazes islamistes qui protègent ainsi symboliquement leur sexe pour profiter des vierges censées les accueillir au paradis. Une heure après l'attentat, deux véhicules sont contrôlés à 100 km de Toulouse… alors que la circulation dans la ville était bloquée. La vitre arrière d'une des voitures est brisée, du fait du souffle de l'explosion explique son propriétaire… qui affirme se promener. Les occupants des véhicules sont membres d'un groupe islamiste de tendance afghane. L'enquête des RG confirme que Hassan J. a des contacts avec cette mouvance islamique.

▲ **Le ras-le-bol de la population lors d'une manifestation devant la mairie de Toulouse.**

Plus jamais ça ?

En matière de risques industriels, les leçons du drame ont-elles été tirées ? Les mesures de protection au moins ont été renforcées par la loi du 30 juillet 2003 et 3 000 études de danger doivent être examinées, mais ce sont les entreprises qui restent les premières responsables de la sécurité de leurs sites. Dix millions de Français vivent aujourd'hui à proximité d'un des 1 150 sites « Seveso », dont 630 considérés à haut risque. Ces sites doivent leur nom à la ville d'Italie du Nord où a eu lieu en 1976 l'explosion d'un réacteur chimique produisant des herbicides. Le rejet de dioxines dans l'atmosphère n'avait entraîné aucun décès direct mais une prise de conscience européenne sur la nécessité d'améliorer la prévention en matière de risques technologique. ■

La police attend pourtant une semaine avant de perquisitionner le domicile d'Hassan J. Elle ne trouve rien : sa compagne, soucieuse d'oublier au plus vite, a jeté les vêtements, photos et courriers du jeune homme. Quant aux cinq couches de sous-vêtements, elle explique que son ami voulait ainsi masquer sa maigreur qui le complexait.

Même si les enquêteurs excluent rapidement la piste criminelle, une large partie de l'opinion reste sceptique ainsi que le personnel et le directeur de l'usine.

Comment expliquer l'hypothèse d'un accident ?

L'enquête est ouverte pour « homicides involontaires par manquement délibéré à une obligation particulière de sécurité ou de prudence ». Le collège d'experts semble convaincu que la catastrophe est survenue accidentellement à la suite d'une série de négligences dans l'entreprise. Le stock de 300 tonnes d'ammonitrates (engrais chimiques réputés inertes sans aucun risque d'explosion spontanée sauf incendie ou détonateur) était entreposé dans un hangar mal entretenu, sur un socle en béton rongé jusqu'au treillis. Un employé aurait déposé par mégarde un sac de 500 kilos de produits chlorés sur les ammonitrates, provoquant ainsi la formation de trichlorure d'azote, un gaz particulièrement dangereux susceptible d'exploser à température ambiante. Une erreur humaine serait donc à l'origine de l'explosion d'autant plus que les conditions de sécurité auraient été loin d'être respectées dans le hangar 221. Selon eux et les experts du groupe Total, l'explosion aurait été provoquée par la formation d'un arc électrique entre deux transformateurs à l'extérieur de l'usine, qui aurait agi comme un détonateur. ■

bibliographie

Préhistoire

- J.-P. Demoule, *La France de la préhistoire, mille millénaires, des premiers hommes à la conquête romaine* (Nathan, 1990).
- J. Guilaine et J. Zammit, *Le Sentier de la Guerre, visages de la violence préhistorique* (Seuil, 2001).
- A. Leroi-Gourhan, *Les Religions de la préhistoire* (PUF, 1964).
- A. Leroi-Gourhan, *Dictionnaire de la Préhistoire* (PUF, 1994).
- H. De Lumley, *L'Homme premier. Préhistoire, évolution, culture* (Odile Jacob, 1998).
- M. Ruspoli, *Lascaux* (Bordas, 1986).

Antiquité

- J.-L. Brunaux, *Les Gaulois, sanctuaires et rites* (Errance, 1990).
- C. Goudineau, *César et la Gaule* (Errance, Paris, 1990).
- C. Goudineau, *Le dossier Vercingétorix* (Actes Sud, 2001).
- S. Lancel, *Hannibal* (Fayard, 1995).
- A. Rousselle, *Croire et guérir. La foi en Gaule dans l'antiquité tardive* (Fayard, 1990).

Moyen Âge

- F. Autrand, *Charles VI* (Fayard, 1986).
- J. Delumeau et Lequin Y. (sous la dir. de), *Les Malheurs des temps. Histoire des fléaux et des calamités en France* (Larousse, 1987).
- Duby G., *L'An mil* (Gallimard, 1973).
- Duby G., *Le Temps des cathédrales. L'art et la société, 980-1420* (Gallimard, 1976).
- J. Favier, *Louis XI* (Fayard, 2001).
- J. Heers, *Louis XI, le métier de roi* (Perrin 1999).
- J. Le Goff, *L'Imaginaire médiéval* (Gallimard, 1985).
- J. Le Goff, *Naissance du Purgatoire* (Gallimard, 1981).
- J. Le Goff et R. Rémond (sous la dir. de), *Histoire de la France religieuse* (4 vol., Seuil, 1991).
- K. Schelle, *Charles le Téméraire* (Fayard, 1979).

Temps modernes

- M. Antoine, *Louis XV* (Fayard, 1995).
- F. Bluche (sous la dir. de), *Dictionnaire du Grand Siècle* (Fayard, 1990).
- P. Brunet, *Cagliostro* (éd. François Bourin, 1992).
- J. Cornette (sous la dir. de), *La France de la monarchie absolue* (Le Seuil, 1997).
- D. Crouzet, *la Nuit de la Saint-Barthélemy* (Fayard, 1994).
- A. Farge, *La Vie fragile. Violence, pouvoirs et solidarités à Paris au XVIII*e *siècle* (Hachette, 1986).
- M. Louis : *La Bête du Gévaudan, l'innocence des loups* (Perrin, 2003).
- D. Michel, *Vatel ou la naissance de la gastronomie* (Fayard, 1999).
- G. Minois, *Le Couteau et le poison. L'assassinat politique en Europe (1400-1800)* (Fayard, 1997).
- R. Mousnier, *L'Homme rouge, ou la vie du cardinal de Richelieu* (Robert Laffont, coll. « Bouquins », 1992).
- J.-C. Petitfils, *Le Masque de fer. Entre histoire et légende* (Perrin, 2003).
- J.-F. Solnon, *Catherine de Médicis* (Perrin, 2003).

Révolution & Empire

- D. Casali (sous la dir. de), *Napoléon Bonaparte* (Larousse, 2004).
- A. Castelot, *L'Almanach de l'histoire de France* (Perrin, 1962).
- F. Collaveri, *Napoléon, franc-maçon ?*(Tallandier, 2003).
- J. Tulard (sous la dir. de), *Dictionnaire Napoléon* (2 vol., Fayard, 1999).
- J. Savant, *La Vie fabuleuse et authentique de Vidocq* (1950).
- G. Soria, *Grande histoire de la Révolution française* (3 vol., Bordas, 1988).

XIXe siècle

- J.-P. Azéma et M. Winock, *La Troisième République* (Hachette,1976).
- M. Agulhon, *La République,* t. I : « L'Élan fondateur et la grande blessure : 1880-1932 » (Hachette, 1992).
- F. Roth, *La guerre de 1870* (Fayard, 1990).
- M. Winock, *La France politique, XIXe-XXe siècle* (Seuil, 2003).

XXe siècle

- M. Agulhon, *Histoire de France,* t. V : « La République, de Jules Ferry à François Mitterrand » (Hachette, 1990).
- J. Bedel, *Zola assassiné* (Flammarion, 2002).
- E. Chadeau, *Saint-Exupéry* (Perrin, 2000).
- D. Cordier , *Jean Moulin, la République des catacombes* (Gallimard, 1999).
- H. Coutau-Begarie et C. Huan, *Darlan* (Fayard, 1989).
- F.-O. Giesbert, *François Mitterrand ou la tentation de l'histoire* (Seuil, 1977).
- J. Lacouture, *De Gaulle,* t. 3 : « Le souverain, 1959-1970 » (Seuil, 1986).
- D. Langlois, *L'Affaire Seznec* (Plon, 1988).
- H. Mitterand, *Zola* (3 vol. Fayard, 2002).
- A. Monestier, *Les Grandes affaires criminelles* (Bordas, 1988).
- A. Voituriez, *L'Affaire Darlan, l'instruction judiciaire* (Jean-Claude Lattès, 1980).

index des noms propres